Como se Desculpar

Como se Desculpar

Quatro Passos para Acertar as Coisas

MOLLY HOWES

ALTA BOOKS
GRUPO EDITORIAL
Rio de Janeiro, 2023

Como se Desculpar

Copyright © 2023 da Starlin Alta Editora e Consultoria Eireli.
ISBN: 978-65-5520-397-4

Translated from original A Good Apology. Copyright © 2020 by Mary J. Howes, PhD. ISBN 978-1-5387-0131-7. This translation is published and sold by permission of Grand Central Publishing, a division of Hachette Book Group, Inc, the owner of all rights to publish and sell the same. PORTUGUESE language edition published by Starlin Alta Editora e Consultoria Eireli, Copyright © 2023 by Starlin Alta Editora e Consultoria Eireli.

Impresso no Brasil — 1ª Edição, 2023 — Edição revisada conforme o Acordo Ortográfico da Língua Portuguesa de 2009.

Todos os direitos estão reservados e protegidos por Lei. Nenhuma parte deste livro, sem autorização prévia por escrito da editora, poderá ser reproduzida ou transmitida. A violação dos Direitos Autorais é crime estabelecido na Lei nº 9.610/98 e com punição de acordo com o artigo 184 do Código Penal.

A editora não se responsabiliza pelo conteúdo da obra, formulada exclusivamente pelo(s) autor(es).

Marcas Registradas: Todos os termos mencionados e reconhecidos como Marca Registrada e/ou Comercial são de responsabilidade de seus proprietários. A editora informa não estar associada a nenhum produto e/ou fornecedor apresentado no livro.

Erratas e arquivos de apoio: No site da editora relatamos, com a devida correção, qualquer erro encontrado em nossos livros, bem como disponibilizamos arquivos de apoio se aplicáveis à obra em questão.

Acesse o site www.altabooks.com.br e procure pelo título do livro desejado para ter acesso às erratas, aos arquivos de apoio e/ou a outros conteúdos aplicáveis à obra.

Suporte Técnico: A obra é comercializada na forma em que está, sem direito a suporte técnico ou orientação pessoal/exclusiva ao leitor.

A editora não se responsabiliza pela manutenção, atualização e idioma dos sites referidos pelos autores nesta obra.

Dados Internacionais de Catalogação na Publicação (CIP) de acordo com ISBD

H859c   Howes, Molly
          Como se Desculpar: Quatro Passos para Acertar as Coisas / Molly Howes ; traduzido por Guilherme Calôba. - Rio de Janeiro : Alta Books, 2023.
          256 p. ; 16cm x 23cm.

          Tradução de: A Good Apology
          Inclui índice.
          ISBN: 978-65-5520-397-4

          1. Autoajuda. 2. Desculpar. I. Calôba, Guilherme. II. Título.

2022-2369
                                                CDD 158.1
                                                CDU 159.947

Elaborado por Vagner Rodolfo da Silva - CRB-8/9410

Índice para catálogo sistemático:
1. Autoajuda 158.1
2. Autoajuda 159.947

Produção Editorial
Editora Alta Books

Diretor Editorial
Anderson Vieira
anderson.vieira@altabooks.com.br

Editor
José Ruggeri
j.ruggeri@altabooks.com.br

Gerência Comercial
Claudio Lima
claudio@altabooks.com.br

Gerência Marketing
Andréa Guatiello
marketing@altabooks.com.br

Coordenação Comercial
Thiago Biaggi

Coordenação de Eventos
Viviane Paiva
comercial@altabooks.com.br

Coordenação ADM/Finc.
Solange Souza

Direitos Autorais
Raquel Porto
rights@altabooks.com.br

Produtor da Obra
Thiê Alves

Produtores Editoriais
Illysabelle Trajano
Maria de Lourdes Borges
Paulo Gomes
Thales Silva

Equipe Comercial
Adriana Baricelli
Daiana Costa
Fillipe Amorim
Heber Garcia
Kaique Luiz
Maira Conceição

Equipe Editorial
Beatriz de Assis
Betânia Santos
Brenda Rodrigues
Caroline David
Gabriela Paiva
Henrique Waldez
Kelry Oliveira
Marcelli Ferreira
Mariana Portugal
Matheus Mello

Marketing Editorial
Jessica Nogueira
Livia Carvalho
Marcelo Santos
Pedro Guimarães
Thiago Brito

Atuaram na edição desta obra:

Tradução
Guilherme Calôba

Copidesque
Matheus Araújo

Revisão Gramatical
Carlos Bacci
Fernanda Lutfi

Diagramação
Lucia Quaresma

Capa
Natalia Curupana

Editora afiliada à:

Rua Viúva Cláudio, 291 — Bairro Industrial do Jacaré
CEP: 20.970-031 — Rio de Janeiro (RJ)
Tels.: (21) 3278-8069 / 3278-8419
www.altabooks.com.br — altabooks@altabooks.com.br
Ouvidoria: ouvidoria@altabooks.com.br

*Para as corajosas pessoas que se sentaram
a meu lado e compartilharam suas histórias,
dedico este livro com gratidão.*

Agradecimentos

Venho lidando com a questão das desculpas há décadas. Sou grata pelas comunidades intelectuais, espirituais e artísticas que apoiaram minha longa procura por formas de contar estas histórias. Este livro em particular é resultado direto da fé que Leah Miller, editora na Grand Central Publishing, depositou em seu valor, muito antes que eu mesma. Um profundo cumprimento e agradecimento a você, Leah. Também gostaria de expressar meu apreço por Katherine Flynn, da Kneerim & Williams, por ser a agente mais gentil, inteligente e solidária que jamais poderia imaginar. Para Haley Weaver, Carolyn Kurek, Eileen Chetti, Alana Spendley e outras pessoas na GCP cujos nomes não sei, obrigada por tornar este manuscrito em um livro de verdade, que posso segurar em minhas mãos.

Ao pessoal da Grub Street e aos instrutores Michele Seaton, Ethan Gilsdorf, Pagan Kennedy, Alex Marzano-Lesnevich, Ogi Ogas, Steve Almond e Matthew Fredrick, minha dívida de gratidão por me ensinarem a ser uma escritora. Aos departamentos de psicologia da Universidade Estadual da Flórida e do Beth Israel Hospital, por me ensinarem como ser uma psicóloga e, especialmente, aos doutores Jack Hokanson e Marian Winterbottom, por me mostrar como ser uma pessoa decente, serei eternamente grata. Agradeço aos doutores Bernard Levine e Alexandra Harrison por tantas horas me ouvindo e cuidando de mim.

Para a editora extraordinária e minha amiga mais antiga, Rebecca Wilson, obrigada tanto por seu sólido conhecimento gramatical quanto pelas nossas conversas sem fim sobre as coisas que importam. Para os amigos e colegas de confiança que leram esboços atrás de esboços, sempre com um olhar renovado e coragem para criticar, meu apreço por vocês é maior do que podem imaginar:

Agradecimentos

Donna Luff, Barbara Williamson, Jan Love, Ellen Golding, Carol Gray e as mulheres notáveis da Hive (Carroll Sandel, Meg Senuta, Ann MacDonald, Shelby Meyerhoff e Judy Bolton-Fasman).

Por seu conhecimento do pensamento psicológico, um obrigado especial para a Dra. Ellen Golding; por seu trabalho sobre comunicações em serviços médicos, à Dra. Donna Luff; por sua experiência em neurociência, ao Dr. Per Sederberg; por seu conhecimento de assuntos espirituais, aos reverendos Barbara Williamson, Nathan Detering e Dra. Jan Love; por me apresentar os conceitos de justiça transformadora, à Jessica James; e, por seus insights sobre administração e organizações, agradeço a Janna Bubley, Matt Bubley e Jesse Buckingham.

Por sua inesgotável fé em mim, seu profundo conforto em tempos sombrios e pela celebração de meus sucessos, sempre serei grata a meu Dream Circle (Joy, Denise, Vera, Pam, Carol, Gianna e Deed) e às Farm Pond Sisters (Kit, Susie, Mary, Sue e Kim). Pela adorada comunidade que me mantém trabalhando na direção de um mundo mais justo e equilibrado, agradeço ao pessoal da Igreja do Espaço Unitário-Universalista em Sherborn, Massachusetts, incluindo o Swarm. Agradeço a tantos outros por sua gentileza e por entrar em conflitos que não destruíram nossos relacionamentos.

E às minhas famílias! Às pessoas que vieram antes de mim (meus antepassados, meus pais, Bob, Bill e Elsie, Byron, meus maravilhosos sobrinhos e sobrinhas, e Glenn), obrigada por todas as formas pelas quais me ajudaram a crescer e me tornar quem sou. Para a família abençoada que chamo de minha (Matt, Janna, Eliza e Jackson), obrigada a todos pelas maravilhosas dádivas e por sua profundidade, sua conexão e seus desafios e por seu amor e apoio. E para meu amado Peter, sou eternamente grata por sua presença em minha vida, por ficar a meu lado com ternura e humor, e pelo enorme favor de validar minhas ideias quando eu mesma tenho medo de confiar nelas.

Sobre a Autora

A Dra. Molly Howes é psicóloga clínica graduada em Harvard e uma escritora premiada. Após um período de especialização em clínica médica na Harvard Medical School, ela concluiu seu doutorado em psicologia clínica na Universidade Estadual da Flórida e um pós-doutorado na Harvard Community Health Plan. A Dra. Howes liderou ou contribuiu para projetos de pesquisa em temas como os efeitos interpessoais da depressão, o impacto de um câncer parental no bem-estar psicológico da criança, e a incidência e prevalência de doenças mentais em clínicas de atenção primária e em populações maiores. Há 35 anos ela mantém uma clínica independente de psicoterapia, atendendo casais e indivíduos de todas as idades.

Seu trabalho criativo em não ficção e seus ensaios foram publicados na coluna "Modern Love" do *New York Times*, na *Boston Globe Magazine*, no *Morning Edition* da NPR, *Cognoscenti* da BUR, no *Bellingham Review* e outras revistas literárias. Seu trabalho foi listado como Notável na *Best American Essays* e ela é uma participante voluntária em retiros com A Room of Her Own e em residências no Virginia Center for the Creative Arts, Ragdale, e na colônia MacDowell.

A Dra. Howes reside na região de Boston com seu marido e visita o Golfo do México sempre que possível.

Sumário

Introdução   xiii

PARTE I.   **DESCULPAS: MUITO DIFÍCIL PEDIR, MUITO IMPORTANTE PARA *NÃO* PEDIR**   1

CAPÍTULO 1.   Por que Pedir Desculpas?   3

    Caixa: Benefícios de Boas Desculpas   22

CAPÍTULO 2.   É Muito Difícil Pedir   23

    Caixa: Mitos de Desculpas   41

CAPÍTULO 3.   Não É Fácil, Mas Não É Nenhum Mistério   43

    Caixa: Os Quatro Passos Para um Bom Pedido de Desculpas   66

PARTE II.   **COMO PEDIR DESCULPAS**   67

CAPÍTULO 4.   Passo Um: Não Faça Nada Ainda, Apenas Ouça com Atenção   69

    Caixa: Roteiros Práticos para o Passo Um   96

CAPÍTULO 5.   Passo Dois: Diga com Sinceridade   97

    Caixa: Roteiros Práticos para o Passo Dois   119

Sumário

CAPÍTULO 6.   Passo Três: Dívidas, Promissórias e Tornando as Coisas
               Inteiras Novamente   121

    Caixa: Roteiros Práticos para o Passo Três   141

CAPÍTULO 7.   Passo Quatro: Nunca Mais!   143

    Caixa: Roteiros Práticos para o Passo Quatro   161

PARTE III.   COMO ASSIM, TEM MAIS?   163

CAPÍTULO 8.   O Momento Seguinte   165

    Caixa: Depois do Pedido   181

CAPÍTULO 9.   E Quem Recebe as Desculpas?   183

    Caixa: Escolhas para a Pessoa Magoada   198

CAPÍTULO 10.   Quando *Não* Pedir Desculpas   199

    Caixa: Quando É Melhor *Não* Pedir Desculpas   208

CONCLUSÃO.   Você Pode Acertar as Coisas   209

Notas   211

Índice   229

INTRODUÇÃO

Talvez eu seja obcecada com desculpas. Como psicóloga, em meu trabalho com as pessoas penso que são cruciais. Eu me debrucei sobre livros e textos religiosos. Por anos amealhei histórias de desculpas. Eu as recorto de jornais, bem à moda antiga, e coloco em uma caixa sob minha escrivaninha.

A pilha cresceu rapidamente nos últimos tempos.

Durante o movimento #MeToo, observamos a marcha da vergonha nas notícias: homens famosos acusados de má conduta sexual. Avaliar as desculpas se tornou um passatempo nacional e o "me desculpe" assumiu o peso de um ato político. Quer sejam de chefes de estado que veiculam seu remorso oficial pelo mau tratamento que o governo dispensa aos cidadãos, ou de figuras muito conhecidas que, na frente de microfones, arrependem-se da decepção que causaram, da lamentável conduta sexual e de outros comportamentos de violação de confiança. Nós tuitamos e postamos, debatemos e dissecamos a sinceridade e eficácia dessas declarações públicas. Tornamos as desculpas algo tão popular que o *New York Times* nos agraciou com uma coluna "Escolha Sua Própria Desculpa Pública" com espaços em branco para preencher.[1] Apesar de todo nosso debate público, as desculpas em si não parecem estar melhorando.

Neste momento, estamos em um período em que a atenção do público está focada nas palavras "me desculpe". Entretanto, o valor das desculpas é atemporal e universal. Precisamos de boas desculpas em nossas vidas todos os dias, tanto quanto no discurso público. Cada vez que encaramos o dano

Introdução

a outra pessoa com coragem e humildade, sanamos as feridas individuais. Quando pedimos desculpas, restauramos vínculos estremecidos, reduzimos nosso isolamento e vergonha, e fortalecemos nossos relacionamentos. Construímos uma sociedade mais gentil e civilizada.

Se pedir desculpas é tão útil e importante, por que fazemos isso tão mal?

Dentre as centenas de pacientes com quem trabalhei, assim como muitas das pessoas que conheço fora do consultório, muitos têm dificuldade com a maneira de se desculpar direito. Eu também perdi oportunidade e tenho meu quinhão de tentativas malsucedidas de reparar erros. Por uma infinidade de razões culturais e psicológicas, se desculpar bem é realmente muito difícil. Os vieses de percepção e cognição humanos fazem com que seja um desafio ver nossos próprios erros e seus efeitos em outras pessoas. A maioria de nós funciona com conceitos errados e mitos sobre desculpas, incluindo a ideia de que nossas intenções determinam o efeito que causamos nos outros. Ou seja, se eu não tive a intenção de feri-lo, não há como você ficar magoado. Ou fazemos menção àquela famosa frase de Hollywood segundo a qual "amar é nunca ter que pedir desculpas". Ademais, raramente vemos pessoas públicas se desculpando adequadamente.

Muitos de nós não tentamos nos desculpar quando devemos. E, quando o fazemos, muitas vezes é de forma a colocar mais lenha na fogueira ou, no melhor dos casos, curar o dano de forma parcial. A boa notícia é que cada um de nós tem a capacidade de desculpar-se efetivamente. Um dos maiores obstáculos é a simples falta de técnica. E foi por isso que escrevi este livro.

* * *

Minha jornada para desenvolvimento de uma técnica para pedir desculpas começou na infância. Em meio ao caos e descuido, incluindo três anos em um orfanato, fiz o que as crianças fazem normalmente: tentei controlar o que podia. Quando não pude consertar o mundo imprevisível ao meu redor, aprendi a consertar coisas. Trocava botões fugitivos e colava pratos quebrados. Ainda criança, tinha dificuldade em tolerar desperdícios. Eu me apegava a coisas quebradas muito antes de saber que os relacionamentos podem ser resgatados, em vez de descartados.

Embora eu não tivesse noção à época, esse esforço precoce foi uma boa preparação para me tornar uma psicóloga. Minha crença de que a dor pode ser reparada é um alicerce para minha abordagem psicoterápica bem como minha filosofia pessoal. Atuo como uma "mercadora de esperança". Consigo ver os possíveis resultados positivos e posso ajudar as pessoas a fazer sua jornada em um terreno espinhoso até alcançá-los.

No início da minha carreira, no entanto, eu ficava perdida quando lidava com as questões não resolvidas entre as pessoas. Recém-saída da faculdade, trabalhei com uma mulher que vivia em isolamento extremo porque não conseguia encarar a família que "havia decepcionado muitas vezes". Eu ficava confusa e frustrada por ela não responder às tentativas da família em contactá-la, mas não sabia como ajudá-la a superar a vergonha. Meses depois, ela se matou. Nunca esquecerei a sensação atordoante de desperdício que senti. Sua vida foi perdida porque ela não conseguia enfrentar e reparar o que havia danificado.

Logo em seguida, na pós-graduação, trabalhei com um casal que havia gasto três décadas remoendo a infelicidade do flerte do marido com outra mulher durante a gravidez do primeiro filho. Poderia ensiná-los a se comunicar melhor, mas ainda não sabia como ajudá-los a encarar sua resistência e ressentimento para que pudessem curar essa ferida profunda.

Ao longo de minha preparação, encontrei outros casais paralisados pela mágoa que não conseguiam superar. Conturbados tanto por seu próprio comportamento nocivo quanto pelo comportamento de outros. A psicoterapia geralmente se concentra na experiência de dor interna de uma pessoa, não na dor ou culpa de ter magoado outras pessoas. Descobri que nenhum supervisor ou livro que pudesse consultar focaria o problema de abordar a responsabilidade de cada um por seus erros e comportamentos impróprios.

Várias e várias vezes vi como a mágoa não curada se solidificava em amargor e julgamento. Vi como a culpa não processada tornava-se vergonha crônica e baixa autoestima. Vi como desentendimentos entre pessoas pareciam impossíveis de se resolver e resultavam em infelicidade e solidão. No pior dos casos, o fracasso em consertar relacionamentos levava a níveis perigosos de isolamento.

Introdução

A pesquisa em saúde pública sugere que conexões sociais fracas podem ser tão danosas à vida das pessoas quanto o tabagismo intenso e piores que obesidade. O suporte social e emocional que nossos relacionamentos próximos provêm aprimora tudo, desde o controle de estresse à função pulmonar[2] e doenças coronarianas.[3] Apesar do valor que os relacionamentos têm para nossa saúde física e psicológica, muitas pessoas não os têm ou mantêm. Em 2018, o Reino Unido designou pela primeira vez uma ministra para solidão, com o objetivo de abordar as necessidades de muitos cidadãos britânicos que dizem sentir solidão muito frequentemente ou sempre.[4] Nos Estados Unidos, até 40% dos americanos acima de 45 anos sofre de solidão crônica.[5] Vivek Murthy, que já ocupou o cargo de Cirurgião Chefe dos EUA [similar ao Ministro da Saúde], afirmou que a solidão é "uma crescente epidemia na saúde".[6]

Nos anos 1980, durante meu treinamento clínico na Harvard Medical School, comecei a me deparar com ideias que por fim levariam a meu modelo de desculpas. Meu treinamento ocorreu durante um momento transformador do pensamento em psicologia. Descobertas novas, e com potencial para transformar o campo de pesquisa, desafiaram o paradigma de longa data de Lawrence Kohlberg, que afirmava que uma pessoa atingia o pico da moralidade quando atuava em conformidade com "princípios éticos universais", ou seja, um conjunto de códigos de conduta internalizados e abstratos. Carol Gilligan, que trabalhou em Harvard com o Dr. Kohlberg, publicou o resultado de suas pesquisas, agora bem conhecido, de que as mulheres se ligavam a padrões diferentes dos homens que o Dr. Kohlberg havia, principalmente, estudado. As mulheres avaliavam uma ação como certa ou errada caso magoasse ou ajudasse outra pessoa, algo que a Dra. Gilligan chamou de "ética do cuidado".[7] A moral não seria inteiramente um fenômeno interno e individual, mas também social e baseado em nossas conexões com outros.

Ao mesmo tempo, a teoria da autopsicologia estava sacudindo o mundo psicanalítico. O psiquiatra Heinz Kohut, um refugiado da Áustria nazista, desenvolveu um modelo no qual o terapeuta precisava ter uma empatia extrema por qualquer mágoa que o paciente experimentasse ao longo da terapia. Ele afirmava que a dor era real e a cura poderia levar a progressos importantes. A tarefa do terapeuta era ouvir e ter empatia para ajudar a pessoa a se curar.[8]

Introdução

Este foi também o momento em que a psiquiatra Jean Baker Miller e seus colegas no Stone Center for Research on Women da Wellesley College formularam novos entendimentos, tanto do desenvolvimento quanto da saúde psicológica, centrados nas conexões entre pessoas. Seu modelo "relacional" desafiou a compreensão tradicional de que o objetivo do desenvolvimento humano era a individuação e que a maioria das pessoas deveriam ser consideradas competidores em potencial.[9]

Estas ideias forneceram as diretrizes clínicas que segui em minha pesquisa de como os relacionamentos nos magoam e curam. Ao longo do caminho, fiquei fascinada pela coragem e cuidado radicais necessários para consertar conexões abaladas. Ao longo de décadas, em milhares de horas de sessões de psicoterapia, comecei a perceber aberturas, oportunidades para as bravas almas reconhecerem a mágoa que causaram e vencer o abismo de dor na direção da pessoa do outro lado. Com crescente esperança que a dor interpessoal possa ser reparada, perguntei mais diretamente sobre aquelas possibilidades. Uma filha afastada do pai reconheceu que, apesar da culpa dele pelas dificuldades entre ambos, sua própria indelicadeza contribuiu para o desentendimento. Um paciente falou sobre a perspectiva de seu amigo em um conflito recente entre eles.

Geralmente, as rupturas podem ser abordadas e, ocasionalmente, reparadas. Aprendi primeiro a reconhecer e depois a encorajar os passos para reparação da mágoa entre as pessoas. Um marido pode interromper de repente suas contestações quanto às queixas da sua parceira e pedir desculpas sinceras. Uma mulher considerou formas de compensar ter perdido a celebração de aniversário de sua irmã raivosa. Um casal tentou reconstruir a confiança depois da infidelidade.

Ao contrário dos resultados sombrios e solitários de se evitar uma desculpa, ou a confusa reação negativa de uma desculpa inadequada, fui testemunha de uma profunda suavização dos fardos e de corações abertos quando as pessoas enfrentavam uma mágoa anterior com coragem e humildade. A relação não apenas se recuperava, mas se tornava mais forte.

xvii

Introdução

Uma desculpa pode ser um evento de pequena dimensão entre as pessoas, mas é algo extremamente poderoso. Todos já fizemos alguma coisa errada, nos enganamos ou insultamos alguém, mesmo que por acidente. Todos fomos magoados e queríamos que a outra pessoa ajudasse a nos curar. Talvez você tenha passado por um desentendimento familiar que não se resolveu e resultou em uma distância dolorosa entre irmãos ou com seus pais ou filhos. Talvez você tenha sofrido a tensão de um ressentimento não resolvido com seu parceiro. Talvez um querido amigo não esteja mais tão próximo por uma dor que parece muito desconfortável de se conversar. Ou, quem sabe, você seja uma dentre as milhões de pessoas vislumbrando um abismo cultural ou político entre você e seus entes queridos, sentindo incerteza e dor. Excetuando-se as situações de abuso, essas circunstâncias podem ser confrontadas e resolvidas.

Pode até ser contraintuitivo, mas as rupturas em si não são o problema real, mas sim nossa inabilidade de resolvê-las. Não conseguir aprender um com o outro, e os passos em falso que damos, nos impedem de desenvolver os relacionamentos resilientes que desejamos e precisamos. Na verdade, não é necessário um estudo ou um funcionário do governo para nos mostrar que não conseguir resolver problemas nos relacionamentos com parceiros, irmãos, pais, colegas e amigos magoa a todos, de todas as formas. O que não tínhamos entendido era como resolver o problema. Até agora.

Então, quais palavras e ações conseguem realmente reparar a confiança rompida e curar as pessoas, relacionamentos e sociedades? O que é, essencialmente, uma desculpa bem feita? Escrevi este livro para responder essa questão.

Calcada em décadas de trabalho clínico e incorporando tradição religiosa, pensamento legal, conceitos de justiça social e ciência psicológica, desenvolvi um modelo de desculpas em quatro etapas que é acessível e direto. A técnica é baseada em uma pesquisa que estudou pessoas tão variadas quanto CEOs de alto desempenho e criminosos encarcerados, a ciência de quão frequentemente humanos cometem erros, e observações de como nosso cérebro opera sob estresse. Igualmente importante, talvez, é que o modelo se baseia em ações de senso comum que você não precisa ser especialista para saber. Não quero dizer que se desculpar é uma moleza, mas há uma forma de resolver as coisas que deixa todo mundo se sentindo melhor.

Introdução

Colocando em poucas palavras, meu modelo vai mostrar a você como entender a mágoa do outro, expressar seu arrependimento, consertar o estrago e prevenir que não ocorra novamente.

Em *Como se Desculpar: Quatro Passos para Acertar as Coisas*, você verá os corajosos esforços de pessoas reais para reparar relacionamentos comprometidos em muitas esferas da vida e variadas formas de conexão. Você pode estar interessado em como:

- recuperar o bom relacionamento com outra pessoa;
- resolver conflitos familiares;
- mediar conflitos para que as equipes de trabalho funcionem melhor;
- sanar rupturas devido a desentendimentos políticos polêmicos;
- melhor contribuir para promover justiça social; ou
- ensinar às crianças a dar desculpas melhores e mais verdadeiras.

Qualquer que seja seu interesse, *Como se Desculpar* irá ajudá-lo a entender porque é tão importante pedir desculpas e porque é tão difícil. Histórias de tentativas pessoais de consertar relacionamentos, associadas a resultados de pesquisa convincentes ilustrarão o poder positivo do modelo de desculpas em quatro passos. Nos relacionamentos, esses passos podem corrigir erros, reduzir o ressentimento, resgatar conexões e promover maior intimidade. Para você, eles podem aliviar a vergonha, aumentar a autoestima e torná-lo uma pessoa mais saudável e feliz. Em última análise, você pode cultivar uma atitude de responsabilidade e compaixão, ou seja, responsabilizar você e os outros pelos passos errados, mantendo uma abordagem gentil e humana para com as pessoas importantes em sua vida.

PARTE I

DESCULPAS: MUITO DIFÍCIL PEDIR, MUITO IMPORTANTE PARA *NÃO* PEDIR

CAPÍTULO 1

Por que Pedir Desculpas?

Uma boa desculpa pode ser um esforço íntimo ou uma interação entre nações. Sua importância recai tanto em seus efeitos imediatos quanto no impacto a longo prazo em um relacionamento de qualquer natureza — amizade, casamento, família, nações ou grupos institucionais, religiosos ou étnicos. Uma desculpa eficaz não apenas restaura o equilíbrio de uma relação, mas pode também mudar padrões e criar novas possibilidades. Cada resolução de sucesso é construída sobre os benefícios das anteriores, mas, da mesma forma, a cada chance perdida de reparar o dano, o saldo acumula. Não ter uma forma funcional de dizer "me desculpe" para a(s) pessoa(s) relevante(s) pode levar a longos ciclos de desconfiança e conflito. Para um indivíduo, corrigir um erro aprimora a saúde psicológica e espiritual, enquanto o acúmulo de culpa que não é expiada torna-se um peso para o espírito. Dentro dos relacionamentos, não conseguir consertar as coisas pode gerar padrões negativos de distanciamento e ressentimento.

Como se Desculpar

Quando Lisa e Philip se acomodaram no consultório para o primeiro atendimento, o espaço entre as duas poltronas vermelhas que eles ocupavam parecia ser de léguas e léguas. Eles não se olhavam nem se dirigiam um ao outro. O problema apresentado era a briga constante, a qual prontamente reproduziram para mim, mesmo quando se referiam ao outro em terceira pessoa. Suas discussões raramente levavam a conclusões. Frases irritadas e não satisfatórias se tornaram sua forma de conversação primária.

Ambos estavam com trinta e poucos anos, cada um com um círculo varia-do de amigos, conexões firmes, famílias grandes e trabalhos satisfatórios em geral. Eles haviam planejado ter filhos originalmente, mas não tinham sido capazes de decidir quanto a realmente iniciar uma família. Recentemente, quando a palavra "divórcio" veio à tona em uma discussão, ficaram assustados o suficiente para buscar terapia. Estavam realmente intrigados sobre como haviam chegado a esse casamento frustrante e distante.

Perguntei sobre o começo de seu relacionamento, quatro anos antes de terem se casado. Eles se animaram. Philip descreveu como tinham prazer em jogar boliche e dançar juntos.

Enquanto ele falava, Lisa sorriu e, quase interrompendo, falou com ele pela primeira vez em minha presença: "É, lembra quando descobrimos que gostávamos de fazer as mesmas coisas bobas?"

Ele concordou e ambos falaram, *em uníssono*: "Era ótimo!"

Por um momento, todos ficamos sentados em silêncio. A mudança significa-tiva de muito distante para completamente unidos era marcante.

Perguntei quando as coisas haviam mudado. Nenhum deles sabia, mas suas vozes voltaram a ficar tensas quando descreveram os anos iniciais do casamento.

Lisa: "Não conseguíamos concordar em nada, nem onde pendurar os quadros."

Philip rapidamente aduziu: "É, ela sempre criticava como eu fazia."

"Ele nunca pedia minha opinião antes de martelar um prego."

Ele franziu os olhos e falou: "Você nunca pediu para ajudar, não é verdade?"

"Eu consigo usar um martelo também, mas você nunca me incluiu."

"Você se importava de verdade com os quadros?"

"Não, Philip, eu realmente não me importava." Sua voz virou um sussurro. "Eu realmente *não* me importo."

Um silêncio triste e pesado. Então, Lisa dirigiu-se a mim, com um suspiro: "Eu finalmente desisti e o deixei fazer o que queria."

"Mas ela nunca parou de reclamar."

Fiz uma intervenção. "Parece uma discussão que vocês já tiveram antes, talvez não só sobre onde colocar quadros em casa."

Philip: "O tempo todo."

Lisa: "Se estivermos conversando."

Philip: "É, simplesmente paramos de falar depois de um tempo. As discussões nunca realmente terminavam."

Lisa, lentamente: "Eu nunca entendi por que as coisas entre nós não podem ser como eram antes de nos casarmos." O casal se relacionou por vários anos antes do casamento e passava a maior parte de seu tempo livre juntos e felizes.

Cada aspecto da vida de casado parecia repetir o mesmo refrão enlouquecedor: cada vez que havia conflito, em algum momento eles desistiam, sem resolvê-lo. A frustração e o ressentimento só fazia crescer.

Quanto mais eu indagava sobre a mudança no relacionamento, mais Lisa se remexia e torcia o lenço de papel em suas mãos. Quando Philip mencionava a cerimônia em si, ela colocava a mão em frente aos olhos. As lágrimas corriam lentamente por suas bochechas. Philip virou-se para mim e deu de ombros, confuso. Sua infelicidade era palpável, mas nem um nem outro conseguia me dizer por que ela estava chorando.

Eles concordaram em retornar para outras conversas. Defini nossa missão como tentar entender a confusão sobre o que havia mudado para eles e se havia algo a fazer com relação ao casamento.

Nas sessões seguintes, Lisa só conseguia chorar e cobrir o rosto, envergonhada por sentimentos tão poderosos. Ao longo do tempo ela começou, hesitante, a relatar momentos do fim de semana do casamento deles. Finalmente, ela declarou seu doloroso desapontamento com as ações de Philip, especialmente na noite da despedida de solteiro. Ele voltou ao hotel desgrenhado e cheirando a perfume. Segundo Lisa, ela tentou conversar com ele sobre isso no final da noite e na manhã do dia seguinte, mas ele estava bêbado e, depois, de ressaca. Em ambas as vezes, ele se irritou com as perguntas. Na recepção, houvera muitas risadas e brincadeiras entre os padrinhos, e Lisa ficara cada vez mais infeliz. Na lua de mel, ela trouxe o assunto novamente à tona, mas ele pediu para ela esquecer e deixar de ser ridícula.

Philip ouviu silenciosamente a história, mas, quando ela encerrou, ele estourou: "Você está guardando rancor todo esse tempo? Por que não falou nada?"

Lisa estava visivelmente chocada por essa pergunta e respondeu lentamente que percebera naquele momento que havia evitado pensar sobre a cerimônia de casamento por anos. Ela pontuou que nunca havia pedido a impressão das fotos e tinha dado seu vestido.

Philip balançou a cabeça devagar. "Uau."

"É, e daí em diante, em casamentos de nossos amigos, acho que sempre bebo demais."

"Você acha?"

"Sim." Ela ignorou o sarcasmo. "E geralmente fico o mais distante possível de Philip."

Mais um silêncio enquanto essa triste constatação se concretizava.

"Então você discute comigo sobre tudo, mas não quer falar sobre isso." A acusação de Philip tinha um tom amargo, o sentimento que vem quando você descobre estar sendo culpado por algo que não tinha chamado sua atenção.

Eu entrei em campo. "Você pode estar certo, Philip. Talvez isso seja o *porquê* de vocês discutirem por tudo." O hábito de brigar parecia ter se colocado como um substituto para a comunicação que eles não conseguiam ter. Era a indicação de que as coisas não iam bem entre eles, mas, como tantos alertas em relacionamentos, se apresentava em uma linguagem camuflada.

Continuei: "E quanto a essa velha ferida? Vocês nunca a curaram, nunca tiveram sequer uma conversa a respeito. Começou como uma pequena infecção e permaneceu no sistema de vocês, sem tratamento."

Por que Pedir Desculpas?

"E agora? O que podemos fazer?" Ainda perturbado, Philip virou-se para a esposa e disse: "Então devo dizer que sinto muito depois desse tempo todo?"

Ela deu de ombros lentamente, como que reconhecendo a derrota.

No início da carreira, eu concordaria que a oportunidade para pedir desculpas havia passado há muito tempo, e que nossa tarefa era fazer com que Lisa seguisse adiante. Porém, quando conheci Philip e Lisa, sabia que nunca é tarde para se desculpar. Maus hábitos de relacionamento podem ter enfraquecido o elo entre as pessoas, mas, se você tiver um desejo sincero de reparar essa mágoa em seu relacionamento, sempre vale a pena ter essa conversa. Neste caso, embora Philip estivesse aborrecido porque ficou de fora, ambos estavam ansiosos para encontrar uma forma de resolver seus padrões problemáticos.

"Sim", respondi a pergunta de Philip. "Pedir desculpas é exatamente o que precisamos fazer." Eles nunca haviam curado a ferida antiga. "Vamos descobrir como fazê-lo juntos."

Vejo o problema deles como algo semelhante a uma ferida física. O tratamento médico para cortes ou feridas cirúrgicas evoluiu desde que eu era criança — e até mesmo desde que minhas crianças eram jovens. Em vez de deixar a pele secar ("deixe respirar", era o que dizíamos) e formar uma casca, a recomendação é deixar a ferida úmida, para que possa curar de dentro para fora. Atualmente, se acredita que caso a ferida externa feche prematuramente, pode tampar uma infecção, e o machucado vai se curar de forma aquém do ideal. O que propomos agora é a chamada "cura úmida da ferida". É uma forma de entender o que acontece quando desculpas necessárias não são ditas. O sangramento pode ter parado, mas a ferida não curou de verdade. Manter o assunto em discussão até que se lide com ele leva a uma cura mais genuína.

Devo ressaltar que Philip não estava evitando pedir desculpas todos esses anos. Nenhum deles tinha noção de que era necessário pedir desculpas. Como casal, não tinham um modelo de como reparar um erro do passado. Se conseguisse entender o quanto Lisa ficou magoada anos atrás, Philip não teria rechaçado suas tentativas de perguntar sobre suas preocupações quando surgiram. Se ele não tivesse, defensivamente, rejeitado o questionamento dela

Como se Desculpar

na lua de mel, poderia ter dito a ela que sentia muito não ter ouvido sobre como ela se irritou no dia do casamento, e que nada de preocupante havia ocorrido na noite anterior. Ela provavelmente teria deixado para lá. Em lugar disso, a dor permaneceu, ainda que escondida sob a pele, como um abscesso. Na ocasião em que pisaram em meu consultório, isso já havia afetado quase tudo em seu relacionamento.

DESCULPAS AJUDAM OS RELACIONAMENTOS

Um dos mitos mais perniciosos sobre o "sinto muito" é que relacionamentos bons de qualquer tipo não precisam de desculpas. Proponentes deste mito acreditam que se você está em um bom relacionamento, seus erros, confusões e desentendimentos não causam qualquer mal. Se vocês magoarem um ao outro, deveriam de alguma forma apenas entender as intenções do outro e seguir adiante. Não é necessário "remoer o passado".

Ao contrário, quanto mais importante o relacionamento, mais crucial é pedir desculpas bem, e maior é o custo de não fazê-lo. Amar *não* quer dizer jamais ter que pedir desculpas; o amor requer que você aprenda a falar *bem* o "sinto muito".

Na minha experiência, mágoas não reparadas ou inadequadamente abordadas podem corroer a base de um relacionamento. Elas raramente desaparecem por completo. Por exemplo, um dos preços mais comuns que se paga por mágoas não reparadas aparece em padrões repetitivos, como os que vimos com Philip e Lisa: a mágoa se instala em meio à tessitura de um relacionamento que não se desdobra e seu padrão se assemelha ao dano não retificado e, algumas vezes, esquecido.

Um exemplo de como pode ocorrer: Lisa está magoada com Philip e eles não resolvem o problema juntos, sequer conversam sobre ele. A mágoa dela é internalizada de tal modo que Lisa, sem nem pensar mais sobre ela, exacerba cada mágoa futura causada por ele e que, mesmo em se tratando de algo sem muita importância, vai afetá-la. Quando ele é desatencioso, ele confirma e reforça como ela se sentiu antes, trazendo de volta um sentimento triste e familiar. Para Lisa, ele não está apenas, inadvertidamente, deixando-a fora da colocação dos quadros na parede: ele está repetindo e reforçando um padrão doloroso de exclusão. A sombra da mágoa não resolvida faz com que ela veja comportamentos ambíguos da mesma forma que ações anteriores dele, então ela não minimiza a situação como faria normalmente em casos assim. Dessa maneira, o desentendimento sobre colocação de quadros na parede remete a seu medo original de ter sido deixada de fora de algo importante e preocupante antes do casamento. Ela pode dizer a uma amiga que ele se tornou tão distante (ou controlador, ou egoísta) que ela não o reconhece mais. Pode ser completamente fora da percepção consciente deles, mas esse padrão recria a solidão que ela sentiu na primeira mágoa.

Inicialmente, Philip se sentirá desnorteado e reagirá de forma defensiva às reclamações que lhe parecem sem fundamento ou exageradas. As reações imediatas são em geral discutíveis, o que leva, previsivelmente, a brigas. Dar vazão às suas próprias narrativas interiorizadas para responder ao que está acontecendo no momento presente leva a conversas extremamente frustrantes e ainda a um maior distanciamento. Até a primeira mágoa ser abordada de forma satisfatória, eles não têm chance de zerar o placar.

"Sinto muito" é o item 6 da publicação do *HuffPost*, "11 Coisas que os Casais Mais Felizes Dizem um para o Outro o Tempo Todo".[1] A habilidade de pedir desculpas sinceramente para seu parceiro pode ser a diferença entre um pequeno desentendimento e um conflito de longo prazo. Se o reparo não for realizado, a mágoa entre as pessoas pode infeccionar e crescer. Relacionamentos como os de Lisa e Philip podem se perder. Não conseguir consertar seus problemas mais cedo interferiu com a intimidade emocional e levou a uma baixa "autoestima da relação", ou seja, o modo como eles se sentem sobre essa união. A amargura que vivenciaram tinha chance de azedar as boas memórias que ainda estavam lá.

Muitos casais têm desentendimentos improdutivos que se repetem por tanto tempo que se tornam roteiros familiares. Se alguém perguntar, eles dirão, geralmente, que estão "brigando como sempre". Ao longo do tempo, tais discussões se tornam automáticas, algo parecido à chamada "memória muscular". Ações que você pode fazer de olhos fechados. Infelizmente, não pensar nas rotinas não o deixa perceber o que o outro está tentando dizer ou sente em uma conversa. Você não consegue vê-lo se seus olhos estão fechados. Ao lado das discussões automáticas com uma pessoa que você valorizava, e ainda poderia valorizar se prestasse atenção, cresce a solidão.

Como se Desculpar

Para prevenir algumas dessas brigas de longo prazo, a terapeuta de casais e autora Daphne de Marneffe recomenda que os casais aprendam a brigar durante o noivado. Assim como parte do planejamento de casamento é a lista de convidados, eles "deveriam pensar como vão lidar com desentendimentos". Você pode praticar gerenciamento de conflito abordando problemas menores e cotidianos com honestidade e escuta cuidadosa. As habilidades envolvidas não são mais complicadas que um esquema de mesas em um casamento, mas muito mais cruciais para o desenvolvimento do casal.[2]

Quando você pratica a resolução de mágoa e desentendimento, pode começar a relaxar e desaprender seus padrões problemáticos enquanto casal. É como um regime de ginástica compartilhado: você se torna mais forte para lidar com momentos difíceis quando está em "melhor forma". Como Philip e Lisa fizeram no final, você também pode redescobrir o que valoriza no outro e estabelecer maneiras de se proteger contra ficar preso à infeliz rotina habitual. Você não só funciona e se sente melhor, mas tem mais confiança para enfrentar desafios futuros.

É claro que não são apenas casais que podem sofrer de mágoa constante ou infecciosa. Membros de uma família e amigos também não conseguem encarar a dor juntos. Mágoa e desentendimentos não resolvidos podem levar à perda de conexões familiares importantes e deixar as pessoas isoladas. Contudo, quase toda mágoa ou ferida, encarada por ambos com corações e mentes abertas, não apenas pode ser superada como pode levar a um melhor relacionamento. Tanto quem pede como quem concede as desculpas sente-se melhor — sobre si mesmos, sobre o outro e sobre sua conexão. É uma proposta em que todos ganham.

PEDIR DESCULPAS TAMBÉM AJUDA VOCÊ

Meu consultório pode parecer um confessionário, um fórum para se dizer coisas que precisam ser faladas e não podem ser proferidas em qualquer outro lugar. Muitas pessoas buscam terapia por conta de amarguras, mas muitos também trazem arrependimentos ou o peso do dano que causaram a outra pessoa. Uma viúva precisa se resolver em face da infidelidade cometida para com seu marido vinte e cinco anos antes. Um homem está em conflito com

Por que Pedir Desculpas?

seu sucesso porque trapaceou em uma avaliação crítica para habilitação. Uma mulher fica atormentada pelas práticas suspeitas que seu chefe a pressiona para usar. Eles querem acertar as coisas com os outros, com eles mesmos ou ambos.

O fato é que todas as pessoas não apenas cometem erros: praticamente todas elas incorrem em transgressões, de um tipo ou de outro. Olhamos para os passos errados dos outros e vemos padrões de comportamento declaradamente ruins, crueldade, violação da lei, desconsideração arbitrária com as pessoas e muitos outros, dos quais podemos facilmente nos distanciar (Ufa, você pode pensar, ela não está falando de mim!). Mas também pode ser um erro de julgamento, um desempenho negligente, uma reação maldosa, a mentira inocente que se torna um hábito, o engano oculto, a pequena trapaça. Quase todo mundo é culpado de ter causado dor ou dano a outros, deliberada ou acidentalmente. Em poucas palavras, nem sempre honramos com nossas ações o papel que desejamos ter no mundo.

Em algumas situações, você sabe que errou, mesmo que não queira admitir. Quando você não consegue seguir sua bússola moral, quando ignora o caminho apontado por ela, você sente. Esse descaminho, na verdade, é o significado original das palavras gregas e hebraicas para "pecado".[3]

Encontrei muitas pessoas incapazes de abordar seus arrependimentos, paralisadas por mitos culturais ou hábitos de pensamento que perduram há anos, perdidos sem um guia para reparar os erros. A culpa pode ser útil para lhe informar que algo precisa ser consertado. Mas, quando você não acerta as coisas, a culpa se acumula, como lodo na água do rio que acaba se transformando em um pesado assoreamento. A culpa remanescente pode se tornar uma condenação de si mesmo, e distorcer seu senso de identidade. Se você não foi capaz de lidar com algo e se sente culpado, ou se foi perdoado muito facilmente, pode acabar evitando a outra pessoa ou se distanciando de situações similares. Você pode ficar emperrado em conflitos repetitivos em que discute sua inocência ou preso em um papel indesejado de vítima ou agressor.

A mídia popular e alguns nomes da cultura em voga sugerem que você deveria se aceitar como é, que deve simplesmente desculpar a si mesmo em vez de sentir culpa pelos erros que cometeu. Eu digo que essa "inflação do perdão" gera não apenas problemas de relacionamento, mas também problemas íntimos para o indivíduo.

Como se Desculpar

Gordon Marino, professor de filosofia, escreveu no *New York Times* que "podemos aprender a deixar as coisas para trás, mas, antes de fazer isso, temos que encarar o arrependimento".[4] Uma pessoa com consciência precisa de alguma forma de reparo ou perdão para se sentir bem depois de cometer ações lamentáveis. Ou seja, até você "consertar", leva consigo o peso do mal que fez.

Quando conversamos sobre o fardo da culpa, as expressões usadas conectam-se com a linguagem espiritual. Enxergamos o comportamento impróprio como um pecado, no sentido de que nossas ações nos levaram a um caminho equivocado. Sejam ou não nossos enganos oficialmente considerados como erros, eles dão destaque a uma lacuna entre nossas ações e nosso eu superior (que alguns podem chamar de Deus). É nesse espaço que os arrependimentos dolorosos e os dilemas morais, que venho falando neste livro, residem. Quando não fazemos as coisas certas, sofremos.

Por outro lado, quando encaramos nossas ações e a nós mesmos, ocorre alívio, honra e um senso de propósito, diz o psicoterapeuta e escritor Avi Klein. Ele descobriu que tem que ajudar os clientes a encarar seus sentimentos verdadeiros e negativos sobre seus comportamentos repreensíveis. Só então pode ocorrer melhora. Se as pessoas evitarem lidar diretamente com o mal que infligiram, não melhoram.[5]

Quando você é capaz de reparar as mágoas em um relacionamento, amadurece enquanto pessoa. Uma visão precisa de sua responsabilidade pode doer, mas também amplia sua autopercepção e aprimora seu desenvolvimento pessoal e espiritual. Fora do contexto religioso, a maioria de nós não fala muito no valor do arrependimento e reparação. Abordagens seculares para o desenvolvimento pessoal tendem a tratar a culpa como uma emoção corrosiva, em vez de um valioso ímpeto para corrigir o que está danificado.

Na cultura ocidental, incluindo política e relacionamentos pessoais, os indivíduos não parecem entender quão poderoso e importante é encarar seus erros, seja com outra pessoa ou um poder superior. Mesmo a adorada escritora Anne Lamott descreve em um título de livro o que considera as mais importantes preces: *Help, Thanks, Wow: The Three Essential Prayers* [Pedir Ajuda, Agradecer, Admirar: As Três Orações Essenciais, em tradução livre]. Mas acho que ela deixou uma muito importante de lado: *Sorry*[6] [Pedir Desculpas, em tradução livre].

Por que Pedir Desculpas?

Mesmo quando o relacionamento acaba, pode valer a pena consertar algo de que você se arrepende.

Diana agiu muito mal quando Tommy, seu namorado por vários anos, terminou com ela depois da universidade. Eu sinto que ele se comportou mal, também, mas ela foi além disso. Ela criou perfis de mídia social falsos e perseguiu sua nova namorada pela internet. Usando informações altamente pessoais sobre ele, Diana postou histórias falsas e incriminadoras. Ela persistiu até que sua raiva acabou, mais de um ano depois.

Nos anos seguintes, ela teve encontros amorosos com outras pessoas, mas não conseguia eliminar o fantasma do que havia ocorrido com Tommy. Inicialmente, pensou que não poderia ficar muito próxima de alguém novo pela forma como ele terminou o relacionamento, mas finalmente se deu conta que não poderia confiar *em si mesma*. Ela havia agido com tal hostilidade que era difícil ficar em paz.

Ao se aproximar dos 30 anos de idade, ela já estava em terapia há cerca de um ano quando soube que um tio muito querido de Tommy havia falecido. Ela lhe escreveu uma carta de condolências dizendo que lamentava a perda do tio Antony. (É a versão de condolência de "me desculpe".) Ela seguiu com um pedido de desculpas: "Também sinto muito pela forma que agi quando terminamos. Realmente lamento o que fiz e a dor que lhe causei. Espero que você esteja passando bem, exceto pelo luto."

Ele respondeu gentilmente: "Não foi o melhor momento de nenhum de nós. Obrigado pelos seus sentimentos pela perda de Antony." Diana havia carregado, por anos, a culpa e a responsabilidade por sua perseguição hostil. Depois dessa comunicação, apesar de o relacionamento ter se acabado há muito tempo, ela se sentiu mais leve pela reparação que eles fizeram.

Assim como não há um limite para a mágoa, também não existe data de validade em se sentir mal por haver magoado alguém. Quando o *New York Times* convidou homens para relatar sua má conduta sexual durante os últimos anos da escola secundária, centenas de pessoas escreveram sobre eventos que ainda os perturbavam depois de décadas.[7] De maneira similar, 30 anos depois de bater em um carro estacionado e ir embora, um anônimo enviou US$1 mil para o departamento de polícia de South St. Paul, Minnesota. O remetente pediu que o dinheiro fosse repassado para o proprietário do carro,

Como se Desculpar

se possível, expressou remorso e pediu perdão. O chefe Bill Messerich imaginou que o evento estava "pesando na consciência dessa pessoa e ele queria consertar as coisas".[8]

Mágoas não resolvidas podem devorá-lo por dentro, limitá-lo de maneiras que podem não fazer sentido e acordá-lo no meio da noite. Acertar as contas com erros danosos faz uma enorme diferença em sua vida. Com certeza, não é fácil de fazer, mas parece completamente inútil não tentar.

VOCÊ PRECISA DAS PESSOAS

Se você não corrigir os desentendimentos que tem com outra pessoa, o pior resultado será perder o relacionamento. Além das pessoas que, especificamente, odiaria perder, você precisa de pessoas em sua vida por mais razões que imagina. Você provavelmente está ciente da dolorosa solidão emocional que vem com a dor e o isolamento. Além disso, estamos aprendendo mais sobre o impacto profundo disso para a saúde física das pessoas. Nas últimas décadas, muitos psicólogos estudaram o papel que as conexões sociais têm na saúde das pessoas. Uma revisão de pesquisas científicas realizada em 2010 mostrou que a carência ou ausência de relacionamentos sociais tem uma influência comparável ao tabagismo e ao alcoolismo no risco de morte de uma pessoa.[9]

É uma área de pesquisa tão extensa que a American Psychological Association publicou duas edições especiais de periódicos trazendo resultados de pesquisas que ilustram as diversas maneiras que relacionamentos próximos afetam favoravelmente a sua saúde.[10] Essas descobertas acadêmicas robustas sublinham as preocupações levantadas pela "epidemia de solidão" identificada pelo cirurgião chefe Vivek Murthy em 2018.[11]

Certamente não afirmo que todo isolamento social ou falta de relacionamentos é causado pelo fracasso em consertar os erros efetivamente. Penso, no entanto, que conflitos não solucionados podem levar a uma insatisfação crônica e ao consequente distanciamento.

Por que Pedir Desculpas?

A MESMA HISTÓRIA EM UM PALCO MUITO MAIOR

Em 2013, o primeiro-ministro israelense, Benjamin Netanyahu, fez uma inesperada ligação telefônica ao presidente da Turquia, Recep Tayyip Erdoğan, para pedir desculpas pessoais. Três anos antes, um ataque israelense contra embarcações de assistência humanitária havia matado nove civis turcos, causando uma grande tensão nas relações entre os dois países. O impasse de três anos incluiu restrições aos voos de treinamento israelenses e uma interrupção nas relações diplomáticas. O Sr. Erdoğan teria feito comentários críticos sobre o Sionismo. Próximo ao fim de um encontro prolongado com o presidente Barack Obama, o Sr. Netanyahu ligou para o Sr. Erdoğan e expressou seu arrependimento pelos erros que levaram à perda de vidas e à deterioração dos laços entre as nações. Ele também se comprometeu com um plano de compensação financeira às famílias daquelas pessoas que haviam morrido. Depois da conversa, ambos os líderes enfatizaram a importância histórica de amizade e cooperação intensa entre os países ao longo de séculos.

Se o Sr. Netanyahu não tivesse mudado sua posição prévia, a conexão entre os dois países provavelmente teria se deteriorado ainda mais. Em vez disso, as relações foram imensamente melhoradas por suas desculpas.[12] Ele não alterou o dano já realizado aos turcos, é claro, mas apontou para um futuro possivelmente diferente.

Os líderes possuem o poder de mudar as coisas e ajudar a curar males do passado. Quando presencio o poder positivo de uma desculpa eficaz, quero vê-la acontecer em outros lugares e situações envolvendo danos, desentendimentos e bloqueio do potencial para um futuro melhor.

Perder a oportunidade de pedir desculpas em público ou fazê-lo de maneira incompleta mantém a mágoa e impede a cura. Uma desculpa confusa feita aos "povos nativos" começou como uma resolução do senado norte-americano em 2009. Foi feita em "juridiquês" e continha muitas frases que começavam com as palavras "considerando que".[13] Quando o presidente Obama assinou uma versão diluída do documento, ela havia sido inserida em uma Lei Orçamentária Anual do Departamento de Defesa. Embora a desculpa fosse historicamente significativa, não lhe deram destaque. Muitas pessoas, incluindo os povos nativos, nunca ouviram falar dela.[14] Essa desculpa ineficaz e insatisfatória gerou muita confusão e mágoa, inclusive para Layli Long Soldier, membro

Como se Desculpar

signatário da tribo Sioux Oglala. Em seu livro de poesia chamado *Whereas* ["Considerando que", em tradução livre], ela coloca de forma contundente o que o governo não conseguiu falar. Ela fala sobre aprender a existir "sem a mais simples conjunção para me conectar. Sem um intercâmbio de perguntas, sem a cortesia de respostas. Este desinteresse é meu".[15]

Essas desculpas não envolveram pessoas que foram presumidamente atingidas e não foi tão longe quanto deveria. Não ajudou a curar feridas históricas.

John Kador, que escreve sobre melhores práticas em liderança, descreve como muitas vezes "uma desculpa bem conduzida desarmou o ressentimento, criou boa vontade e, muitas vezes, transformou misteriosamente um relacionamento fraturado pela falta de confiança e pela decepção em algo mais forte e durável do que havia antes".[16] O Sr. Kador vê uma desculpa não como sinal de fraqueza, mas um sinal de força, transparência e responsabilidade. Como nos relacionamentos pessoais, desculpa no local de trabalho "é a prática de estendermos nossa mão porque valorizamos o relacionamento mais do que a necessidade de estarmos certos".[17] Pedir desculpas é uma habilidade de liderança crítica em nosso tempo. É, como ele diz, "a perfeita resposta da humanidade para a imperfeição".[18]

No mercado, se as empresas não conseguem responder às reclamações de clientes com boa vontade e responsividade, sua reputação poderá sofrer, levando a resultados inferiores. Reconhecimento da responsabilidade e pedidos de desculpas são eficazes, como documentado: os clientes cujas reclamações são resolvidas de forma satisfatória tornam-se 30% mais leais do que quem nunca reclamou.[19] Além disso, pesquisas da escola de negócios da Universidade de Boston mostram que os clientes preferem empresas que corrigem seus erros àquelas que nunca cometem erros.[20] Podemos entender isso de forma similar a como confiamos mais em um relacionamento se enfrentamos um problema e o vencemos.

Em grupos de trabalho, encarar e lidar com conflitos internos é o que leva a um aumento da confiança, assim como maior responsabilidade e compromisso com as metas do grupo. Os líderes da empresa devem ajudar as equipes a tratar os desentendimentos, incluindo conflitos emocionais, como oportunidades, em vez de ameaças a serem evitadas.[21] Na verdade, a especialista em estratégia de negócios Lisa Earle McLeod ensina como evitar conflitos pode

Por que Pedir Desculpas?

manter a equipe presa neles para sempre. Assim como nos relacionamentos pessoais, uma discordância, desentendimento ou ofensa interpessoal não vai embora a não ser que lidemos com ela.[22]

Abordando o funcionamento de uma equipe de trabalho por outro ângulo, a professora Amy Edmondson da Harvard Business School indagou se as melhores equipes hospitalares cometiam menos erros que as outras. O resultado foi surpreendente. Os times mais coesos relatavam mais erros, e não menos, como era de se esperar. No entanto, o que realmente ocorria é que essas equipes não cometiam mais erros, mas tinham mais disponibilidade e boa vontade para conversar sobre os erros. Ela adotou o termo "segurança psicológica" para descrever o tipo de equipe no qual as pessoas levantam questões e dizem a verdade sobre erros cometidos. Ela e outros entenderam que esse fator está extremamente conectado com desempenho de sucesso em muitos empreendimentos, inclusive no mundo de negócios.[23] Em uma entrevista recente, ela sugeriu que o termo "segurança psicológica" pode dar uma impressão errada. Ela não está falando sobre "acolhimento" e sim sobre "franqueza".[24] O local de trabalho pode propiciar segurança psicológica focando em soluções potenciais para os problemas, em vez de determinar quem é culpado por eles. Eu diria que esse encorajamento para assumir erros e falhas é um conselho crucial, não apenas para o local de trabalho, mas para relacionamentos de sucesso em qualquer lugar. Você não pode reparar os erros se não os reconhecer. Como disse James Baldwin: "Nem tudo que você enfrenta pode ser alterado, mas nada pode ser alterado se não for enfrentado."[25]

* * *

Uma distinção elementar surge dessas histórias. Nossa resistência para admitir o erro, e nossa falha em pedir desculpas bem, levará à perpetuação da mágoa e do conflito. Por outro lado, quando assumimos nossos arrependimentos completamente, vemos efeitos profundos e até transformadores em muitos contextos, em qualquer escala.

Como se Desculpar

MUDANDO UMA HISTÓRIA

Ninguém quer ser culpado quando algo dá errado. A maioria de nós está inclinada a evitar a responsabilidade pelo erro. O impulso de discutir ou sustentar sua opinião faz sentido se o objetivo é estar certo ou estar isento de culpa. Mas entrar no ringue insistindo estar com a razão funciona exatamente ao contrário nas relações humanas. Nos relacionamentos, esse tipo de competição só pode ser vencida quando perdemos. Ou seja, você pode estar certo, mas não terá uma conexão próxima. No final de tudo, vocês não se sentirão como membros de um mesmo time. Vocês não se entenderão melhor.

Segundo um relatório da autora e consultora de negócios Judith Glaser na *Harvard Business Review*, "seu cérebro é viciado em estar certo". Ela descreve o poder de reforço da adrenalina que inunda seu cérebro durante uma discussão competitiva. De forma bem interessante, no entanto, ela também relata que a oxitocina, o hormônio ativado pelo nosso apego a outras pessoas, produz sensação de prazer comparável. Além disso, ela abre caminhos no córtex pré-frontal, que aumenta mais nossa habilidade de confiar.[26] Os psicólogos descobriram adicionalmente que a oxitocina, junto ao suporte social, amortece diretamente os efeitos danosos do estresse no corpo.[27] Mesmo do ponto de vista fisiológico, conectar-se pode ser uma melhor escolha do que estar certo.

Tudo isso para dizer que estamos ligados ao benefício das conexões com outras pessoas no âmbito pessoal, social e físico. Assim, pode ser de extrema importância resgatar os laços após rupturas ou desavenças. Entre duas pessoas dá-se o mesmo, quer sejam membros de uma equipe ou médico e paciente.

Na medicina norte-americana, tradicionalmente, um clínico que causa um dano adota uma estratégia de negação e defesa. O resultado é que o paciente afligido e sua família ficam sem informação sobre o que ocorreu de errado e sem ajuda para processar um resultado danoso, por vezes letal. Presume-se que o médico estava correto e, consequentemente, os pacientes em geral se sentem "culpados, assustados e sozinhos", conforme descrito em uma coluna do *New England Journal of Medicine*. Em geral, o médico se sente culpado e isolado também. Ninguém sabia como falar sobre esses erros, muito menos curar o dano causado.[28]

Sem uma desculpa, "o desejo do paciente por conforto e compreensão [se torna] uma necessidade de vingança".[29] Em vez de encarar o erro juntos e chegar a uma resolução que promova a recuperação do paciente, "o silêncio e a evasão geram desconfiança".[30] Processos legais por imperícia acontecem e os custos do sistema recaem em todos, sem necessidade.

Em 2001, o Sistema de Saúde da Universidade de Michigan, liderado pelo advogado e diretor de segurança clínica Richard Boothman, começou a fazer uma ambiciosa mudança na direção de um procedimento mais responsável e pessoal. Desde aquela época, eles têm fornecido acesso total às informações de erros médicos para pacientes e, quando apropriado, desculpas e oferecimento de compensação. É irônico que um dos maiores obstáculos para que os médicos se responsabilizem pelos seus erros médicos seja o medo de litígio: em 2010, o sistema de Michigan relatou que as taxas de processos diminuíram, bem como os custos por compensação de danos. Além disso, o prazo entre o relato de um dano e sua resolução também se reduziu, beneficiando pacientes e famílias.[31]

Uma paciente, Jennifer Wagner, foi erroneamente tranquilizada sobre um caroço nos seios que mais tarde se tornou um câncer de mama avançado. Ela fez uma mastectomia completa, quimioterapia e radioterapia. Estava, compreensivelmente, preocupada com seus filhos pequenos. Enquanto ela e seu advogado preparavam uma ação judicial, o sistema do Sr. Boothman pediu a cinco médicos imparciais uma revisão do seu caso. Eles concluíram que o médico dela havia, de fato, errado. Em uma "sincera" reunião de duas horas entre a Sra. Wagner e seus médicos na Universidade de Michigan, eles discutiram em detalhe o que havia dado errado e a equipe médica explicou a situação médica atual e o prognóstico. Posteriormente, ela disse: "Sinto como se finalmente tivessem me ouvido. Não consigo descrever a euforia que senti quando saí daquela reunião." Ao longo do tempo, sua fadiga melhorou, ela voltou ao trabalho e recebeu US$400 mil para o fundo educacional de seus filhos. Esse resultado foi menos custoso para o hospital do que um longo julgamento de imperícia e, além disso, mais humano para a Sra. Wagner.[32] Ela recebeu não apenas o reconhecimento financeiro de seu erro, mas o reconhecimento emocional, também.

Como se Desculpar

Estamos falando aqui sobre fazer a coisa certa, mas nem sempre fica claro o que é isso. Em vez de falar diretamente em erros trágicos e buscar resolver os problemas, as pessoas muitas vezes se protegem. Por outro lado, uma resposta rápida e responsável para um erro danoso previne um resultado mais negativo. Em 2018, no contexto nacional norte-americano altamente carregado de encontros mortais da polícia com cidadãos negros, policiais do departamento de polícia de Boston (BPD) foram chamados para lidar com dois garotos afro-americanos brincando com uma arma de brinquedo, uma réplica realista. Um observador negro, "Brother Lawrence" Dugan, filmou a resposta da polícia. Um sargento do BPD, Henry Staines, ficou irritado e confrontou o Sr. Dugan sobre a filmagem, apontando a réplica na direção do cidadão. O confronto caloroso foi filmado e postado online. E gerou, compreensivelmente, previsível indignação.

O imprevisível foi a resposta forte e imediata do então comissário William Evans, que pediu perdão em nome do departamento e esclareceu que os cidadãos tinham, sim, o direito de gravar as ações policiais. Suas desculpas foram seguidas por uma longa expressão de remorso do sargento Staines. As desculpas rápidas, completas e aparentemente sinceras do BPD tiveram crédito por "transformar o que poderia ter sido um episódio amargo de intimidação da polícia em uma demonstração tranquilizadora da responsabilidade policial".[33]

Neste caso público, declarações genuínas e minuciosas foram uma boa forma de lidar com grande parte do dano imediato. As desculpas da polícia não resolveram os problemas mais amplos e sistêmicos que ainda afligem as comunidades envolvidas, mas deram novo rumo às conversas. Mal conduzida, esse tipo de situação poderia ter causado danos maiores. Poderia haver perda de vidas se o BPD escolhesse afirmar estar "certo" em vez de assumir responsabilidade pelos danos. A esperança é que uma boa desculpa apague a fagulha do dano imediato, permitindo que as conversas mais importantes continuem.

Em Boston, por exemplo, mudanças importantes já estavam em andamento e continuaram depois desse evento: o BPD ampliou seu programa para munir os policiais com câmeras no corpo e a promotora pública Rachael Rollins, a primeira mulher negra na posição, foi eleita com uma plataforma de redução da violência policial e encarceramento.[34] Além disso, em 2018, Massachusetts aprovou uma ampla lei para reforma da justiça criminal com o objetivo de

Por que Pedir Desculpas?

reduzir o volume de prisões.[35] Passos potencialmente positivos como esses poderiam ficar na sombra de um erro cometido no calor do momento *e, especialmente, pelo fracasso na correção desse erro.*

Em outra ocasião, muito menos grave, mas de amplo conhecimento público, o comediante Pete Davidson do *Saturday Night Live* fez piadas de mau gosto sobre um candidato republicano ao Congresso que havia perdido o olho durante seu tempo de serviço no Afeganistão como fuzileiro naval. O comentário de Davidson sobre o tapa-olho de Dan Crenshaw foi este: "Eu sei que ele perdeu o olho na guerra, ou algo assim." O comentário gerou uma reação negativa universal, que levou até a um convite para o Sr. Crenshaw aparecer naquele programa de televisão. Primeiro, o Sr. Davidson declarou seu arrependimento "do fundo do coração", dizendo que "o homem é um herói de guerra e merece todo o respeito do mundo". Ele então reconheceu que "se houve algo de positivo nisso foi que, por um dia, a esquerda e a direita finalmente concordaram em algo. Que eu sou um babaca".

Seu convidado usou a oportunidade para ressaltar que a direita e a esquerda na política podem, sim, concordar em algumas coisas. O Sr. Crenshaw demonstrou como podemos perdoar e ver o bem no outro, mesmo após ações dolorosas. Neste caso, não foi apenas a desculpa em si, mas também o uso eficaz de quem a recebeu, que fez tudo ser tão construtivo.[36]

As histórias neste capítulo revelam que o fracasso em pedir desculpas pode ter um custo muito grande e que os esforços para reparar e reconstruir a confiança podem contribuir não apenas para os indivíduos e relacionamentos pessoais, como também para recuperar o dano às organizações e até nações.

Esse processo de humildade tem enormes resultados pessoais, espirituais e relacionais. Então, por que é tão difícil?

BENEFÍCIOS DE BOAS DESCULPAS

Em relacionamentos
- Cura da mágoa;
- Sentimentos mais positivos, maior proximidade;
- Maior "autoestima relacional";
- Maior confiança para enfrentar um próximo conflito;
- Possibilidades futuras mais amplas;
- Relacionamentos mantidos.

Para você
- Ganho pessoal e espiritual de assumir responsabilidade e lidar com a culpa;
- Mais oxitocina em seu sistema;
- Mais conexões sociais, levando à melhor saúde.

Para a medicina
- Maior satisfação para pacientes e famílias;
- Melhores possibilidades para sanar o dano a todos os envolvidos;
- Potencial para redução de processos por imperícia médica.

Para as empresas
- Maior confiança em organizações que lidam bem com erros;
- Mais "segurança psicológica" no local de trabalho;
- Maior compromisso, confiança e criatividade no trabalho em equipe.

Para a comunidade
- Redução da tensão e conflito entre grupos maiores;
- Melhores possibilidades de sanar injustiças históricas;
- Melhores relações da comunidade com a polícia.

CAPÍTULO 2

É Muito Difícil Pedir

Rolland, um advogado de 43 anos, veio me ver por recomendação de sua namorada, Cathy. Durante nossos encontros, ele falava relativamente à vontade sobre seu relacionamento romântico, sua vida social e seu trabalho. Com humor e inspiração, me contou histórias sobre sua infância, envolvendo especialmente seu único irmão, pouco mais jovem que ele. Os pais de Rolland haviam morrido nos últimos cinco anos e Cathy achou que ele deveria conversar com alguém devido aos períodos sombrios de luto que vivenciou.

Conforme falava sobre seus pais, especialmente a mãe, sua voz ficava mais lenta e algumas vezes os olhos se enchiam d'água. Mas ele geralmente mudava logo de assunto. Sendo um especialista em litígio, Rolland estava acostumado a controlar a narrativa. Ao responder a uma pergunta inesperada de minha parte, ele em geral me elogiava pela "boa pergunta", mas suas habilidades verbais consideráveis lhe permitiam esquivar-se de dar respostas diretas. Ele não evitava todos os assuntos infelizes e complicados: me disse que conflitos com Cathy poderiam ser calorosos, assim como com seus colegas. Ele se denominava "meio cabeça-dura" e era receptivo ao fato de que seu temperamento criava problemas de vez em quando.

Como se Desculpar

Quando perguntei sobre amigos de confiança, Rolland respondeu que Cathy era a única pessoa de quem ele ainda era próximo. O "ainda" me soou muito triste, como se ele estivesse fazendo uma alusão a um confidente perdido.

"Você tinha alguém assim antes?"

"Não! Bem, eu não sei." Ele ficou estranhamente quieto. Eu aguardei.

Passado um momento, ele começou a contar uma piada de tribunal que já havia ouvido antes, com um final engraçado.

Quando ele parou, no meio da história, eu gentilmente comentei: "Era a sua mãe? A pessoa que costumava ser próxima?"

"O quê? Não!"

Seus olhos se estreitaram e ele se arrumou na cadeira, girando o pescoço. "Ela não era esse tipo de mãe."

Silêncio total, exceto por sua respiração, que vinha em intervalos curtos e audíveis. Considerei se o havia irritado ao interromper sua história, mas seus olhos pareciam mais desamparados que irritados. Os sentimentos corriam por seu rosto como nuvens em um dia ensolarado.

Finalmente ele suspirou, relaxou os ombros e me olhou diretamente. Sua voz revelava sentimentos penosos, quase não saindo da boca.

"O idiota do meu irmão e eu éramos muito próximos."

Rolland me disse que, cinco anos antes, logo após a morte do pai, seu irmão e ele discutiram sobre a propriedade dos pais. Em certa ocasião, chegaram aos socos, o que começou após Rolland empurrar o irmão por causa da frustração. Na luta que se seguiu, seu irmão quebrou o nariz de Rolland e saiu apressadamente da casa, deixando-o sangrando e furioso. Não haviam conversado desde a briga.

Seu irmão, que havia sido seu companheiro nas histórias da infância, desaparecera de sua vida.

"Ele nem falou comigo no funeral de nossa mãe." Seu maxilar se contraiu e ele balançou a cabeça. "Aquilo arruinou nosso relacionamento de vez."

Nas sessões seguintes, exploramos o conflito entre eles. Cuidadosamente, levantei a possibilidade de que Rolland tenha, inadvertidamente, contribuído para o impasse. Por exemplo, ele também não falou com o irmão no funeral.

"Não, *ele me* traiu!"

Em determinado momento, chegou a dizer: "Ele me deve desculpas. Queria que ele dissesse que sente muito."

Apesar da perda desse importante relacionamento, Rolland não considerou abordar o irmão para tentar reparar o desentendimento. Não quero dizer que o irmão de Rolland não tinha culpa, só que Rolland tinha sua parte na briga, também. Mas ele não conseguia imaginar pedir desculpas por ela.

Você poderia ver o isolamento de Rolland como algo imposto por ele mesmo, um resultado de sua teimosia inata, mas eu vejo como um produto de nossa cultura, também. Em uma reportagem recente na *Psychology Today*, uma jornalista entrevistou irmãos que não se davam mais. Apesar dos anos de distanciamento infeliz, *todos* disseram que queriam se reconciliar caso o irmão ou irmã os abordasse dizendo "me desculpe". Mas *ninguém* pretendia iniciar as desculpas.[1] Um estudo colaborativo entre o Centre for Family Research na Universidade de Cambridge e a organização sem fins lucrativos Stand Alone relatou que rupturas entre membros da família sempre vêm com um preço alto, mesmo quando também trazem sentimentos de alívio.[2]

Então por que nós, como Rolland e como todos esses irmãos afastados, ficamos empacados em situações infelizes em vez de consertá-las?

Pela minha experiência, consertar essas rupturas parece incrivelmente difícil, em geral para ambas as partes. A maioria de nós raramente considera se desculpar quando ocorre um desentendimento. Você pode sentir que é parcialmente responsável, mas é especialmente difícil pedir desculpas se você foi magoado. Lá dentro, você pode acreditar que há mais de um lado para a história, mas você ainda fica imóvel. Rolland não foi capaz de considerar o outro lado, pelo menos durante o tempo em que eu o conhecia.

A maioria de nós tem um Rolland em nossas vidas, ou somos nós mesmos como o Rolland. Se você tem dificuldade em assumir responsabilidade por erros, mágoas ou conflitos que têm mais de um lado, não está sozinho. Por causa da forma que nosso cérebro funciona, somos inclinados a ter limitações físicas na percepção de nossos erros. Ademais, diversas regras da sociedade e normas culturais trabalham diretamente contra sermos capazes de reparar

Como se Desculpar

erros. No mundo ocidental, particularmente nos EUA, a cultura dominante valoriza uma postura de estar certo e ser inflexível, o que não ajuda a prestar atenção em como podemos ter magoado alguém. Como nossos modelos de força psicológica pendem na direção da competitividade e independência, consertar relacionamentos quase não aparece em nosso radar.

Temos, também, poucos modelos e quase nenhuma instrução sobre como sanar nossos erros ou enganos. Somos fascinados pelas tentativas de políticos ou pessoas da mídia de evitar problemas, mas a maioria das desculpas públicas que ouvimos são inadequadas e, às vezes, extremamente ruins. Embora possamos entender o desejo de fugir da desaprovação, nossa afiada crítica interna pode identificar maneiras pelas quais as correções não conseguem resolver as coisas. Infelizmente, não é provável que presenciemos muitas desculpas pessoais, eficazes ou não. Para confundir mais ainda o quadro, há alguns usos das palavras "sinto muito" que podemos confundir com um pedido de desculpas, mas que têm um significado diferente. Naturalmente, a maioria de nós não sabe como é um pedido de desculpas realmente bom e completo.

Dadas todas essas limitações, é impressionante que alguém consiga se desculpar de forma significativa. Seja porque é mais fácil ou porque nos é familiar, muitos de nós aceitam a triste conclusão de que, quando algo deu mau resultado, é o fim da história. Contudo, você não estaria lendo este livro se estivesse satisfeito com essa situação. Eu não o teria escrito se acreditasse que estamos condenados a esse destino.

Então vamos falar sobre por que uma desculpa simples é tão desafiadora. Primeiro, olharemos as limitações neurocientíficas e depois veremos aspectos da cultura atual que contribuem para a dificuldade de pedir desculpas. Em seguida, finalmente discutiremos a escassez de bons modelos.

VIESES COGNITIVOS E DE PERCEPÇÃO

Alguns desafios em pedir desculpas corretamente derivam da maneira como nosso cérebro funciona. No nível biológico, nossos equipamentos de percepção são direcionados à simplicidade. Desde o começo, os bebês humanos conseguem ver apenas formas de alto contraste em uma distância de 20cm a 38cm à frente de seus olhos. Começamos a vida sendo capazes de perceber tão somente nosso mundinho, em preto e branco.

É fácil imaginar como esse tipo de função física do cérebro contribui para os modos de pensar. Como crianças, começamos com uma perspectiva limitada, do tipo tudo ou nada, presente ou ausente. À medida que as crianças que começam a caminhar desenvolvem a permanência de objetos, ou seja, a habilidade de lembrar que algo existe mesmo que não estejam mais vendo, a situação começa a se tornar mais complexa. Quer dizer, as coisas podem estar *ao mesmo tempo* presentes e ausentes.

Analogamente, o entendimento moral vai de uma noção de absolutamente correto contra absolutamente errado, para maior complexidade (e relatividade) conforme crescemos. A descrição de ética de cuidado de Carol Gilligan, mencionada na introdução, nos ensina que a maneira pela qual nosso comportamento afeta outra pessoa pode ser uma lente importantíssima para enxergarmos a moralidade. Considerar o ponto de vista de outra pessoa ou se permitir uma compreensão mais complexa de eventos requer uma aceitação de tons de cinza entre o preto e o branco.

Sob condições de estresse ou ameaça, no entanto, todos podemos retornar a nosso pensamento estreito de sim ou não. A vida parece mais clara se nos organizamos em uma matriz mais simples, do tipo: "Alguém está certo e alguém está errado, e quem está certo sou eu."

Quando o estresse está no máximo, ficamos reduzidos às velhas opções de lutar, fugir ou paralisar que você já conhece. Essas reações são comandadas pelo sistema límbico, não pelo córtex cerebral. Você não pensa, apenas reage.

Mesmo na melhor das circunstâncias, nossos sentidos estão sujeitos rotineiramente a certas distorções. Nossa percepção — a forma como o cérebro decifra informações sensoriais — e a cognição — a maneira como pensamos — atuam no piloto automático, o que inclui criação de informações e lembranças incorretas. Em sua divertida exploração da "erradologia", a jornalista Kathryn Schulz apresenta um caminhão de evidências mostrando como e por que os seres humanos são tão inclinados ao erro. "Vemos" e "sabemos" coisas que são completamente imprecisas. A Srta. Schulz examina ilusões de ótica que enganam nossos olhos, mesmo quando nossos cérebros pensantes

Como se Desculpar

estão cientes que estão sendo enganados. Um exemplo é o fenômeno visual conhecido como efeito de Fata Morgana, uma alteração da luz próxima aos polos terrestres. Em 1818 esse fenômeno convenceu o explorador escocês John Ross que montanhas distantes estariam próximas de sua localização na baía de Baffin. A ilusão fez com que ele perdesse a Passagem do Noroeste, prejudicando seriamente sua carreira.[3] Por mais que pensemos nessas situações como anomalias, a Srta. Schulz nos lembra da "verdade" segundo a qual os corpos celestes giravam em torno da Terra, que perdurou por séculos. A "realidade" da terra plana foi certa para todos por muito, muito tempo.

Em teoria, é unânime que todo mundo comete erros. No calor do momento, nunca achamos que isso se aplica a nós, naquela situação, sob as condições particulares daquele momento. Essa incapacidade de ver nossos próprios erros é uma limitação genuína e cerebral de nossa percepção. O que o relato de Schulz mostra de mais revelador é o quanto as pessoas acham que estão certas mesmo quando seus erros são evidentes.

De forma geral, estamos errados muito mais do que achamos. Temos o viés de ver os erros dos outros e permanecermos cegos aos nossos. Schulz observa que "na maioria das vezes, nosso prazer indiscriminado em estarmos certos vem com um sentimento igualmente indiscriminado de que *estamos* certos".[4] Lembra-se da consultora Judith Glaser, que chegou a ponto de dizer que somos viciados em estar certos, atraídos pelos picos de adrenalina que acompanham as discussões?[5]

Quero deixar bem claro aqui: *A cegueira aos próprios erros não é questão de vontade. É nossa predisposição.* Essa tendência forte e inata, presente em todos nós, ilustra como é difícil assumir responsabilidade por nossos erros.

Nada disso, porém, é impossível de se reverter.

Viés de confirmação. Além da inevitabilidade de cometermos erros e da cegueira a esses mesmos erros, padrões cognitivos específicos criam diversos problemas adicionais. O primeiro é o viés de confirmação, a tendência esmagadora de dar mais peso aos dados que suportam nossas crenças do que aos dados que as desafiam. Veja, por exemplo, como os julgamentos de bruxaria de Salem obtinham evidência de bruxaria, não importa qual fosse o resultado dos testes. Em um desses testes, erros enquanto alguém recitava o Pai Nosso eram indicativos de que a pessoa era um bruxo ou bruxa. Mas, quando George Burroughs, acusado de bruxo, o recitou perfeitamente, o ato foi considerado um "truque do demônio" e ele foi enforcado.[6] Nós buscamos e damos valor a informações que reforçam o que já sabemos, mas falhamos tanto em não buscar evidência contrária quanto ao ignorá-la se for encontrada.

Confrontar esse padrão de pensamento não é impossível, como veremos no Capítulo 3, mas requer uma mudança deliberada nos hábitos.

Atenção seletiva, também conhecida como "cegueira por desatenção," pode causar erros cognitivos e de percepção. Estamos olhando em uma direção ou para uma determinada coisa e perdemos informações que seriam completamente claras se olhássemos em uma direção diferente. É assim que agem os mágicos ou batedores de carteira, que o fazem focar uma coisa (um lenço que nunca termina de sair do bolso ou um cúmplice pedindo informações) enquanto uma ação mais crucial ocorre (uma carta entra na manga ou sua carteira é roubada).

Uma série de estudos solicitou aos participantes que assistissem um vídeo curto de pessoas passando bolas de basquete para lá e para cá. Em vários casos, as pessoas foram instruídas a contar os passes ou focar o que estava acontecendo com as pessoas no vídeo. Do total de participantes, de um terço a metade não foi capaz de enxergar uma pessoa vestida de gorila entrar em cena e bater no peito antes de sair — supostamente porque estavam prestando atenção em outras coisas. O gorila não se ajustava ao modelo que o cérebro das pessoas montou para o vídeo.[7] Como os estudos se tornaram bem conhecidos e os participantes sabiam do gorila com antecedência, havia maior probabilidade que as pessoas procurassem e vissem o gorila em um vídeo modificado, mas acabavam perdendo outros eventos imprevistos.[8]

Um estudo correlato pesquisou se os radiologistas estariam sujeitos à atenção seletiva enquanto buscavam nódulos em pulmões em tomografias. Os resultados encontrados pelos pesquisadores do Brigham and Women's Hospital em Boston apontaram que 20 dos 24 peritos não conseguiram encontrar a imagem de um gorila nas tomografias, uma figura destacada em branco 48 vezes maior que os nódulos que eles de fato encontraram! Quando questionados, 100% dos radiologistas enxergaram e identificaram facilmente as imagens

Como se Desculpar

não reconhecidas antes.[9] Talvez seja reconfortante saber que radiologistas competentes e bem treinados têm o mesmo ponto cego que o resto de nós. Por outro lado, pode ser perturbador saber que todos temos esse tipo de limitação.

Em um relacionamento, como o de Rolland e seu irmão, a atenção pode focar "seletivamente" a própria mágoa, ou seja, a forma pela qual o outro o magoou. A atenção seletiva torna menos provável que você perceba as maneiras pelas quais machucou a outra pessoa.

Você pode ter escolhido este livro para seu parceiro, esperando que, assim como Rolland e outros familiares afastados, alguém peça desculpas a você. Aprender como obter as desculpas que tanto espera, as reparações que você precisa que alguém lhe faça para ter o relacionamento que deseja, não é uma má ideia. Mas quero desafiá-lo a pensar no processo de desculpas como um esforço de construção de ambos os lados. Digamos que em um doloroso abismo de desentendimento você está de um lado e seu parceiro, amigo ou familiar, do outro. O que vocês precisam é uma ponte estendida entre suas diferenças. Em águas perigosas, confiança e esforço mútuo podem ser as melhores ferramentas para que isso por fim ocorra. Se você quiser construir uma estrutura capaz de conectar os dois lados, é bom prestar atenção a contribuições menos óbvias que você possa ter feito para criar esse espaço desagradável entre os dois. Como você verá, nossas inclinações naturais podem nos manter para sempre em lados opostos, seguros de que estamos certos.

Dissonância cognitiva. Em meados do século XX, o psicólogo Leon Festinger e seus colegas identificaram outro problema do pensamento, denominado dissonância cognitiva. Esse termo descreve a dificuldade do cérebro lidar com informações contraditórias ou conflitantes, um fenômeno que gerou um volume maciço de pesquisa em psicologia social. A primeira e mais famosa descoberta do Dr. Festinger estava relacionada aos seguidores de uma profeta do apocalipse, chamada Marian Keech, que tinha certeza de que o mundo acabaria em 21 de dezembro de 1954. À meia-noite, os fiéis deveriam se reunir para que fossem conduzidos em segurança a bordo de uma nave espacial. Quando a meia-noite passou, o grupo desolado sentou-se em atordoante silêncio, esperando o cataclismo. Quando o dia seguinte amanheceu e depois escureceu, como os dias geralmente fazem, os fiéis não alteraram ou questionaram sua crença. Eles explicaram a aparente contradição dizendo que a vigília deles na noite anterior havia "gerado tanta luz" que Deus cancelara o fim do mundo. Antes desse apocalipse que não houve, eles relutavam em falar sobre suas convicções, mas na sequência fizeram uma entusiasmada campanha para divulgá-las. Em vez de questionar suas crenças, a fé dos seguidores tornou-se mais firme e fervorosa.[10]

A dissonância cognitiva se refere ao desconforto que você sente quando sustenta duas ideias contraditórias (o mundo terminaria e, ainda assim, não terminou) ou uma ideia e uma ação (beber demasiadamente é ruim para você, mas lá está você no bar tomando uma birita). Em resposta a esse desconforto, você pode mudar de ideia ou agir diferente para resolver a contradição, mas isso pode ser muito difícil, especialmente se você estiver comprometido com elas, como os fiéis do fim do mundo. Provavelmente você vai resolver a dissonância se convencendo que a crença desacreditada não é incorreta ou que o comportamento ruim não é danoso.

Essa não é exatamente uma escolha. A neurociência mostrou que as áreas de raciocínio do cérebro virtualmente desligam quando você se depara com esse tipo de dissonância, enquanto os circuitos emocionais são acionados quando a consonância é restabelecida.[11] No cérebro, a dissonância "anseia" por ser resolvida, o que tende a acontecer da forma mais fácil possível.

Se você acredita que não é o tipo de pessoa que magoa os outros, a dissonância cognitiva dificultará que você se veja como responsável por ferir os sentimentos do outro. Caso as ações de outra pessoa pareçam ser claramente ofensivas e você não consegue entender porque essas pessoas não reconhecem isso, considere que uma dissonância similar possa existir na mente delas. Pode haver um bloqueio em se dar conta da mágoa infligida porque a ideia está em conflito com outras que eles sustentam. A maioria de nós não quer se envolver em um acerto de contas que pode nos mostrar que somos diferentes de como nos imaginamos ou revelar que aquilo que achamos importante está errado. Essa é uma razão pela qual Rolland não conseguiu ver o que aconteceu com seu irmão por outra perspectiva. Ele acreditava que a relação havia se quebrado por uma razão — seu irmão havia provocado aquilo tudo — e ele se manteria agarrado a essa ideia.

Magoamos os outros sem intenção o tempo todo. Entretanto, como nossa ação contradiz outras informações que temos — nossas intenções e autoconceito — fica difícil de ver, considerar e acreditar.

Como se Desculpar

<u>Autojustificação</u>. Outro fenômeno cerebral relacionado à dissonância que funciona de forma similar: estamos inclinados a ver nossas próprias ações como essencialmente legítimas, especialmente quando contrastam com a visão que temos das ações dos outros. Em um relacionamento, pode acontecer assim: ao discutir ou brigar com seu parceiro, você pode acreditar que seu comportamento representa suas qualidades inerentes e valiosas. A autojustificação evita que você se pergunte "Será que estou errado? Posso estar cometendo um erro?" Quando seu parceiro discorda de você, no entanto, você entende o desentendimento vendo a posição do outro como falha. Então, por meio do viés de confirmação, você encontra outras situações em que pode colocar a culpa nas ideias ou ações do outro. A dissonância cognitiva básica o impede de julgar seu comportamento como algo aquém do ideal.[12] A crise no relacionamento começa a ganhar força.

Quando alguém se divorcia graças a uma situação real de abuso, não é preciso qualquer justificativa. Mas, se você está dividido com relação ao divórcio, a teoria da dissonância prevê que você resolverá suas incertezas elevando a percepção negativa do ex-cônjuge. A autojustificação é a rota que transforma a ambiguidade em raiva e certeza.

Há duas tendências unindo todos esses vieses cognitivos e de percepção. É impossível perceber o mundo de qualquer outro ponto de vista que não seja o seu, o que o leva a equívocos e a continuar pensando e agindo da mesma forma. Mudar pode ser um desafio tremendo. Considerar efeitos não intencionais e inesperados nos outros é novidade para muitos de nós. Assumir uma nova abordagem, como aprender a pedir desculpas, pode aumentar a tensão biológica no já muito ocupado cérebro. Por causa das pressões evolutivas, as funções mais "primitivas" do cérebro (no sistema límbico ou na amígdala) privilegiam medo e raiva em vez de processos racionais e pensamentos (localizados nas regiões corticais). Quando as pessoas encaram uma incerteza, sentimentos fortes podem derrubar o raciocínio ponderado. Como resultado, há sempre um risco de que as emoções em ebulição possam tirar de cena um processo mais cuidadoso de reparação. Com tudo isso, quero dizer que você pode perder a cabeça e esquecer que seu objetivo mais importante deveria ser se reconectar.

Aprender qualquer nova qualidade incorre em passos errados e frustração. O terreno pouco familiar de reparar as relações pode levar a desencorajamento, dúvida e pessimismo. Não é de se espantar que Rolland não veja solução para a questão com seu irmão. Muitas pessoas não veem.

O que não quer dizer que seja impossível.

FATORES CULTURAIS

Assim como o ar que respiramos, as expectativas e normas culturais podem ser invisíveis. Embora profundamente arraigadas em cada um de nós, elas operam como premissas inquestionáveis. Aprendemos algumas em sala de aula e outras mediante observações ao longo da vida, desde muito cedo, antes de termos a linguagem para capturar a experiência. Famílias, vizinhos, figuras religiosas, amigos e, mais tarde, colegas e chefes: todos nos ensinam como devemos nos comportar. Muitas expectativas sociais nas culturas ocidentais nos levam à direção oposta à de pedir desculpas.

Rolland, por exemplo, cresceu em um lar de certa forma tradicional em um subúrbio de maioria branca, na região centro-oeste dos EUA. Seu pai, um patriarca, dominava a casa, incluindo a esposa, com um estilo severo do tipo "minha casa, minhas regras". Seus filhos foram ensinados a não questionar as regras e não mostrar vulnerabilidade. Assim como em muitos sistemas autoritários, a masculinidade, ou uma forma específica de masculinidade, era valorizada. Era um insulto se referir a alguém como "garota" ou outros termos que implicassem feminilidade (e, por consequência, fraqueza). Enquanto meninos, Rolland e seu irmão aprenderam a trabalhar duro e admirar super-heróis, como o Super-Homem e o Batman, que pouco demonstravam emoções. A família também valorizava proezas físicas e ambos praticavam esportes competitivamente. As amizades de Rolland eram superficiais e não duraram mais que seus anos de escola. No início de sua vida adulta, ele se conectou emocionalmente com uma série de namoradas. E tinha, por trás de tudo, seu irmão.

Como se Desculpar

Rolland se mostrou uma história de sucesso, uma criança esperta e competitiva, orgulho dos pais. Todos compartilhavam a visão de que seus méritos acadêmicos e profissionais decorreram de seu esforço e habilidades individuais e, assim, ele desenvolveu uma grande confiança em si mesmo. Havia se tornado um bom advogado de litígio, dizia ele, porque nunca duvidava de si próprio.

Em termos de modelos culturais, Rolland representa uma imagem dominante desde sempre, a de que um adulto de sucesso é alguém independente e confiante. Essa pessoa ideal, segundo nos dizem, deveria sempre vencer e acreditar na certeza, convicção e retidão de sua posição. Para ela, a ação é mais valiosa que a contemplação e, especialmente, mais valiosa que os sentimentos. Quaisquer sentimentos afora a raiva são particularmente difíceis de acessar ou aceitar, em si ou nos outros, porque você está tentando evitar a vulnerabilidade e a culpa. Dessa perspectiva, compreensivelmente, você pode considerar que se desculpar é um sinal de fraqueza, uma opção totalmente fora de questão.

Modelo masculino. Parte do modelo cultural ideal que aprendemos desde sempre está ligado a uma certa visão da masculinidade, a do herói solitário que não precisa de nada nem de ninguém. A American Psychological Association publicou recentemente diretrizes para abordar a "masculinidade tradicional", caracterizada pela austeridade emocional, competitividade e agressividade.[13] O fato deste modelo não refletir a grande variedade de pessoas nas culturas ocidentais não diminui o poder de sua imagem. O *Marlboro Man* [o "Homem de Marlboro", como ficou conhecido no Brasil] do século XX, um homem branco, dono de si mesmo, de bigode e geralmente montando um cavalo em campo aberto, ainda representa para muitos o que um homem deve ser. O *Marlboro Man* não é muito de pedir desculpas.

É preciso grande coragem para demonstrar um tipo diferente de liderança ou masculinidade. Nos primeiros meses de governo, os discursos do presidente Obama ao redor do mundo assumiam responsabilidade por erros dos Estados Unidos, como o "sacrifício dos valores nacionais" representados pelas prisões em Guantánamo. Por esse ato, ele recebeu simultaneamente admiração e repúdio. Foi acusado de mostrar fraqueza em seus "dez maiores pedidos de desculpas".[14]

É Muito Difícil Pedir

Um livro escrito por Mitt Romney, em 2012, revelou o forte contraste entre modelos diferentes de força: *No Apology: The Case for American Greatness* [Sem Desculpas: O Caso da Grandeza Americana, em tradução livre].[15]

Mais ou menos na mesma época, começou a circular um adesivo de carro que dizia: "Presidentes de Verdade Não Pedem Desculpas por seus Países." Um formidável exemplo de visões completamente discrepantes do que faz um líder forte, e que também ilustra a dificuldade que nossa cultura tem em reparar danos. Por ocasião da escrita deste livro, encontramos no atual presidente norte-americano um modelo similar e extremo do comportamento de alguém que geralmente não admite erros e evita desculpas. Alguns acreditam que, para sermos fortes, devemos sustentar nossas ações e nossa perspectiva como se fosse a única verdade. Sem exceções, sem dúvidas.

Há maior chance de mulheres estarem sem contato com seus membros familiares, diz uma pesquisa com adultos apartados de suas famílias, mas em geral separações envolvendo homens duram mais, ou até para sempre.[16] Pode ser mais difícil para os homens, como Rolland, se convencer a abordar um familiar distanciado para se reconciliar.

Além da pressão de ser independente e livre de qualquer dúvida sobre si mesmo, há rica documentação sobre a dificuldade dos homens expressarem seus sentimentos. Provavelmente isso começa com a socialização na infância, que deixa os meninos sem qualquer prática em lidar com emoções e experiências difíceis. Rosalind Wiseman, que escreve sobre adolescentes de ambos os sexos, diz que as meninas podem discutir sobre as mensagens tóxicas que vêm da cultura, mas os meninos, não.[17]

Mais uma vez, isso não quer dizer que é impossível que os homens peçam desculpas, só que é mais difícil.

Modelo de sucesso. Uma premissa cultural relacionada diz que o sucesso, a falha e o valor de nossos líderes, muitos deles homens brancos, existem de forma individualizada. Fora do contexto de uma equipe esportiva, dificilmente celebramos nossa interdependência. Se nós, como cultura, não valorizamos as conexões com outras pessoas, temos pouco motivo para nos importarmos em preservar relacionamentos, quanto mais repará-los.

Como se Desculpar

Um fator que interfere com a reparação de mágoas é nossa preferência por soluções rápidas. Admiramos soluções claras e diretas. Quando não estão disponíveis, ficamos impacientes e prontos para despachar relacionamentos e objetos. Quisera contar o número de vezes que ouvi as frases "Supere e siga adiante", "O passado está no passado" e, mais recentemente, "É o que é". Parece haver pouca boa vontade para reconstrução lenta, passo a passo, de confiança, por exemplo, ou de pensar de modo mais geral em vez de saber as coisas imediatamente.

Compreender o efeito que você tem nos outros, abordar seus erros e acertar as coisas: tudo isso leva tempo.

<u>Modelo de relacionamento</u>. A partir desses fatores culturais e considerando o equipamento de percepção que possuímos, nossa compreensão de relacionamentos é, também, muito simplificada. Um "felizes para sempre" de conto de fadas sugere que o amor contínuo e verdadeiro é simples. Nos filmes, um casal feliz se abraça enquanto sobem os créditos, indicando que a vida segue tranquilamente em direção ao futuro. Essa falsa premissa faz com que as pessoas se surpreendam ao perceber que relacionamentos de verdade precisam de cuidados e atenção, sem mencionar que é necessário apoiar um ao outro nas decepções e falhas. Não é surpresa que não saibamos como abordar, e muito menos sanar, as maneiras pelas quais nos magoamos. Quando vemos as falhas públicas de outras pessoas, tendemos a ficar entre uma exagerada condenação a uma aceitação superficial, como se soubéssemos a verdade sobre o que ocorreu e seu significado. As seções de comentários online rapidamente se enchem de opiniões extremas e polarizadas. As pessoas escolhem lados rapidamente. Essas reações instintivas para dilemas complicados e dolorosos do ser humano não funcionam nem para quem magoa, nem para quem é magoado. Além disso, os programas de televisão que exibem expressões exageradas de dor e os reality shows em que relacionamentos falsos são "encenados" distorcem ainda mais nosso senso de conexão humana. As reconciliações na TV podem acalentar o coração, mas não convencem ninguém. Raramente testemunhamos problemas interpessoais sendo corrigidos de forma realista. Todos esses fatores tornam mais difícil assumir real responsabilidade pela mágoa ou dor que você possa ter causado.

Modelos de conflito. Como você certamente percebeu, essas limitações se estendem ao discurso político, que não parece promover aprendizado mútuo. Vivemos em um tempo em que é mais fácil dividir do que unir. Debates e desentendimentos públicos com frequência geram mais calor do que luz. O que chama nossa atenção, no momento atual, são a fala radical e em altos brados dos tuítes e postagens nas mídias sociais, enquanto considerações mais ponderadas sobre o ponto de vista do outro se tornam cada vez mais raras. Nesse contexto, uma desculpa, um pequeno reparo na relação entre as pessoas parece um pequeno remendo na rachadura da dignidade e respeito humano.

Ainda assim, apesar de toda a retórica extrema que vemos online, uma barreira poderosa para boas desculpas é a relutância generalizada em abordar diretamente os conflitos. Em muitas esferas da vida, evitamos iniciar conversas difíceis. Apesar das declarações arrogantes em público, nós "não mexemos com quem está quieto" quando temos que lidar com um dilema doloroso cara a cara. Como tememos remexer nas feridas, magoar os sentimentos dos outros ou sermos vistos como causadores de problemas, não resolvemos problemas passíveis de solução. Há algum tempo, poderia ter algum valor de sobrevivência evitar conflitos no grupo, mas as consequências hoje são bem mais penosas que os benefícios.

O influente palestrante e consultor de negócios Patrick Lencioni descreve o medo do conflito como uma das piores disfunções de uma equipe de trabalho. De forma contraintuitiva, talvez, Lencioni descobriu que a *ausência* de conflito é o que interfere com o desenvolvimento de equipes de sucesso.[18] Membros que podem discordar de forma produtiva alcançam soluções melhores para desafios compartilhados. Apesar do grande valor do gerenciamento efetivo de conflitos no trabalho, um estudo recente da Universidade Stanford apontou que muitos líderes não se sentem competentes com relação a isso. Entre 200 CEOs avaliados, 43% elencou habilidades de gerenciamento de conflito como sua maior necessidade de desenvolvimento.[19] Encarar assuntos complicados parece ser tão difícil nas equipes de trabalho quanto em relacionamentos entre duas pessoas — e tão valioso quanto.

Se relutamos em levantar assuntos difíceis com outros, somos exponencialmente mais resistentes em ouvir sobre nós mesmos. Por muitas razões, não queremos ouvir que estamos errados — uma pena, porque feedback crítico é essencial para o aprimoramento próprio em muitas situações. Mas, na cultura

Como se Desculpar

do certo ou errado em que vivemos hoje, as críticas fazem-no se sentir pequeno, como um perdedor. Assim, se o assunto em potencial de uma conversa pode ser um erro que você cometeu ou um passo errado que deu, você tem mais uma razão para fugir na direção contrária. Rolland, por exemplo, não conseguia sequer considerar que poderia ter contribuído para a discussão e distanciamento entre ele e seu irmão.

Por fim, nós vivemos em um ambiente altamente litigioso. Como reforçado por nosso sistema legal, que delimita adversários, cada desentendimento é uma batalha em potencial, em que se ganha ou se perde, na qual você deve provar que o outro está errado. Você não precisa ser advogado para ter a opinião que admitir um erro pode fazê-lo sofrer um processo. Para questões criminais, as disputas entre lados adversários podem gerar os resultados mais justos, mas na vara de família elas tragicamente impedem as melhores soluções. Em momentos muito difíceis da vida, forçamos as pessoas a assumir posições adversárias mesmo quando, por exemplo, vão educar crianças na condição de parceiros separados. Nosso sistema legal coloca as pessoas em maior oposição, em vez de encorajar melhor comunicação e acordos de paz.

Todas essas pressões culturais e sociais deixam pouco espaço para as pessoas responsáveis reagirem com compaixão e responsabilidade. O que devemos fazer com nossos sentimentos não resolvidos com relação às mágoas não reparadas em nossas vidas, assim como nossa culpa e remorso?

FALTA DE HABILIDADES

Pedir desculpas de forma eficaz, encarar seus erros e reparar relacionamentos prejudicados estão entre os mais humildes e corajosos comportamentos humanos. Eles têm um poder sem igual. Considerando que nossos erros estão por todas as partes, temos métodos extremamente dispersos e mal desenvolvidos para lidar com eles. Não são nossos muitos erros que causam a maior dor: não conseguir corrigi-los é o que rompe corações e relacionamentos.

Contudo, apesar da importância de acertar as contas, há pouquíssima ênfase cultural e, muito menos, orientações familiares ou educacionais nesse processo. O mundo da criação dos filhos é bastante complicado e nos oferece

É Muito Difícil Pedir

amplas oportunidades para nos sentirmos inadequados. É por isso que faço sugestões parentais por solidariedade e não julgamento — e não porque eu lidei com as coisas de forma correta em minha vida pessoal.

Quando uma criança machuca outra pessoa, outra criança, digamos, a prática convencional é ensinar a criança a emitir um "desculpe" automático, só para constar. As crianças aprendem a dizer palavras que não entendem e que, dessa forma, não têm significado. Recompensar essas palavras não é o pior que um pai ou mãe pode fazer, mas dizer "desculpe" antes de entender o erro não ensina nada sobre empatia ou responsabilidade. A ênfase dada não está na mágoa ou dor da outra pessoa. Raramente há um pedido ou uma declaração genuína de arrependimento, muito menos restituição ou prevenção de danos futuros. Contrariando a opinião popular sobre essa solução, dizer "me desculpe" não é o passo mais importante, ou o primeiro, para desculpas bem feitas. De fato, essas palavras não são realmente necessárias.

Você provavelmente conhece pessoas que contribuem para outra fonte de confusão, que resulta de dizer "me desculpe" o tempo todo, sem nenhuma razão em particular. Você pode ser uma dessas pessoas. As mulheres brincam entre si sobre como pedimos desculpas automaticamente — mesmo quando alguém esbarra na gente, nos desculpamos até para a mobília. Há quem sugira que esse hábito diminui a autoridade pessoal e o poder de uma mulher[20] e, particularmente em negociações profissionais, diminui as realizações de uma mulher.[21]

O hilário livro *How to Be a Canadian (Even If You Already Are One)* [Como Ser um Canadense, Mesmo que Você já Seja, em tradução livre] apresenta uma forma de dominar 12 diferentes tipos de "me desculpe", apontando que os canadenses falam essa expressão como as pessoas falam bom dia, em qualquer situação que possa ocorrer. Os autores concluem que canadenses pedem desculpas exageradamente. Mas raramente são declarações significativas de arrependimento.[22]

O hábito reflexivo obviamente não é um pedido de desculpas e atua como uma comunicação, e não uma reparação, interferindo, por vezes, com desculpas sinceras. Podemos entrar tão rapidamente no mecanismo do remorso que não nos damos o tempo para vivenciar esse sentimento. Podemos confundir um hábito social, um tique verbal, por uma tentativa verdadeira de assumir responsabilidade por algo errado.

Como se Desculpar

Do líder internacional ao nosso vizinho, a maioria de nós não enfrenta os danos interpessoais simplesmente por não saber como. Nos últimos anos, enquanto figuras públicas lidavam com seus erros e enganos, vimos respostas que vão desde acusações defensivas a oportunidades completamente perdidas. Os homens de renome acusados de má conduta sexual pelo movimento #MeToo nos últimos anos ofereceram, no melhor dos casos, reconhecimentos parciais de sua culpa. Alguns (como Matt Lauer), discutiram sobre os detalhes, enquanto outros (como Harvey Weinstein) negaram qualquer contato não consensual. Recentemente, depois de um artigo no *New York Times* sobre a má conduta do cantor e compositor Ryan Adams com várias mulheres, ele colocou no Twitter algo que parecia um pedido de desculpas. Continha um "peço desculpas", mas seguidos das palavras "de forma não intencional", que precediam suas negativas de múltiplas partes das histórias das acusadoras.[23] É claro que um homem deve se defender se for inocente, mas nenhum dos acusados nas manchetes proferiram algo substancial com relação a informações escusatórias. Ninguém fez um pedido de desculpas completo e sincero. Resumindo, eu diria que eles fizeram um tratado sobre como *não* reparar danos. Nos próximos capítulos examinaremos algumas desculpas públicas muito eficazes, talvez exemplares, mas que (ainda) não são a regra.

Não é surpreendente, na verdade, dados nossos obstáculos culturais, biológicos e sociais, que muita gente não consiga resolver as coisas quando elas dão errado. Pode parecer desnorteante, desencorajador e simplesmente impossível.

Não se desespere. Apesar desses desafios, não há nada mais importante para aprender que reparar os danos. O Capítulo 3 vai mostrar que os danos podem, sim, ser reparados.

MITOS DE DESCULPAS

A seguir alguns dos mais populares equívocos sobre a natureza das desculpas. Você se reconhece em alguma destas ideias?

1. Pedir desculpas é sinal de fraqueza;
2. Dizer "sinto muito" é aceitar a culpa. Como a culpa não é sua, você não deve pedir desculpas;
3. Assumir responsabilidades por erros danosos vai te levar ao tribunal;
4. Se você não quis magoar ninguém, as pessoas não estão magoadas;
5. Seu parceiro sabe que você não o magoaria de propósito, logo não há necessidade de falar nada sobre o assunto;
6. Você é uma boa pessoa, então não poderia ter feito nada que magoasse alguém;
7. Dizer "sinto muito" é tudo que você tem que fazer;
8. Bons relacionamentos não precisam de desculpas. ("Amar é jamais ter que pedir perdão.");
9. Sentir-se culpado sobre seus erros não faz sentido;
10. Pedir desculpas não o beneficia. Só ajuda a pessoa que está magoada;
11. Se o dano aconteceu antes de você nascer, você não deve desculpas por ele;
12. "Não mexa com quem está quieto." Levantar assuntos difíceis deixa todo mundo desconfortável;
13. Você não pode mudar o passado, então não há razão para revisitá-lo;
14. Você também ficou magoado, então não tem que pedir desculpas.

CAPÍTULO 3

Não É Fácil, Mas Não É Nenhum Mistério

Jackie, uma dedicada assistente social, de trinta e poucos anos de idade, veio me ver porque estava infeliz há um longo tempo — solitária, mas não em depressão profunda. Ela tinha um grande círculo de amizades, mas poucas conexões realmente próximas. Teve alguns relacionamentos amorosos, mas nenhum que durasse mais que alguns meses. No começo da terapia, Jackie me disse: "Eu não sei qual é meu problema. Não consigo deixar ninguém chegar muito perto, na verdade." De fato, descobrimos sua relutância em confiar em mim, também. Ela achava que eu não retornaria suas chamadas, nem lembraria o que me disse sobre sua vida. Uma vez, quando tentei alterar um pouco minha agenda para melhor acomodá-la, ficou surpresa e incomodada. "Não estou acostumada às pessoas fazerem algo assim por mim. Em geral sou eu que me ajusto para os outros."

Como se Desculpar

Enquanto criança, Jackie aprendera a não depender da ajuda de ninguém. Ela sempre tinha sido a irmã descomplicada, aquela que nunca precisou muito da atenção ou ajuda dos outros. Nunca sentiu que alguém cuidaria dela. Aprendeu a tomar conta de si mesma. Agora, adulta, Jackie não demandava nada da família e ninguém a tinha como foco. Ela ajudava sua irmã mais velha Serena frequentemente, pegando as crianças na escola ou ficando como babá quando Serena e seu marido saíam. Seus irmãos ligavam para ela quando precisavam de ajuda, principalmente financeira.

Na terapia, ela começou a explorar a história de sua família e reconheceu pela primeira vez a dimensão do descuido que havia recebido de sua mãe solteira. Na primeira vez que ela me falou sobre ter sido enviada para viver com uma prima distante chamada Marian, quando ainda era bem jovem, ela comentou que o longo período longe de casa não foi tão ruim, porque ela e Serena estavam lá juntas. Adultas, as irmãs tinham uma relação amistosa, na qual as conversas giravam em torno do trabalho e dos filhos de Serena. A irmã era conhecida como uma pessoa gentil e carinhosa, e Jackie se questionava por que nunca confiou nela. Percebeu, então, que isso provavelmente se devia às suas próprias limitações. Jackie esforçou-se muito para não colocar na família a culpa por qualquer de suas dificuldades, cuidadosamente colocando a responsabilidade em si mesma, mais do que a maioria das pessoas que tratei.

Durante uma conversa ao telefone em um sábado, Serena mencionou a ela que havia convidado seus irmãos e sua mãe para a Páscoa, na sua casa. Ela disse a Jackie que eles almoçariam às 14h, um horário bom para todos. Imediatamente, Jackie perdeu a fala quase que completamente. Ela precisava largar o telefone. Nos dias que se seguiram, ela se percebeu constantemente enraivecida com sua irmã, mais zangada que nunca. Embora visse seus sentimentos como algo muito intenso e inapropriado, ela não conseguia se livrar deles. Pela primeira vez me pediu uma sessão extra. Ela me disse que ninguém havia perguntado *a ela* a que horas *ela* poderia ir, mas que o horário "era bom para todos", então ela deveria ser uma pessoa sem importância. Ela sempre foi colocada em segundo lugar, mas também disse: "Sei que Serena é muito gentil, ela não faria nada para me magoar." Eu mencionei que em geral as pessoas magoam os outros por engano e não têm consciência do impacto. Jackie decidiu conversar com sua irmã, para "dar uma chance e tentar confiar nela".

Ela disse a Serena que se sentiu excluída dos planos para a Páscoa.

Não deu muito certo.

Não descobri imediatamente porque Jackie cancelou as próximas duas consultas. Quando ela retornou, estava pálida e seus olhos vermelhos, inchados e com grandes olheiras. Ela me disse estar decepcionada e confusa. Serena desdenhou da sua reação e disse para ela parar de ser boba, que ninguém queria magoá-la. Então a irmã, bruscamente, disse que o problema de Jackie era que ela havia dado ouvidos a mim, sua terapeuta, sobre assuntos da família. Serena disse ainda que, se Jackie continuasse me escutando, não poderia mais conversar com ela. Por isso havia sido difícil para Jackie vir às últimas sessões.

Na conversa que tiveram, sua irmã não pôde assumir a responsabilidade e reconhecer que havia magoado Jackie com relação à Páscoa. Seu contra-ataque não é uma reação familiar fora do normal quando alguém tenta mudar uma dinâmica familiar, mas fez um estrago.

Olhando diretamente para mim com seus olhos tristes, Jackie falou devagar: "Por que ela fez isso comigo? Sinto que de alguma forma perdi minha família."

Ela olhou para suas mãos, imóveis, em seu colo. Seus olhos se encheram d'água, mas, enquanto conversava sobre a reação de sua irmã e sua própria dor, ela não chorou. Seu pesar era interrompido por momentos em que ela franzia os olhos e balançava a cabeça. Via a ameaça de sua irmã como injusta e errada. Sua decepção profunda com a resposta de Serena à sua reclamação foi difícil de suportar, difícil até de presenciar.

Em certo momento, perguntei: "Esses terríveis sentimentos de hoje são familiares? Você já os sentiu antes?"

Jackie ficou em silêncio por um momento. Logo depois as lágrimas começaram a correr por seu rosto, como neve derretida enchendo um riacho na primavera. "De certa forma, acho que sempre me senti assim, sozinha."

Ela parou, mas as lágrimas continuaram. "Lembra quando lhe disse sobre ter ficado com a prima Marian quando era muito pequena? *Foi* quando me lembro de me sentir tão só quanto agora. Completamente sozinha."

Esperei enquanto ela assoava o nariz. As lágrimas diminuíram. "E Serena?", perguntei. "Você me disse que ela estava com você."

Como se Desculpar

"Isso", ela falou hesitante. "Não faz sentido. Não entendo porque sinto que ela foi indiferente quando estávamos na casa de Marian, como se me deixasse sozinha." Jackie pontuou, em voz alta: "Ela não faria isso com ninguém, muito menos com sua irmã mais nova."

Esse não é, felizmente, o final da história para essas duas irmãs, mas essa parte da batalha é um doloroso lembrete de que perder a oportunidade de acertar as contas entre as pessoas pode gerar muita dor.

A tristeza de Jackie se aprofundou. Temporariamente apartada de sua irmã, ela não conversou com Serena por algumas semanas. Embora sentisse tanta falta dela e das crianças que sentia fisicamente a dor, ela considerou o comportamento de Serena como um "sequestro". Ela estava tão confusa quanto curiosa com suas memórias de solidão na infância. Como ela se sentia de coração partido, precisou de toda sua coragem para não atender às condições de sua irmã, tentando confiar em sua percepção de que a ameaça de Serena não era justa. Jackie entendia essa sua postura como sendo a primeira vez em que tinha realmente mantido sua opinião de maneira firme — o que a deixava tanto ansiosa quanto orgulhosa. Eu a encorajei a ter fé na resolução do impasse entre ela e sua irmã.

A Páscoa chegou e passou. Jackie se sentia péssima.

Serena não conseguiu assumir a responsabilidade pelo que havia feito, mas essa não seria sua última chance. Na semana após a Páscoa, finalmente, Serena fez contato. No telefone, contou a Jackie que queria se desculpar por mais de uma coisa. Com alguma tremedeira misturada com alívio, Jackie concordou em encontrá-la. Em uma longa caminhada, Serena começou a dizer que sentia muito por ter sido tão insensível sobre a Páscoa. Ela não havia tratado a irmã com a consideração que ela merecia. E continuou: "Também preciso dizer que sinto muito por como reagi quando você tocou no assunto. Também foi errado."

Jackie se sentiu constrangida, agradeceu rapidamente e mudou de assunto. Aquele pedido de desculpas era tudo que ela precisava para deixar a coisa toda de lado. Sua resposta demonstra que, embora Serena não tivesse pedido desculpas quando teve a primeira oportunidade, no geral uma pessoa que você magoou permanece bastante receptiva a outra tentativa.

Não É Fácil, Mas Não É Nenhum Mistério

"Tem algo mais", Serena continuou. "Estive pensando como reagi ao que você falou. Semana passada, quando nossa mãe esteve em minha casa, olhando-a com as crianças, percebi porque agi daquele jeito. Queria lhe dizer, mas são coisas que não vinha pensando há muito, muito tempo." Ela parou por um instante e depois continuou. "Você se lembra quando ficamos com a prima Marian?"

Jackie perdeu a voz, surpresa. Era uma coincidência muito improvável que Serena trouxesse para a conversa o mesmo período que ela vinha conversando comigo. Jackie anuiu.

"Bem, você provavelmente não soube disto antes de irmos, mas nossa mãe fez a gente prometer não conversar com Marian, ou qualquer outra pessoa, sobre o que acontecia em nossa casa. Você era muito pequena para lembrar e meu trabalho era me assegurar que você mantivesse a boca fechada. Mamãe disse que puniria a nós duas se você falasse."

"Nossa, isso é muito duro."

"Duro mesmo. Nada muito diferente do jeito dela de nos criar. De qualquer forma, estávamos lá há três meses e o verão estava terminando. Você ia começar o jardim de infância. Por alguma razão você disse a Marian como a mamãe se arrumava toda para sair à noite. Mais tarde, ela ligou para mamãe e deu um sermão. Eu a ouvia gritando no telefone."

"Essa não."

"Poi é. Depois, mamãe pediu que ela me desse o telefone. Ela estava furiosa!" Serena respirou fundo. "Mamãe me disse que não poderíamos voltar para casa, que teríamos que ficar lá outro ano inteiro."

"Meu Deus. Foi por *isso* que ficamos lá tanto tempo?"

"Bem, é como eu me lembro. Ela nos puniu porque você abriu a boca."

"Eu não tinha a menor ideia."

"Tenho que lhe dizer outra coisa, que odeio dizer em voz alta. Estava com tanta raiva de você por não podermos ir para casa! Lembro que fiz uma promessa de não a ajudar mais. Nem ser mais legal com você."

Jackie olhou fixamente para a irmã.

Como se Desculpar

Caminharam em silêncio, até Serena dizer: "Eu tinha esquecido tudo isso. Você pode não lembrar também, porque você era muito novinha."

Jackie sussurrou "Eu me lembro", e, vagarosamente, disse: "E me senti da mesma maneira no mês passado, quando você me disse que eu não poderia conversar com Molly."

Serena colocou seus braços ao redor da irmã e elas se abraçaram. Serena repetia: "Sinto muito, sinto muito."

As irmãs começaram uma conversa naquele dia que continuou por muitos anos. Jackie falava com a irmã sobre sua sensação de solidão. Para ela, o pedido de desculpas ajudou a desvendar o mistério de suas memórias e sua solidão. Depois de lembrar como foi fria na infância, Serena lutou para desculpar a si mesma, mas Jackie não teve dificuldade alguma em fazer isso. Ela se deu conta que ambas eram crianças cuja mãe perturbada as colocou em uma situação impossível. Ambas fizeram o melhor que puderam.

A partir da tentativa de Serena para reparar a mágoa que havia infligido, um novo relacionamento tornou-se possível para as irmãs. Serena parou de não considerar as opiniões de sua irmã, o que mudou todo o funcionamento da família. Para Jackie, foi possível desenvolver, a partir das desculpas da irmã, uma maior e mais profunda habilidade de se aproximar das pessoas.

Muito do que sei sobre acertos de contas foram meus pacientes que me ensinaram. Nas milhares de horas que compartilhei com eles, ouvi muito sobre situações em que as pessoas ficaram presas por muito tempo, sem que pudessem superá-las. Esses dolorosos nós em geral envolvem uma mágoa antiga não curada. Mesmo que você tenha ficado paralisado pela culpa ou remorso acumulados por anos, as pessoas me mostraram que ainda assim é possível aprender como mudar a história. Você pode mudar o resultado para você e quem você ama.

Em muitas situações, desculpas ruins podem ser tão obviamente inadequadas que não é preciso ser um psicólogo para ver. Mas também aprendi de pessoas que deram boas desculpas. Testemunhei parceiros largando mão das defesas e trabalhando duro para compensar seu comportamento lamentável. Embora eu não tenha nada a ver com o acerto entre Serena e sua irmã, ouvi o quão compreensivas e carinhosas foram suas palavras. Ela deu a Jackie muito tempo para dizer como se sentia e se assegurou que Jackie sabia que ela havia entendido. Eu testemunhei o poder liberador e transformador daquele corajoso pedido de desculpas na vida de Jackie.

As reparações que sua irmã fez permitiram a Jackie seguir adiante, não apenas sendo mais presente na vida de Serena, mas também enriquecendo e ampliando o relacionamento com ela pelo resto de sua vida. Serena, por seu lado, sentiu a profundidade dos efeitos do pedido de desculpas. Depois de seis meses daquela caminhada das irmãs, Jackie trouxe uma carta de sua irmã. Nela, Serena relatava como foi errado ameaçar a terapia de Jackie e me agradecia pelo apoio à sua irmã. "Sou tão grata por ter Jackie em minha vida. Estamos muitos mais próximas agora." Ela continuou, dizendo que começou a olhar de forma diferente para seus filhos e, especialmente, para seu marido. Descobriu-se mais curiosa e aberta ao ponto de vista dele. Ela escreveu assim: "Acho que fiquei parada no tempo de diversas formas e agora estou me transformando na pessoa que quero ser."

Como Serena encarou seus arrependimentos com sua irmã, um relacionamento que poderia ter sido perdido foi não apenas salvo, mas aprimorado. Ela também se ajudou em seu crescimento pessoal. Quando duas pessoas criam o tipo de segurança psicológica que conversamos no Capítulo 1 — ou seja, quando dizem a verdade sobre coisas negativas ou ruins, sem magoar — vejo uma saída de padrões de teimosia prévios, aquelas interações que funcionam como um roteiro para uma repetição em série. É claro que uma nova perspectiva permite que as pessoas vejam mais claramente o que amam em seus relacionamentos e parceiros. A mudança positiva é contagiante, provendo energia para que duas pessoas mantenham ciclos positivos de comportamento. Um ciclo positivo é aquele em que você aprecia os esforços ou a gentileza do outro e, como resultado, se sente mais inspirado ou inclinado a expressar essa positividade em ações, também. Ambos se sentem mais felizes e isso torna mais provável que continuem a fazer as coisas que fazem o outro se sentir bem. Assim, em vez de amargor mútuo ou dos ciclos negativos, você está fazendo o que eu chamo de "encher a caixa d'água do sentimento positivo", reservatório esse que você pode precisar usar em algum ponto do futuro. Você também cria um mapa para reparações futuras. Em um relacionamento longo, particularmente, este conjunto de ferramentas para comunicação e resolução de problemas beneficia a todos.

Como se Desculpar

Ao longo do tempo, no consultório, padrões consistentes do que constitui um bom pedido de desculpas começaram a emergir, principalmente entre casais. Não sou uma acadêmica, então não realizei nenhum experimento controlado de pesquisa. Entretanto, fiquei curiosa em como esforços específicos para pedir desculpas funcionavam, e quão poderosos poderiam ser. Então comecei a procurar formas de entender o que estava vendo. Em muitos lugares divergentes pude encontrar ideias significativas sobre como acertar as coisas. Neste capítulo, revisitaremos o que aprendi. Estes exemplos me convenceram ainda mais da importância de reparar relacionamentos e ajudaram a compor meu modelo de desculpas.

MODELOS RELIGIOSOS PARA ABORDAR O REMORSO

A etimologia da palavra "religião" é *re-ligare*, juntar ou conectar novamente. Uma interpretação do significado é que o objetivo da religião é reconectá-lo com seu eu interior mais verdadeiro, o divino, ou ao resto da sua comunidade depois que você foi separado pelo pecado. Nessa visão, reparar, reconectar e voltar a juntar algo separado ou quebrado são aspectos centrais de uma vida religiosa ou espiritual. De fato, os Exercícios Espirituais de Santo Inácio de Loyola (Jesuítas) vão um passo além, propondo um caminho explícito em direção à compreensão de como você se separou de Deus. Em uma diferente perspectiva, os judeus acreditam que você tem uma obrigação sagrada de ajudar a reparar o mundo, um conceito chamado *tikkun olam*. A Torá ensina que os humanos foram criados para reparar os erros que surgiram na criação imperfeita do mundo.

Fiquei particularmente interessada ao descobrir que rituais de arrependimento nas religiões mais representativas estão em todas as partes, sugerindo que a necessidade humana de abordar atos errados é quase universal. Atravessando diferentes culturas e milênios, as religiões fornecem rotas de arrependimento para os fiéis.

Por meio de rituais e dias dedicados à expiação, as religiões exigem que seus seguidores empreguem tempo em uma autorreflexão, como o feriado anual judeu Yom Kipur. Durante o ritual de expiação muçulmano *tawba*, arrependimento sincero leva a deixar para trás os erros do passado e caminhar

Não É Fácil, Mas Não É Nenhum Mistério

na direção dos caminhos de Alá. O remorso sincero também é exigido no processo de arrependimento do Budismo Chinês, como uma forma de eliminar o carma negativo e purificar a mente da pessoa.

Na quarta-feira de cinzas, que marca para os cristãos o início da quaresma, o padre, com cinzas e o polegar, faz o sinal da cruz na testa dos fiéis. A mancha de carvão dura o dia todo, marcado no rosto da pessoa em sinal de penitência, humildade e mortalidade. No Livro de Oração Comum, usado pela Igreja Episcopal, a quarta-feira de cinzas anuncia uma temporada de autoexame e arrependimento.[1]

Mas, na maioria dessas religiões, a penitência em si não é suficiente. Na Igreja Católica Romana, o sacramento da confissão requer que uma pessoa penitente reconheça seus pecados ou erros e expresse remorso. De forma similar, nos dez dias entre Rosh Hashanah e o Yom Kipur, os judeus têm a obrigação de encarar seus erros de frente. Declarações pessoais de arrependimento para com pessoas que você possa ter magoado devem ser realizadas nesses dias santos, antes que Deus feche o Livro da Vida por mais um ano.

Alguma espécie de reparação é geralmente exigida no processo de arrependimento religioso. Na confissão católica romana, por exemplo, seu reconhecimento dos pecados deve ser seguido por uma penitência definida, que em geral consiste em um número específico de orações que você deve recitar. De forma similar, a prece de confissão Ashamnu não traz uma resolução imediatamente, mas define um tempo posterior em que a pessoa pode demonstrar que evitou transgressões similares e mostrou ser merecedora de perdão. De forma parecida, embora a prática islâmica da *tawba* seja apenas entre os fiéis e Alá, se você pecou contra outra pessoa, a restituição também é exigida.[2]

Proferir palavras de arrependimento ou até fazer restituições não encerra as desculpas entre duas pessoas. Arrependimento, reconhecimento dos atos errados e restituição são uma preparação para a mudança genuína em quem fez algo errado. Este, para mim, é o objetivo final dos rituais de arrependimento. Prosseguindo, os devotos muçulmanos precisam estar determinados a banir atos proibidos. Após sentir remorso por erros cometidos, os budistas chineses devem mudar seu comportamento futuro.[3] Além disso, uma das sutras budistas (escrituras canônicas) propõe seis práticas de arrependimento para a vida inteira dos sentidos, da mente e do corpo.[4]

Como se Desculpar

Todos esses rituais e crenças dão voz à culpa e responsabilidade das pessoas, e também lhes dá uma forma de se arrepender e começar de novo. O retorno do penitente a uma fonte espiritual é elemento básico para todas essas práticas. Geralmente, embora nem sempre, o reconhecimento explícito da transgressão é um elemento central da compreensão compartilhada. Assim, as comunidades de fé podem ser lugares onde uma pessoa é encorajada a enfrentar e recuperar-se de erros que causaram rupturas de um tipo ou outro. Em muitas tradições, acertar as contas com as pessoas ofendidas é algo integrado nessas práticas.

MODELOS DE NEGÓCIO

Quando comecei minha busca para entender como se processavam as reparações entre as pessoas, não sabia muito sobre o pensamento corrente do campo de liderança empresarial. Uma das informações mais fascinantes que encontrei foi um extenso e criativo estudo de organizações e de como as pessoas operam dentro de grupos de trabalho. Patrick Lencioni, por exemplo, o guru da administração que ensina sobre o valor do conflito interno nas equipes, defende que a liderança fomente conversas sobre desentendimentos.[5] Além disso, uma maneira para lidar com complicações emocionais espinhosas é olhar diretamente para as maneiras como você pode ter causado um problema — um aspecto crucial de meu modelo de desculpas.

Os líderes devem se preparar para serem receptivos ao feedback negativo, considerando-o como uma informação necessária para ajudar a equipe ou a organização a prosperar. Nesse sentido, Kim Scott, que trabalhou como executiva e importante consultora de negócios, recomenda "empatia assertiva", ou seja, não apenas uma disposição de tolerar palavras desagradáveis, mas uma busca ativa de diferenças de opinião. Descobri que essa consulta ativa é parte essencial de um pedido de desculpas pessoal. Para muitos líderes, surgem sentimentos, conflitos e defensividade, assim como nos relacionamentos pessoais. Em seu livro, a Srta. Scott descreve uma conversa chocante entre seu novo chefe, o cofundador do Google, Larry Page, e o líder de equipe Matt Cutts. Eles discordaram sobre um plano proposto e Cutts acabou gritando com o chefe. Sendo uma empregada nova, a Srta. Scott ficou preocupada que tanta veemência poderia acabar em demissão, mas, ao contrário, as vozes alteradas não perturbaram ninguém. Eles desenvolveram um processo produtivo e colaborativo, o que mostrou a ela que o desentendimento aberto e honesto não era necessariamente algo perigoso. Ela não aconselha explosões de raiva, mas a discussão a ajudou a desenvolver mais resiliência em sua vida: ela foi capaz de ver que havia um caminho produtivo por meio de conflitos, até mesmo os passionais.[6]

A empatia assertiva exige um comprometimento: dizer o que você pensa mesmo quando for uma avaliação negativa do trabalho de alguém ou, no caso de um relacionamento, um feedback sobre um impacto negativo em você. No sentido de "atingir resultados colaborativamente", você deve ouvir, esclarecer, aprender e debater; não é uma dinâmica à qual se chega sem muito esforço. É preciso uma versão da mesma base sólida que é fundamental para um relacionamento forte. Mesmo quando as paixões e pressões são exacerbadas, você deve se manter comprometido a ser digno de confiança, ou seja, honesto e, apesar dos desentendimentos, essencialmente do mesmo lado do outro.

MODELOS DIGITAIS E DE COMUNIDADE

Programas de 12 passos são grupos quase seculares que empregam boa parte do esforço em acertos de contas com pessoas que foram magoadas. No passo 4 dos Alcoólicos Anônimos, o viciado deve se preparar elaborando um "minucioso e destemido inventário moral" de falhas pessoais. Focar os danos causados a outros pode ser um processo penoso, diretamente análogo aos rituais religiosos de arrependimento. Assim, podemos elaborar uma base para acertar as coisas com outras pessoas, o que constitui o passo 9 do A.A.[7]

A presença constante de "páginas de confissão" online em universidades e escolas é um lugar para os jovens postarem segredos de todos os tipos. Sites com propósitos confessionais vêm e vão, mas são fáceis de encontrar. Atualmente, incluem nomes acessíveis como Confessions.net, MomConfessions.net, SimplyConfess.com e thefutureofsecrets.com [todos com conteúdo em inglês]. Eles fornecem às pessoas um lugar para enviar suas histórias de remorso. Quer você seja uma mãe que se sente mal pela maneira como educa seus filhos ou uma pessoa que secretamente traiu seu parceiro, você pode dar uma desculpa semipública entrando em um grupo do Facebook ou postando em resposta às

Como se Desculpar

convocações digitais por histórias de má conduta com os outros. Com uma veia mais espiritual, o Hillel Harvard, uma comunidade judaica no campus, convidou estudantes a tuitar seus pecados em preparação para o Yom Kipur.[8]

Quando Frank Warren solicitou cartões-postais com segredos que não foram ditos para ninguém, não esperava a enxurrada de cartas que recebeu. Desde 2004 ele recebeu mais de 1 milhão de segredos, produziu a série best-seller de livros *PostSecret* e organiza um projeto artístico comunitário online. Muitas das histórias que ele recebeu são confessionais, admitindo ações ou omissões das quais a pessoa se arrepende.[9]

Outra experiência comunitária relacionada a lidar com segredos ocorreu na cidade de Nova York. No primeiro dia do ano, as pessoas são convidadas a escrever seus segredos no papel. Grandes trituradores de papel são levados para a Times Square, dando uma oportunidade para uma liberação catártica de arrependimentos. Não é um pedido de desculpas ao outro, mas permite que as pessoas compartilhem um ritual para reconhecimento de atos errados.

Devemos comentar que essas medidas não são desculpas reais, no sentido de estarem direcionadas a quem foi magoado. Há menos risco para quem escreve ou posta, e quase nenhuma consequência com passos subsequentes. O que é esse apelo que leva as pessoas a fazer revelações que são ao mesmo tempo anônimas e intensamente pessoais? Por que essas oportunidades para uma confissão de mão única seguem aparecendo? Elas devem atender a uma necessidade. Eu me pergunto se o que precisamos é a presença de testemunhas, mesmo que sejam desconhecidas para nós. Quando o Papa Bento XVI fez seu sermão final na quarta-feira de cinzas, disse que "a jornada da penitência não pode ser percorrida de forma solitária".[10] Ele estava se referindo a práticas específicas da Igreja Católica Romana, mas creio que todos nos beneficiamos quando alguém presencia nossos esforços para encarar nossas decepções conosco mesmos quando não conseguimos alcançar nossos padrões ideais. Para maior eficácia, a testemunha das suas desculpas deve ser a pessoa mais relevante, aquela que você magoou. Como cultura, no entanto, podemos usar todas as oportunidades, por mais parciais, que possamos ter.

MODELOS CULTURAIS

Quando descrevi o ideal ocidental de autossuficiência estoica, estava me referindo a um modelo particular que, obviamente, não reflete todas as altamente divergentes atitudes e costumes nos Estados Unidos ou em qualquer sociedade. Um problema com esse modelo é que ele presume uma normalidade, ou seja, deve representar um "padrão ouro" para o funcionamento adulto de todos. Devemos considerar, no entanto, que até o final do século XX, a maior parte das pesquisas sobre saúde física e psicológica foi realizada em homens brancos. A maioria do que os especialistas nos ensinaram sobre saúde é baseada em apenas parte da população e também não lhes faz justiça.

A teoria psicanalítica primordial, de Sigmund Freud, até os anos 1960 via o desenvolvimento humano de maneira consistente com esse modelo baseado em homens. Desfazer-se de apegos infantis (separação) e tornar-se uma pessoa (individuação) eram valorizados como os maiores objetivos do desenvolvimento.[11] A consequência dessa base teórica foi considerar menos importantes as conexões com outras pessoas na vida adulta. Você pode imaginar, dada essa perspectiva, porque reter ou reparar relacionamentos interpessoais não era visto como algo particularmente relevante ou valioso. Com a introdução de teorias mais recentes, incluindo a psicologia do self e a psicanálise relacional, tanto o propósito quanto o objetivo do crescimento começaram a ser vistos como mais ricos e complexos. Em particular, agora entendemos que o desenvolvimento envolve de forma crucial conexões profundas com outras pessoas, por isso a importância de reparar os relacionamentos. Mas essas mudanças em abordagens teóricas não tiveram penetração imediata na cultura mais ampla. Enquanto os pesquisadores estavam começando a entender a centralidade de nossas conexões, ainda estávamos cercados de ícones solitários, como o Marlboro Man.

Há muitas tradições culturais que há tempos fornecem modelos de maturidade responsável que contrastam radicalmente com a postura masculinizada de independência familiar. Buscá-las pode nos ajudar a entender uma gama maior de opções interpessoais. Por experiência própria, os grupos que valorizam abordagens coletivas e cooperativas suportam uma mentalidade mais adequada para enfrentar os erros e aceitar as diferenças. Desafiar os padrões antigos pode trazer maneiras mais esperançosas e positivas para resolução de problemas entre as pessoas.

Como se Desculpar

Dito isso, sou uma mulher branca que cresceu nos Estados Unidos e estou só começando a entender modelos culturais que não sejam o dominante. Como não quero tentar falar por aqueles que podem falar melhor por si mesmos, minhas palavras servem apenas para reconhecer que muitas pessoas não validam aqueles modelos euro-americanos ou masculinizados. Juana Bordas, uma ativista multicultural, recomenda um "novo pacto social" que incorpore as abordagens latinxs, negras e nativo americanas à comunidade. Ela ensina, por exemplo, que a generosidade dentro da comunidade, um senso mais amplo de afinidade e de responsabilidade um com o outro e um comprometimento mais profundo com formas mais diversas de família são valores importantes a se incorporar em uma sociedade mais benevolente e justa.[12]

Quando procuramos por elas, encontramos outras fontes de valores similares. À medida que grupos étnicos e nacionais se tornaram parte da população norte-americana, eles trouxeram consigo tradições que honram o bem-estar do grupo acima do individual. Além disso, ao longo da história, várias sociedades utópicas, especialmente as comunas, adotaram o coletivismo e a propriedade compartilhada. Análises feministas da sociedade propõem o poder compartilhado e descentralizado como ideal. As conexões com os outros, responsabilidade para com os outros e a generosidade com os outros são valores dos quais ouvimos apenas ocasionalmente na imprensa de grande circulação, em geral em histórias de interesse humano, ou seja, de interesse secundário, sem expressar os princípios centrais da cultura. Apesar de tudo isso, essas perspectivas distintas resistem, oferecendo visões alternativas (e bem-vindas, a meu ver) de como as pessoas vivem em relação aos outros.

O que essas perspectivas culturais têm a ver com desculpas? Como temos acesso a mais e mais informação e opiniões, de alguma forma encontramos mais razões para nos separar dos outros. Nossas diferenças dividem e isolam e parecem incorporar o bem contra o mal, não apenas nós contra eles. Você pode parar de falar com — e o que é ainda pior, parar de ouvir — as pessoas de quem discorda. Pode perder conexões com velhos amigos e membros familiares. Você pode se achar confiante de sua certeza, o que pode ser uma receita para a solidão. Mas, se pudermos assumir, ou pelo menos tomar emprestado, os princípios do mutualismo e da responsabilidade compartilhada, as prioridades se alteram. Acharemos necessário, e mais fácil, curar e salvar nossos relacionamentos.

Uma terceira via. Já foi dito, de forma bastante discutível, que a cosmologia e a mitologia são tão parte da natureza humana quanto a biologia e a lógica.[13] Em mitos antigos, o herói encara uma força oposta, da mesma forma que muitos de nós veem o "nosso lado" encarando o "outro lado" na extremidade oposta da divisão política ou pessoal. Mas nosso sentido de divisão atual entre as pessoas não se desdobra da mesma forma que as histórias míticas. Nos velhos contos, o drama de duas forças em conflito às vezes produz um terceiro elemento surpreendente. Em geral, a terceira via esteve presente o tempo todo, mas não foi vista como uma potencial solução. O terceiro filho, simplório, herda o reino do pai depois de seus dois irmãos mais inteligentes perderem batalhas entre si durante as provações; Cachinhos Dourados faz duas escolhas extremas antes de encontrar o prato e a cama perfeitos; e frequentemente o protagonista precisa de três chances para resgatar a princesa, salvá-la ou a seus irmãos ou adivinhar o nome de Rumpelstiltskin. Se você quiser tomar algo emprestado dessas velhas histórias, pode abrir o campo de visão para soluções além do foco inicial de vencer ou perder que domina o discurso atual.

Uma terceira via é um caminho do meio ou alternativa a dois pontos de vista opostos. É uma ideia que foi aplicada em situações tão distintas quanto o argumento cosmológico de São Tomás de Aquino para a existência de Deus[14] e uma abordagem para a economia política que buscou um ponto médio entre capitalismo e socialismo.[15] Para meus objetivos, uma terceira via é a solução de problemas que preserva as posições e realidades preexistentes, construindo, contudo, uma ponte entre elas. Nenhum lado ganha com a derrota do outro. Esse modelo lembra a solução de compromisso — que em si, é muito valiosa — mas que, segundo meu entendimento, caracteriza-se principalmente por concessões.

De vez em quando, uma pessoa pública consegue ser capaz de tolerar a dissonância entre duas posições ou crenças opostas em vez de escolher uma das visões conflitantes. Em 1985, o primeiro-ministro de Israel, Shimon Peres, encontrou-se em um dilema na relação com seu aliado Ronald Reagan, presidente dos Estados Unidos. Em um gesto de reconciliação com a Alemanha, Reagan planejou honrar os mortos da Segunda Guerra Mundial enterrados no cemitério de Bitburg, Alemanha. No entanto, também enterrados no cemitério, estavam 49 membros da Waffen-SS — grupo responsável pela morte de muitos judeus no Holocausto. A visita, extremamente dolorosa e ofensiva, foi criticada por muitos nos EUA e em Israel. Em vez de decidir que Reagan

Como se Desculpar

não era seu aliado ou mudar a visão dominante de que a visita ao cemitério era um desrespeito, Peres disse: "Um amigo é um amigo; um erro é um erro. Quando um amigo comete um erro, ainda é um erro. E o amigo ainda é um amigo. O Sr. Reagan permanece um amigo, mas não mudei de opinião."[16] Essa posição em especial lembra uma terceira via porque preserva as duas diferentes verdades e o relacionamento entre pessoas falíveis, ou seja, *qualquer* pessoa.

MODELOS DE JUSTIÇA

A maioria dos esforços do sistema criminal é direcionada à punição, não à reparação. Entretanto, mesmo na arena de processos e tribunais, na qual contra-argumentar na defensiva é uma norma, há um lugar para expressões de remorso. Seu impacto nas decisões do tribunal e, em especial, nas sentenças, pode ser poderoso. A habilidade de se arrepender de suas ações sugere algo sobre a humanidade do acusado e sua capacidade de mudar e aprender. De forma similar, um pedido de desculpas marca uma virada da mágoa pelo erro para a conciliação, para o acerto. Recentemente, a atriz Felicity Huffman, uma das mães abastadas acusadas de fraude para que seus filhos entrassem na universidade, foi a primeira das rés na operação Varsity Blues a ser sentenciada. Diferente de tantos outros, ela admitiu a culpa e expressou remorso, o que pode ter contribuído para sua sentença de apenas duas semanas na prisão, metade da sentença recomendada pela promotoria. O promotor federal Andrew Lelling mencionou que sua contrição contribuiu para ela receber uma sentença mais leve que outros pais.[17]

Em processos cíveis, a parte queixosa deve ser "ressarcida"; ou seja, o réu deve restituir a perda incorrida. Para ser considerada responsável, um pedido de desculpas pessoal efetivo também deve conter alguma forma de restituição.

Programas de restauração de justiça, uma alternativa em alta para a prática da justiça criminal usual, busca conserto e reparação em vez de punição. Muitos sistemas judiciais ao redor do mundo incorporam práticas restauradoras.[18] O que caracteriza esses processos é que, desde o início, eles incluem tanto a vítima quanto o criminoso. Em geral, eles começam em uma reunião que utiliza um modelo do tipo "círculo de escuta", usado em muitas culturas indígenas (todos são ouvidos, só uma pessoa fala por vez e as partes têm pessoas de apoio presentes). No fim do círculo inicial, o grupo terá produzido um contrato escrito, assinado por todas as partes. Esse contrato especificará o que a pessoa que causou o dano — a parte responsável — deve fazer para acertar as contas com a vítima e a comunidade. Quase sempre, o contrato inclui uma carta de desculpas cuidadosa e completa, que é entregue para todas as partes afetadas ou lida no círculo final, ou ambos.[19] Nos Estados Unidos, cada vez mais estados possuem requisitos estatutários para encaminhar casos, que em geral envolvem acusados jovens ou não violentos, para equipes de restauração de justiça em vez de indiciá-los.[20] A pessoa responsável pelo dano não é formalmente acusada, e se o acordo restaurador é cumprido, não há registro em ficha criminal.

Michelle Alexander, autora premiada de *A Nova Segregação*, recentemente informou que mais de 90% dos sobreviventes de crimes violentos na cidade de Nova York preferem uma solução de justiça que empodere os sobreviventes a decidir como o dano criminal será reparado. Em vez de mandar a pessoa que lhes fez mal para a prisão, as pessoas que foram baleadas, esfaqueadas ou roubadas preferem ser ouvidas em um círculo de justiça restauradora, obter respostas dos criminosos, ajudar a criar um plano de responsabilização e receber serviços de apoio às vítimas.[21]

Processos restauradores nas comunidades em lugar do encarceramento podem ser a melhor opção para as necessidades das vítimas de crimes. Responsabilidade pessoal, expressões genuínas de mágoa e remorso e avaliação cuidadosa da restituição são as mesmas ferramentas que vimos funcionar para ajudar pessoas a passar por situações dolorosas em relacionamentos.

Em outras arenas da justiça social, novas regras de abordagem sensível surgiram. Uma é deixar as pessoas mais afetadas pelo dano determinarem que reparo necessitam. Outra é afirmar que quase nunca é tarde demais para reparar danos, o que pode assumir diversas formas criativas.

MODELOS DA MEDICINA

Vários hospitais em todo o território americano adotaram seu próprio modelo de comunicação e resolução, impelidos em parte pelo sucesso do modelo de Michigan, mas também influenciados pelo compromisso ético de lidar com

Como se Desculpar

os erros médicos com responsabilidade. O nome de uma versão adotada por vários hospitais de Massachusetts enfatiza explicitamente a importância de se desculpar depois de um erro: Communication, Apology, and Resolution (CARe) [em tradução livre: Comunicação, Desculpas e Resolução].[22]

No início desse movimento pela transparência sobre erros, foi perguntado às famílias e pacientes afetados o que eles precisavam. Como resposta, foi solicitada uma divulgação completa, com informações sinceras sobre o ocorrido, explicações transparentes dos motivos, como o mal seria remediado e como a repetição seria prevenida. As famílias não estavam procurando alguém para culpar ou processar. As necessidades deles são diretamente análogas aos interesses das pessoas magoadas no meu modelo, e são as coisas que, em minha opinião, quem está pedindo desculpas deve abordar.[23] Pesquisadores descobriram, mais recentemente, que os pacientes e famílias têm uma grande necessidade de serem ouvidos pela equipe médica. Eles ficaram mais satisfeitos quando a comunicação com os médicos teve mais empatia e menos contrariedade, em todos os estágios de recuperação de imperícias médicas.[24] Como em muitos outros contextos, o que as pessoas magoadas precisam é que sua dor seja reconhecida e que os responsáveis assumam os erros e acertem as contas.

MODELOS DE DESCULPAS PÚBLICAS

Pedidos públicos de desculpas não são iguais a momentos privados entre parceiros, mas o mesmo processo, em geral, pode ser aplicável. Indivíduos e casais podem aprender com declarações públicas de sucesso, e quem está sob os holofotes pode aprender com o que funciona entre duas pessoas. Assim como as desculpas pessoais, desculpas públicas devem corroborar os fatos considerando a experiência das vítimas.[25] Para ser eficaz, é preciso admitir o comportamento contundente e expressar seu arrependimento para com as pessoas atingidas.

Algumas vezes, um pedido de desculpas é mais eficaz quando feito para um público maior. Em uma entrevista, o ator Jason Alexander, conhecido por interpretar George na série *Seinfeld*, fez piadas sobre o cricket ser "um pouco gay". A princípio, ele não percebeu porque seus seguidores no Twitter ficaram ofendidos. Porém, após passar algum tempo pedindo às pessoas para ajudá-lo a entender o impacto de sua declaração, começou a perceber seu erro. Ele emitiu um extenso pedido de desculpas público, no qual detalhou o problema: fazendo suas piadas sob a premissa que afeminado e gay são similares, ele "reforçou o estereótipo pejorativo que os gays são forçados a lidar todos os dias". Adicionalmente, disse que brincou com premissas dolorosas que levam a abusos de vários tipos e que "deveria ter pensado melhor". Ele assumiu a completa responsabilidade por seu erro.[26]

Em uma escala muito maior, alguns dos pedidos de desculpas mais impressionantes foram feitos em nome de comunidades ou países inteiros. Embora haja um componente cerimonial aqui, tais palavras de arrependimento são muito importantes para se falar e se ouvir, buscando o caminho da cura. Quando atos ou mudanças de política seguem as palavras, no entanto, elas assumem importância ainda maior. A Alemanha, por exemplo, se envolveu em esforços de reconciliação após a Segunda Guerra Mundial. O primeiro chanceler da Alemanha Ocidental depois da guerra, Konrad Adenauer, estava supostamente impulsionado pela culpa moral e começou um processo de reparação com Israel que levou, entre outras coisas, à compensação e restituição para indivíduos. Ele ofereceu uma "solução para o problema da indenização material, aliviando o caminho para a resolução espiritual de um sofrimento infinito". Esse é um exemplo de restituição monetária que serve tanto como uma reparação real quanto um passo simbólico no caminho da reconciliação.

Campos de concentração, entre outros locais onde os nazistas cometeram crimes, se transformaram em centros de ensino, e em Berlim muitas indicações físicas marcam os locais de prisões e casas das pessoas aterrorizadas pelo Terceiro Reich. A Dra. Lily Gardner Feldman, acadêmica no American Institute for Contemporary German Studies diz que os esforços de reconciliação prosseguem, e que, ainda hoje, as pessoas reivindicam objetos de arte tomados pelos nazistas e monitoram livros didáticos com relação aos relatos e linguagem usados.[27] Ela vê o processo de reconciliação alemão como "longo, complicado e... Ainda por terminar".[28] Os esforços continuam, enquanto cada família vivencia uma forma de reconciliação tangível e a memória do dano permanece na consciência pública.

Em outro exemplo, o presidente Ronald Reagan finalmente pediu desculpas aos nipo-americanos por prisões sem indiciamentos durante a Segunda Guerra Mundial. Ele finalmente assinou a declaração formal chamada de Civil

Como se Desculpar

Liberties Act of 1988 [Lei de Liberdades Civis de 1988, em tradução livre], após considerável resistência. Baseado em anos de estudos por uma comissão do Congresso, a declaração representa o reconhecimento de injustiça, um pedido de desculpas público, uma indenização financeira e um ensinamento público visando evitar a recorrência desse tipo de dano. John Tateishi, um líder da Japanese American Citizens League [Associação de Cidadãos Nipo-Americanos, em tradução livre], que trabalhou uma década para que se chegasse a essa conclusão, disse que a campanha de reparação tinha menos a ver com a compensação do que com a mensagem para as futuras gerações. Ele citou o ditado japonês *kodomo no tame ni*, que significa "pelo bem das crianças". Ele enfatizou que a correção de um erro histórico deve deixar como legado sua não repetição.[29]

Um exemplo de um ensinamento público amplamente difundido foi a exposição *A More Perfect Union: Japanese Americans and the US Constitution*, realizada em 1987 pelo Smithsonian Museum of American History. Visitei essa exposição com meus filhos na década de 1990 e foi a primeira vez que encontrei boa parte da história sobre as prisões e internações. Pelo menos 120 mil pessoas foram presas, das quais 75 mil eram cidadãos norte-americanos.

Em 1992, uma emenda trouxe mais recursos para suportar os compromissos assumidos em 1988. Adicionalmente à compensação financeira para 82.219 pessoas, o Civil Liberties Public Education Fund apoiou 135 projetos, incluindo documentários, podcasts, guias para professores e discussões nas comunidades.[30] O California Civil Liberties Program continua com o esforço, investindo em projetos similares para garantir que os eventos envolvendo a remoção e encarceramento sejam lembrados, suas causas entendidas, e que não possam voltar a acontecer.[31]

* * *

Apesar dos eventos mais recentes e complicados de relações públicas, um líder atual que por diversas vezes deu os passos certos para pedir desculpas bem é o primeiro-ministro canadense, Justin Trudeau. Em 2018, por exemplo, ele fez uma declaração emocionada ao Parlamento em que listava em detalhes as ações danosas do governo com relação aos cidadãos LGBTQI+. Políticas repressivas que começaram durante a Guerra Fria e continuaram até os anos

1990, destruindo a vida de muitas pessoas e culminando em um "expurgo dos gays". Ao listar cada ofensa, ele repetia "Eu peço desculpas" e "Nós pedimos desculpas", com sentimento real. Além do discurso, houve indenização financeira para os sobreviventes e suas famílias, bem como mudanças nas leis.[32]

Uma lição crucial que podemos aprender com o Sr. Trudeau é como dizer "Desculpe-me" sem complicar a mensagem. Como o membro liberal do Parlamento, Rob Oliphant, um homem gay, descreveu: "Não houve equívoco. Não houve justificativa. Não houve 'Nós não sabíamos as coisas que sabemos agora.'" Outra testemunha, o ex-oficial da marinha Todd Ross, que foi envolvido em uma ação coletiva relacionada, disse que "Era algo que eu precisava ouvir". E complementou: "Isso marca o início da cura para muitas pessoas."[33]

O Sr. Trudeau também assumiu a responsabilidade em nome de seu país quando expressou sincero arrependimento e empatia para outros ofendidos, incluindo os povos das Primeiras Nações e passageiros a bordo do MS *St. Louis* — refugiados do nazismo que foram rejeitados pelo Canadá e outros países.[34] Mais de 250 dessas 900 pessoas que buscavam asilo morreram em campos de extermínio e apenas uma, Ana Maria Gordon, vive no Canadá hoje em dia. Ela e sua família estavam presentes no discurso do Sr. Trudeau em 2018 e tiveram um encontro privado com ele.

Destacando o valor de um bom e completo pedido de desculpas, Danny Gruner, filho da Srta. Gordon, declarou: "Você não elimina a culpa dos responsáveis pelo horror, mas, ao menos, pode aceitar como o país era no momento e tentar entender... Como queremos ser."[35] Essa é a mudança que queremos quando expressamos nossos arrependimentos: ajudar as pessoas magoadas a se curarem e criar a possibilidade de um futuro melhor.

JUNTANDO TODAS AS PONTAS

Desculpas não só são possíveis, mas também estão entre as mais elementares das ações humanas. Os exemplos que encontrei em outras áreas me encorajaram a unir todos esses elementos em um modelo que os tornaria mais acessíveis. Apesar dos desafios, todos podemos realizar essa difícil tarefa.

Como se Desculpar

Começamos com a consciência de que todos cometemos erros, magoamos os outros ou falhamos de uma forma ou outra, consciente ou inconscientemente. Assim, todos nós temos motivo para sentir remorso. Pode ser surpreendente que culpa, arrependimento e remorso sejam auxílios importantes neste trabalho de reparação. Ao contrário da sabedoria popular, essas não são emoções inúteis e danosas que apenas servem para que as pessoas se sintam mal sobre si mesmas. Como vimos antes, a culpa certamente pode colocar uma pessoa em apuros, mas somente se não lidarmos com ela. Por outro lado, o que chamo de "culpa boa" pode ser produtiva porque o deixa desconfortável o suficiente para fazer algo a respeito. Quando você está errado, sente uma espetada nem um pouco sutil que se aloja na consciência e exige um acerto de contas. A boa culpa tem intensidade similar à ofensa, faz sentido e é o que você deveria sentir quando faz algo errado. É uma forma de saber que fez algo errado. É uma forma de saber que você é uma boa pessoa. A culpa boa impulsiona a reparação de danos.

Em um estudo recente com homens presos, a Dra. June Tangney descobriu que aqueles que sinalizam mais sentimentos de culpa são aqueles com menor probabilidade de reincidência no ano seguinte. Em outro estudo, ela verificou que tanto homens como mulheres que sentem mais culpa têm também mais empatia, ou seja, conseguem se colocar no lugar dos outros.[36]

Devemos ressaltar que essa culpa produtiva, chamada pelos budistas de "remorso sábio",[37] age de maneira bem diferente da culpa. Muitos psicólogos fazem uma distinção fundamental entre culpa, que é se sentir mal por algo que fez, e vergonha, que é se sentir mal pelo que você é. As duas surgem por dois caminhos distintos e podem levar a resultados bem diferentes. A vergonha motiva a pessoa a se esconder, fugir, negar ou, por vezes, culpar outras pessoas. Segundo a autora best-seller e pesquisadora Brené Brown, a vergonha tem correlação positiva com sérias desordens mentais e sociais, enquanto a culpa é inversamente relacionada aos mesmos problemas.[38] A vergonha, a emoção mais desperdiçada, raramente nos leva a reparações eficazes, enquanto a culpa pode levar as pessoas a assumir responsabilidade genuína por seus atos.

Não É Fácil, Mas Não É Nenhum Mistério

Para se recuperar de seus erros e reparar os danos cometidos, recomendo assumir que você e outros são responsáveis, mantendo a postura humana. Eu tento cultivar essa "responsabilidade com compaixão" com meus pacientes e comigo mesma. Sentimentos de autocondenação são contraprodutivos, assim como se colocar na defensiva negando sua responsabilidade. Proponho que abordemos nossos erros e impactos negativos em outras pessoas de forma rigorosa. Aceitar a necessidade de acertar as contas exige que você fortaleça sua determinação e amenize seu orgulho, uma combinação intimidadora de coragem e humildade, mas isso não está além da capacidade da maioria das pessoas.

Desenvolvi meu modelo de pedido de desculpas em quatro passos para abordar o desejo natural e atemporal de acertar as coisas e a confusão que todos temos sobre como fazer isso acontecer. O método apresentado neste livro começa com um convite para outra pessoa, não uma requisição.

Nos próximos capítulos, você aprenderá como pedir desculpas, passo a passo (veja a lista no quadro ao final deste capítulo). Se você está lendo este livro à procura de uma solução rápida para um problema interpessoal espinhoso, ficará desapontado. Esses passos consomem tempo e paciência. E nossa era não é de paciência. Mas sentir, ouvir e responder de forma a chegar a uma resolução consome o tempo humano e não o digital. Respostas rápidas raramente curam a mágoa entre pessoas.

Os capítulos a seguir apresentam cada um dos quatro passos essenciais de um bom pedido de desculpas, e todos são necessários para curar de verdade a mágoa.

OS QUATRO PASSOS PARA UM
BOM PEDIDO DE DESCULPAS

Primeiro, você precisa compreender a mágoa da outra pessoa, incluindo os efeitos de suas ações. Esse passo normalmente envolve fazer perguntas e ouvir com atenção.

Segundo, você deve fazer uma declaração sincera de arrependimento. Você deve reconhecer o que fez e como isso afetou a outra pessoa. Não é uma proeza pequena para a maioria de nós, especialmente quando não se tinha intenção de machucar ninguém.

Terceiro, você deve fazer reparações, que podem incluir restituições materiais, embora isso seja menos provável ocorrer em relacionamentos.

Quarto, você deve conceber um plano convincente que impeça o problema de ocorrer novamente.

PARTE II

COMO PEDIR DESCULPAS

CAPÍTULO 4

Passo Um: Não Faça Nada Ainda, Apenas Ouça com Atenção

Embora muita gente diga que o começo de um pedido de desculpas bem feito seja "dizer 'Sinto muito'", na verdade o primeiro passo não envolve *dizer* nada. Apenas ouvir.

O objetivo do Passo Um é ouvir cuidadosamente o outro, para aprender como essa pessoa foi magoada. Não é hora de compartilhar suas razões ou explicações, suas boas intenções ou réplicas. Não é hora de aliviar sua culpa, vergonha ou qualquer outro sentimento que você, aquele que vai se desculpar, tenha.

Se você quer pedir desculpas, o Passo Um não diz respeito a você. Ele se restringe a entender a experiência dolorosa do outro.

Como se Desculpar

Margo, uma mulher elegante de meia-idade, entrou em meu consultório com um pequeno maço de papéis. Não a via há 12 anos, desde que ela buscou ajuda com os desdobramentos emocionais de seu divórcio. Durante a terapia, ela se pôs de pé novamente, em termos psicológicos, e não estava interessada em abordar qualquer assunto adicional. Desta vez, ela descreveu uma situação confusa e vexatória com sua grande amiga Annie, que não conseguia perdoá-la, "embora eu já tivesse dito 'sinto muito'!" Eu me lembro do apoio de Annie durante o divórcio de Margo, e até a encontrei uma vez na sala de espera, quando ela trouxe Margo. As duas eram muito próximas, planejando, meio de brincadeira, viverem juntas quando "velhinhas" depois que enviuvassem.

Margo, uma competente profissional que se expressava de forma direta e confiante, descreveu o quanto estava confusa e irritada com a postura inflexível da amiga. Seis meses antes, Margo tinha rompido contato temporariamente com Annie, depois de uma amiga em comum fazer comentários insensíveis e Annie ter mantido o silêncio. Reconhecendo um velho padrão, Margo disse que há meses vinha se sentindo magoada e oprimida com outras situações irritantes antes de "se acovardar" e enviar um e-mail com sua intenção de dar um tempo no relacionamento. Annie imediatamente tentou entrar em contato e remediar o problema, o que causou indignação em Margo porque se ressentiu por sua amiga não ter honrado seu pedido de não entrar em contato. Eu li as trocas de e-mail, incluindo a segunda mensagem "desrespeitosa" de Annie na qual ela disse que estava achando o afastamento imprevisto muito difícil devido a sua própria história dolorosa. (Ouvi, anos antes, que logo após a morte de seus pais, iniciando a vida adulta, ela foi abandonada pelos familiares.) A fúria progressiva de Margo ficou evidente nas palavras fortes de suas mensagens. Quando Annie replicava com uma desculpa calorosa e um pedido para manter uma mínima comunicação, Margo ameaçava "trancar todas as portas e janelas se ela se atrevesse a ir à sua casa". Margo a bloqueou em todas as mídias sociais.

Margo parecia acreditar, simplesmente, que havia se encarregado de uma situação ruim e cuidado de si mesma. Talvez ela tivesse entrado em contato comigo para que eu pudesse ajudá-la a entender o que havia de errado. Meu coração, batendo forte, me alertou que Margo poderia ter magoado a amiga mais do que imaginava.

Depois de meses sem qualquer contato, a raiva de Margo sobre as mágoas antigas e a "perseguição" de Annie esfriaram. Ela enviou uma mensagem de texto amigável e animada para Annie: "Podemos nos encontrar em breve? Estou com saudades!" Ela esperava que sua amiga ficasse aliviada e feliz com um novo contato. Mas a resposta foi apenas um breve "Obrigada". Em seguida, Margo enviou um e-mail: "Desculpe pelo nosso 'tempo', mas você não sabe como fiquei irritada" e Annie não respondeu por uma semana. Então ela escreveu: "Não sei o que fazer para nos encontrarmos. Talvez devêssemos conversar antes, entender o que fazer e definir algumas regras ou algo assim."

Surpresa e sem certeza de como proceder, Margo veio me ver e contou sua história. Da segunda vez que nos falamos, Margo me mostrou o e-mail mais recente de Annie, que dizia: "Não estou pronta para ver você novamente, como se nada tivesse ocorrido."

Margo estava perplexa. "Eu não entendo. Sei que me distanciar não é sempre a melhor forma de lidar com conflitos, mas já disse 'sinto muito'. O que mais ela pode querer de mim?"

Essa foi a questão correta e uma oportunidade para eu intervir. "Dizer que você sente muito é uma boa medida, mas há outra coisa que também deve acontecer."

VOCÊ TEM QUE PEDIR E OUVIR

Depois de um passo errado, nossa primeira ação automática é dizer "sinto muito". E esperamos que a coisa termine por aí. As "palavras mágicas", quando ditas em voz alta podem ser o preenchimento de um requisito, uma senha relutante e ressentida que sinaliza o fim de um impasse ou disputa de poder. Mas mesmo quando "sinto muito" é uma tentativa sincera de reparar um relacionamento, não é suficiente.

Uma desvantagem óbvia de dizer as palavras antes de entender completamente o erro em sua inteireza é que você pode não se desculpar pela coisa certa. O comediante Louis C.K. cometeu esse engano após ser acusado em 2007 de má conduta sexual. Inicialmente, tentou pedir desculpas para a mulher

Como se Desculpar

errada pela ofensa errada. Quando, posteriormente, prontificou-se a ouvir por tempo suficiente, ele adotou o caminho correto, embora depois tenhamos percebido que, infelizmente, ele não havia escutado muito.

Ouvir é algo essencialmente receptivo — e muitos de nós acham muito mais confortável agir em vez de nos mantermos pacientes e silenciosos. O Passo Um pode ser muito mais difícil que falar as palavras "sinto muito". *Pedir* a perspectiva de outra pessoa sobre o impacto que você causou pode deixá-lo mais vulnerável que *dizer* qualquer coisa. Quando você pede a alguém para ouvir sobre sua mágoa, se coloca em uma posição de ouvir coisas das quais não tinha consciência, por sua cegueira ao erro, e ninguém gosta disso. Ademais, o retorno que você recebe pode fazer com que se sinta culpado ou envergonhado. Apenas pensar sobre o assunto pode fazer com que você assuma uma postura defensiva e se sinta desconfortável. Relutar em abordar esse passo pode ser a maior barreira para um bom pedido de desculpas.

Além disso, quando você pede esse tipo de informação, há mais chance de se abrir à dor do outro, por empatia. Em suma, tantos sentimentos e complexidade são pouco atraentes e indesejados. A tentação de pular esse passo é compreensível. Entretanto, ele é a base para tudo que vem depois.

A tarefa é colocar sua relutância de lado para se reconectar.

Margo e Annie ainda não haviam atingido, em sua amizade, o patamar da segurança psicológica, o ambiente no qual, mais do que permitido, é positivo dar retorno ao outro sobre as coisas que acontecem no relacionamento, inclusive informações negativas sobre o efeito do outro em você. Precisamos de ajuda para entender completamente como afetamos um ao outro porque, como discutimos, os seres humanos fazem um péssimo trabalho no reconhecimento de seus próprios erros e seus impactos. Margo sabia o que havia feito, mas não compreendia o impacto que isso teve em sua amiga. Como tantos, ela não só não estava consciente do que a outra pessoa vivenciou, como também não sabia como descobrir.

Um equívoco recorrente diz que tão somente pensar no outro e tentar assumir seu ponto de vista deve gerar entendimento. Essa estratégia funciona para alguns fins (aumento do altruísmo, redução da estereotipagem), mas, mesmo

Passo Um: Não Faça Nada Ainda...

que você seja notavelmente intuitivo, sua suposição tem amplas limitações. Compreender corretamente o ponto de vista do outro, na verdade, exige mais que imaginação. Requer a obtenção de informações reais que só podem ser obtidas perguntando diretamente àquela pessoa.

Em um relatório de 2018 baseado em 25 estudos com cerca de 3 mil pessoas, os pesquisadores descobriram que indivíduos que tentaram assumir a perspectiva do outro na verdade foram *menos* precisos — embora tivessem uma confiança maior em seu "conhecimento". Os pesquisadores pediram que as pessoas identificassem pensamentos, emoções e preferência de outras pessoas, desde estranhos completos a seus cônjuges. Quer eles estivessem identificando as emoções de outros em fotos e vídeos ou prevendo quais atividades seus parceiros gostariam ou que opiniões apoiariam, aqueles que foram encorajados a tentar assumir o ponto de vista do outro foram menos precisos que as pessoas que apenas adivinharam. Os pesquisadores concluíram que, mesmo com relação às pessoas que você conhece bem, imaginar a experiência do outro não ajuda a acertar. Para identificar o ponto de vista do outro, você tem que perguntar. Os autores deram o nome de "obtenção de perspectiva" ao que você faria perguntando em vez de "assumir a perspectiva" por conta própria.[1]

A meta aqui é maior compreensão e empatia. Como a autora e ensaísta Leslie Jamison diz: "A empatia requer tanto investigação quanto imaginação. A empatia requer saber que você não sabe nada."[2] Com uma pessoa familiar, perguntar pode ajudar você a aprender sobre a perspectiva dela quanto a eventos do relacionamento que você pode nem ter percebido. Esse conhecimento pode ajudar vocês a ficarem mais próximos e mudar padrões há muito estabelecidos. Para entender mais sobre o que aconteceu entre elas, Margo teria que perguntar a Annie.

A dificuldade que temos de entender as perspectivas das outras pessoas contribui com um problema maior: a polarização de diferenças políticas e sociais. Não sabemos como o "outro lado" pensa e muitas vezes não temos curiosidade de saber. Não parecemos saber que não sabemos. Se quisermos olhar para o outro lado do fosso, Peter Wehner, parceiro sênior no think tank conservador Ethics and Public Policy Center, recomenda "modéstia epistemológica".[3] Ou seja, devemos reconhecer o quanto não sabemos sobre outras pessoas.

Como se Desculpar

Como em geral estamos equivocados sobre a experiência das outras pessoas e somos mal equipados para ver nossos próprios erros, precisamos que os outros nos digam quando erramos. Assim como, quando dirigimos um carro, não podemos evitar os pontos cegos, mas para sermos motoristas responsáveis temos que os levar em conta e procurar identificá-los. Se você tiver sorte o suficiente e tiver pessoas de confiança à sua volta, pode pedir a ajuda delas. Como uma gentileza, elas podem lhe fornecer a informação que você precisa, ou seja, de que maneira você as afeta, e você pode retribuir a mesma informação. Essa é uma maneira de criar a condição de segurança psicológica que já mencionamos.

Infelizmente, outras pessoas não nos dão retornos espontâneos sobre nossos erros nas relações pessoais. Em uma pesquisa recente da Harvard Business School, verificou-se que pessoas que trabalham juntas conseguiam identificar facilmente gestos de desprezo dirigidos a elas, como elogios falsos, mas raramente lhes davam a entender que percebiam isso.[4] Um padrão similar acontece nas famílias, entre amigos ou mesmo na terapia. Em muitas circunstâncias, as pessoas tendem a evitar criticar o outro com medo de ferir sentimentos, receber reações negativas ou parecer que os está julgando. Perdemos muitas oportunidades de aprender devido ao que os outros não nos dizem e o que não perguntamos.

Além da dificuldade que temos em detectar nossos passos errados, uma pesquisa sugere que os homens podem ter uma dificuldade ainda maior de ver seus erros que as mulheres. Um estudo controlado recente, conduzido pelo Instituto de Tecnologia da Califórnia, Wharton School, Western University e ZRT Laboratory examinou os efeitos da testosterona na cognição e tomada de decisão. Ao estudar centenas de homens, os pesquisadores descobriram que níveis mais altos de testosterona reduzem a capacidade da pessoa em discernir falhas em seu raciocínio, o que leva a excesso de confiança. Essa descoberta sugere que caberia mais aos homens do que às mulheres questionar com determinação como estão fazendo os outros se sentirem.[5] É claro que as mulheres não são isentas de magoar os outros sem se dar conta, como o exemplo de Margo bem ilustra.

OUVIR

Como podemos aprender a pedir feedback, ouvir honestamente e, por fim, entender a perspectiva do outro? No início da minha carreira, quando fui apresentada à psicologia do self, fui um tanto quanto resistente. Essa é a teoria da psicoterapia que mencionei antes, a abordagem que requer que o terapeuta seja radicalmente empático com seus pacientes. Entendi que, dentro do processo terapêutico, alguém pode se sentir magoado ou desapontado, por exemplo, por um entendimento falho ou incompleto do terapeuta, uma "falha de empatia" que é parte quase inevitável da terapia. Inicialmente, minha reação à ideia de focar abertamente como magoei meus pacientes foi defensiva. Não só não tive a intenção de magoar ninguém, como também não fiz nada tecnicamente "errado". Realmente, os sentimentos de mágoa em geral ocorriam no que os psicólogos costumam chamar de relacionamento de transferência, ou seja, as respostas não eram só sobre mim, mas sobre alguém importante no passado do paciente. Para mim, parecia às vezes excesso de sensibilidade. Por dois anos, meus supervisores no Beth Israel Hospital (hoje em dia Beth Israel Deaconess Medical Center), em especial a psicóloga Betty North, revisaram em detalhe comigo as anotações sobre as sessões. Eles me ajudaram a aprender como respeitar as experiências de dano de forma gentil, aberta e completa. Descobrimos que muitas dores poderiam de fato ser encaradas e sanadas. Conforme o pensador da psicologia do self, Heinz Kohut, o reparo do dano, se este não for tão grande, é essencial para o crescimento.[6]

Ainda não sabia como essa prática de escuta cuidadosa poderia aprimorar meu método de pedir desculpas, mas ela voltou à mente uma década depois, quando encontrei a abordagem para comunicação de casais do psicólogo Harville Hendrix. No livro *Todo o Amor do Mundo: Um Guia para Casais* e nos seus workshops, o Dr. Hendrix apresentou um método meticuloso para diálogos, no qual os casais praticavam ouvir um ao outro e repetir as palavras para reforçar o que estava sendo dito. Tornou-se uma técnica influente, que venho usando muitas vezes no consultório. O sistema do Dr. Hendrix exige que a pessoa imite a comunicação do parceiro sem agregar nenhuma resposta própria: "Ouvi você dizer que está incomodado com meus flertes nas festas da empresa. É isso mesmo?" O que pode parecer um diálogo tedioso, na verdade, reduz a intensidade da interação, limitando as reações emocionais e fazendo a discussão ter menos chance de subir de tom.[7]

Como se Desculpar

Para mim, no entanto, o maior benefício da técnica de Hendrix reside no fato de ambas as pessoas focarem as palavras de quem falou primeiro e não nas possíveis respostas de quem está ouvindo. Há muitas formas possíveis de evitar feedback negativo sobre nós e nosso comportamento errado, insensível ou lamentável de qualquer outra forma ("Eu não queria ter falado isso", "Nunca faria nada para te machucar" ou "Estava só brincando"). Muitos desses mecanismos visam proteger um autoconceito valioso. Se, por exemplo, acredito que sou uma boa pessoa (ou boa terapeuta), a ideia de que fiz algo para ferir seus sentimentos é um desafio para o conceito que tenho de mim mesma. Um tipo comum de resposta é a rejeição da mensagem até mesmo antes que ela chegue por completo ("Espera aí, não era o que eu queria dizer!", "Eu não disse isso!" ou "Você está falando fora do contexto."). Parece que o outro está errado, interpretando incorretamente ou sendo excessivamente sensível.

Você não precisa mudar o que pensa de si mesmo para ouvir o que os outros acham de suas ações. Nem precisa acreditar que causou dor ou mágoa a essas pessoas. Você deve, no entanto, aprender a focar completamente a outra pessoa durante uma discussão sobre como elas se sentem afetadas.

Ouvir a experiência de mágoa do outro é valioso para o ouvinte que quer entender, mas pode ser de ainda maior valia para quem está sendo ouvido. Entender e reconhecer a verdade do outro é, por si só, significativo, seja o dano pequeno e pessoal, ou grande e de enorme conhecimento público.

OUÇA A MÁGOA

Um processo público que se destaca como um farol no mundo aconteceu na África do Sul após o final do Apartheid. Após muitos anos da opressão violenta de um sistema racista e discriminatório, o novo governo criou uma Comissão da Verdade, que deu àqueles que foram maltratados uma chance de falar, e ouvir, suas histórias de dor. O poder de ter sua dolorosa verdade ouvida e conhecida não pode ser subestimado. A meta não era punir os culpados, aos quais foi oferecida anistia em troca de plena divulgação de informações, mas reconhecer publicamente o mal infligido e vivenciado, fornecer informações aos sobreviventes e ser capaz de coexistir em um mesmo país.

Apesar da falta de contrição por parte de alguns culpados, mais de 21 mil vítimas deram um passo à frente e apresentaram suas experiências de imensa dor. De acordo com a jurista e especialista em direitos humanos Martha Minow, o reconhecimento oficial das histórias individuais ajudou a "criar uma estrutura para a nação lidar com seu passado com base na ideia de que falar e ouvir a verdade é se curar".[8] Um elemento essencial desse depoimento é que os depoentes foram tratados como "pessoas de boa fé, em vez de agitadores ou mesmo pessoas com uma responsabilidade de comprovar sua história".[9] A postura análoga para pedidos de desculpas é a premissa de que a mágoa é real e o relato é legítimo. Mesmo a descoberta, durante os julgamentos, sobre os terríveis detalhes da morte de um ente querido, permitiu a progressão do luto e, potencialmente, a cura.[10]

Anteriormente, vimos como os pacientes médicos prejudicados por "eventos adversos" também tinham a crucial necessidade de serem ouvidos. Traduzindo essa necessidade em ações necessárias para os médicos, Richard Boothman, do Michigan, recomendou que o primeiro encontro com os pacientes e famílias afligidos deveria consistir de pelo menos *80% de escuta* pela equipe médica.[11]

Em um nível mais íntimo, criar um espaço seguro para discutir a mágoa em um relacionamento pode iniciar o processo de cura, mesmo que ocorra bem depois das ofensas. Anos depois do casamento da escritora Cris Beam acabar, ela ainda se sentia culpada pela mágoa causada quando deixou sua parceira. Ela já havia dito que sentia muito, anteriormente, mas "as palavras não atingiram o fundo do poço de uma experiência tão profunda quanto o abandono". Em um telefonema, sua ex-esposa disse que nunca teve a oportunidade de falar para a escritora como a dor de ser abandonada a afetou.

O que a Srta. Beam percebeu é que um componente-chave do pedido de desculpas que devia à sua ex-esposa era ouvir atentamente e "com profundidade" sua experiência. Ela foi encontrar a ex na esperança de que as duas, juntas, pudessem reparar melhor o relacionamento. Ela deu o espaço para falar e ouvir, não só porque era parte de qualquer ritual que conhecesse, mas porque se deu conta que era o que ela própria quis quando foi magoada. "Talvez", escreveu, "este seja um anseio universal, ser ouvido em vez de receber um pedido de desculpas". A conversa levou para uma compreensão mais profunda da tristeza que ela causou, uma declaração mais adequada de desculpas e aparentemente uma cura melhor para a pessoa que ela magoou.[12]

Como se Desculpar

Para muitos, ouvir a mágoa de outra pessoa não é fácil. Em qualquer nível, a habilidade de ouvir e honrar a vivência de outra pessoa pode ser desafiadora. Quando uma paciente disse a seu marido como ele a feriu, ele continuava dando explicações. Ela finalmente disse: "Não fale. Eu estou magoada." Assim como muitos de nós, foi difícil para ele entender o que ela precisava. Depois ela me disse: "Demorou dois dias para ele entender que eu não queria que ele dissesse 'sinto muito'. Eu queria que ele soubesse como estava me sentindo."

A ideia aqui é que a validação da perspectiva do outro requer ouvir de mente aberta, ou seja, sem ideias preconcebidas. Ou, como uma amiga me disse: "Não preciso que meu parceiro diga que estou certa, mas quero que ele reconheça que não estou louca."

No contexto das comunicações constantes, que ocorrem na velocidade da luz, é ainda mais difícil lembrar de princípios como a receptividade ao ponto de vista dos outros. Você pode desejar uma cultura baseada em valores amorosos, como bondade e respeito mútuo, mas, no calor do momento, é um desafio se manter leal a si mesmo. Evidências de casos e dados de pesquisa sugerem que as mídias sociais inflamam os desentendimentos e alimentam respostas irritadas. Como você faria na presença de outra pessoa, no ambiente online você também deve exercer sua curiosidade e ouvir mais do que fala se quiser descobrir informações inesperadas.

Seja uma nação machucada ou apenas entre dois indivíduos, as pessoas precisam que suas realidades sejam ouvidas. Por mais difícil que seja dar o Passo Um, é inteiramente possível. E, assim como a Margo, você pode aprender a fazê-lo.

Margo e eu continuamos nossa conversa sobre o que mais ela poderia fazer em sua situação com Annie. Seus braços estavam cruzados quando perguntei: "Será que ela sente que você realmente não entende como suas ações a afetaram?"

Ela balançou a cabeça rapidamente. "Ah, como assim?! Eu sei que feri os sentimentos dela. Mas os meus também foram magoados. Ela não pode superar? Eu superei!"

Passo Um: Não Faça Nada Ainda...

"Sim, você conseguiu fazer isso por conta própria." Fiz uma pausa. "Não estou questionando sua forma de lidar com a mágoa, não ainda, mas talvez vocês duas pudessem lidar com esse impasse mais diretamente, descobrindo como foi a experiência dela."

Fazer perguntas, às vezes, não parece necessário, ou porque você conhece bem a outra pessoa e acredita que já sabe como ela se sente, ou porque o que você fez de errado é óbvio, como bater a porta na cara do outro. Mesmo nesses casos, no entanto, as coisas podem ser mais complicadas do que você pensa.

Se você incomoda ou esbarra em alguém por engano, uma simples expressão de arrependimento funciona e resolve as coisas imediatamente. ("Desculpe, sinto muito por ter pisado em seus pés/ passado à sua frente na fila/ estragado sua foto.") Mesmo nesse caso, contudo, ainda pode valer a pena verificar se houve qualquer efeito adicional. Não houve má intenção, mas a mágoa pode, não obstante, ter ocorrido.

Esbarrões acidentais são uma boa analogia para o que ocorre quando as pessoas estão próximas, não apenas fisicamente. Batemos nos lugares sensíveis dos outros, pisamos nos pés emocionais das outras pessoas. Podemos nem nos dar conta de que o fizemos.

Margo queria se reconectar com sua velha amiga. Ela queria ser "perdoada" por sua fuga. Mais que isso, ela queria não ter que lidar com os sentimentos desconfortáveis de sua amiga. Todos podemos entender esses desejos. Mas eles não reparam a mágoa entre pessoas.

Claro que Margo não é a única a querer evitar o conflito interpessoal. A despeito do alto custo de evitar conflito em vários cenários, há uma enorme relutância cultural e individual para se lidar com diferenças difíceis entre as pessoas — algo que a popular escritora e pesquisadora Brené Brown chama "abraçar a vulnerabilidade".[13]

Margo tinha que contestar sua inclinação cognitiva natural. Ela tinha que perguntar a Annie informações que conflitavam com o que ela achava que havia ocorrido entre elas, algo que é realmente difícil de se fazer. Sua consequente disposição de ser vulnerável e aberta a críticas, tanto comigo quanto com Annie, é uma forma da "coragem de ser imperfeito" que a Dra. Brown

Como se Desculpar

diz que precisamos ter se quisermos ter empatia com a experiência de outra pessoa.[14] Para abordarmos conversas controversas ou carregadas de fortes emoções, devemos nos comprometer a uma transparência que pode parecer radical a princípio. A prática ajuda.

VOCÊ NÃO VAI ACERTAR DE PRIMEIRA

Começar esse tipo de investigação também exige que questionemos nosso perfeccionismo. Margo não apenas tinha que considerar que magoou alguém, mostrando um lado seu nem um pouco bonito. Ela também esperava, como muita gente pensa, ser capaz de fazer um pedido de desculpas perfeito, uma vez que decidiu se desculpar. Geralmente se define perfeccionismo como ter padrões pessoais excessivamente altos e avaliações muito críticas sobre si mesmo. De acordo com os psicólogos Thomas Curran e Andrew Hill, essa característica tem aparecido com prevalência nas últimas três décadas, possivelmente devido a fatores culturais, incluindo o "individualismo competitivo", uma versão do que apresentamos no Capítulo 2.[15] Acreditar que você deve estar à altura de tudo pode interferir com a postura humilde e curiosa que ajuda no aprendizado. Se você acha que deve sempre acertar, é menos provável que peça ajuda e que tente de novo se não der certo da primeira vez.

Além disso, resistimos em procurar nossos erros por outra razão, mais básica. Em termos neurocientíficos, nossos cérebros são motivados a ser eficientes, e perceber e corrigir um erro dá muito mais "trabalho". Custa muito mais energia para o cérebro do que seguir adiante sem crítica.

A melhor forma de superar essas limitações pode ser centrar a atenção em uma outra vontade. Por exemplo, Margo definitivamente tinha inclinações perfeccionistas, embora seu forte desejo de se reconectar com Annie a tenha deixado disposta a considerar minha perspectiva, questionar sua abordagem e tentar novamente, de forma mais aberta. Em uma escala maior, ativistas políticos como aqueles no Showing Up for Racial Justice, uma organização espalhada por toda a nação norte-americana dedicada a combater o racismo, abordam o perfeccionismo da mesma forma. Eles se comprometeram explicitamente com o "antiperfeccionismo", questionando nossa tendência de deixar o medo de cometer erros impedir de lidarmos com injustiças da sociedade. Ativistas brancos, por exemplo, frequentemente cometem erros ao tentar lidar com assuntos de raça. Dizem a coisa errada ou de uma forma "inocentemente ofensiva", como eu defino. Quando são chamados à atenção pelos erros, muitos se inclinam a dar um passo atrás e evitam ofender alguém ou perder ainda mais o respeito dos outros. É claro que ofender não é uma boa ideia, mas a meta global exige que as pessoas trabalhando por uma justiça maior tolerem o desconforto de tentar novamente após cometer um erro. O feedback negativo é uma oportunidade para aprender como fazer melhor da próxima vez.[16]

A primeira tentativa de desculpas da Margo foi inadequada porque ela foi direto para o Passo Dois (dizer que sentia muito) e apenas parcialmente. Não é de admirar que não tenha funcionado. O que precisava ter ocorrido, entretanto, não é mistério, é só um pouco mais complicado do que ela havia inicialmente pensado. Não é algo original, mas é louvável que ela tenha pedido ajuda. Como qualquer nova habilidade, como dança, por exemplo, algumas instruções podem ser necessárias para conhecer os passos antes da prática.

O Passo Um (perguntar e ouvir) exigiria que Margo se aquietasse e colocasse de lado suas próprias frustrações, mágoas antigas e ideias preconcebidas sobre suas intenções no momento atual. Começar um pedido de desculpas com receptividade demandaria que ela fosse corajosa e enfrentasse o desconforto. Uma pessoa assim, que se sente mais confortável com ações e certezas, teria que se abrir a aprender com sua amiga. Normalmente reconhecido pela sua coragem, o primeiro-ministro britânico Winston Churchill é conhecido por ter falado: "É preciso coragem para levantar e falar, mas também é preciso coragem para sentar-se e ouvir."[17]

Margo perguntou a Annie se ela estaria disposta a vir a meu consultório para conversarem sobre o que ocorreu. Annie concordou de imediato.

As duas chegaram separadamente e não se abraçaram. Embora tenha me cumprimentado calorosamente, Annie manteve seus olhos distantes de Margo. Ela vestia roupas mais leves e casuais que o estilo profissional de Margo e não usava maquiagem, mas mesmo assim as duas sentaram-se em minhas poltronas vermelhas com a mesma postura, ambas com as pernas cruzadas da mesma forma e um pouco inclinadas uma na direção da outra.

Como se Desculpar

Eu lancei a ideia de que Margo queria perguntar algo para Annie. Ela inclinou sua cabeça e ouviu enquanto Margo dizia as palavras que havia discutido comigo: "**Não tenho certeza que entendo como foi para você quando rompi nosso contato. Você estaria disposta a falar sobre isso comigo?**"

Em resposta, Annie olhou sua velha amiga pela primeira vez e falou lentamente: "Foi tão súbito. De repente não podia conversar ou escrever para você." Ela parou. "Foi como se você tivesse morrido." Margo suspirou, mas continuou a ouvir. "Foi terrível perder você. E eu estava completamente impotente, sem ter o que fazer."

Em geral, as pessoas pedindo desculpas interrompem ou sabotam esse passo com manobras defensivas, tentando se justificar ou diminuir a queixa do outro. Você pode dizer coisas como: "Não foi tão ruim quanto você diz." "Por que você está voltando a isso agora/ de novo/ desta maneira?", "Estava apenas fazendo o que achei que você queria." É especialmente difícil ficar calado quando alguém descreve suas ações de formas que parecem injustas ou imprecisas. Durante esse passo, no entanto, você não deve mencionar as razões, nem preparar argumentos e, acima de tudo, não deve "contra-atacar".

Você pode pedir esclarecimentos se eles ajudarem a outra pessoa a lhe contar sua história, mas esta é, em geral, uma circunstância em que dizer e fazer menos é melhor. Você pode se sentir impelido a "corrigir" o problema antes que seja expresso na totalidade ("Podemos devolver este e comprar o certo para você." "Ok, eu pago e levo o carro para o conserto." "Você não precisa manter o compromisso se não quiser."). Corrigir algo específico, dando para as pessoas o que você acha que elas precisam parece ser ótimo, mas isso é negar ao outro a chance de falar sua verdade e ser ouvido. Consultar o outro exige que você abandone essa postura de consertar tudo, cheia de poder e satisfação, e adote uma postura mais humilde, algo como a "mente de iniciante" budista. Na terapia de casais, assim como na cultura norte-americana, um conselho bastante comum é "Não faça nada ainda, apenas ouça com atenção" (atribuída a variadas pessoas, dentre as quais o presidente Dwight Eisenhower e o Coelho Branco em *Alice no País das Maravilhas*). Ou seja, esteja presente. Ouça.

Passo Um: Não Faça Nada Ainda...

É natural ficar na defensiva quando ouvimos como nossas ações feriram um amigo ou uma pessoa amada. É por isso que encorajo a pessoa que foi magoada a usar linguagem tão neutra quanto possível e empregar declarações começando com "Eu".

Neste caso, Annie não acusou sua amiga ou empregou a linguagem da culpa. Margo, todavia, não conseguiu evitar totalmente a defensividade. Ela cruzou seus braços sobre o peito e começou a comparar suas mágoas, como se a dor dela justificasse o que fez para Annie. "Eu me senti muito mal com o que você e Sandra fizeram, você sabe."

Devo reconhecer que Margo percebeu o que estava fazendo e parou. Ela olhou para mim, que permaneci em silêncio. Por conta própria, desfez sua postura de bloqueio e falou: "Deixa para lá. Você pode continuar?" Retomado o compromisso de entender Annie, ela descobriu que poderia ouvir melhor a história da amiga.

Annie chorou suavemente quando falou: "Quando você rompeu contato, foi como minha família me rejeitando. Sei que não é o mesmo, mas senti que você estava me abandonado totalmente." Quando Margo ouviu de verdade a dor de sua amiga, uma profunda empatia e genuíno arrependimento surgiram, como quase sempre ocorre nos relacionamentos que presenciei. Para Annie, a chance de ser ouvida foi especialmente poderosa, uma vez que Margo havia fechado as portas para ela meses atrás. O relacionamento delas poderia começar a se curar. E é aqui que uma expressão amorosa de carinho se torna parte do Passo Dois, como você verá.

COMO O PASSO UM GERALMENTE OCORRE

O pedido de desculpas entre essas amigas não é nada fora do usual: Margo foi pega de surpresa pela reação de Annie. Ela não havia considerado a dor que causou. Lembre-se, todos nós podemos deixar de perceber as coisas. Como ignoramos os efeitos negativos que temos nos outros, naturalmente é menos provável que iniciemos um pedido de desculpas. Então, se você está esperando que alguém peça desculpas a você, tenha em mente que essa pessoa pode nem

Como se Desculpar

perceber que o magoou. No Capítulo 2, por exemplo, Rolland pensou apenas em como seu irmão o havia magoado, sem se dar conta de como ele poderia ter magoado o irmão.

A oportunidade mais comum para o Passo Um vem quando alguém diz que você o magoou ou causou um impacto indesejado nele. É um ótimo momento de passar por cima de sua postura defensiva, o que não é fácil, e pedir mais informações. Estar aberto a encarar o dano que você causou às vezes leva tempo, e mais de uma tentativa. Foi o que ocorreu quando Jackie abordou sua irmã Serena pela primeira vez.

Recentemente, tive a chance de me observar em uma ocasião como essa e não lidei muito bem com ela. Meu irmão me disse no telefone, no mês passado, que estava evitando falar comigo sobre seu filho Charlie devido a algo bem doloroso que eu havia dito na última primavera. Charlie estava no meio de uma batalha por custódia, um doloroso processo legal que poderia se encerrar com as crianças vivendo com a mãe. Como já fui um guardião *ad litem* (uma pessoa indicada pelo tribunal para avaliar os melhores interesses para uma criança em um caso legal no direito de família) em Massachusetts, meu irmão me pediu recomendações sobre o que fazer. Eu já tinha aprendido a não lhe dar conselhos, porque ele havia me dito, muito tempo atrás, para não fazê-lo. Mas naquele momento ele insistiu e eu cedi. E fiz duas recomendações.

Então, no mês passado, ele disse ao telefone que eu o havia magoado porque ele havia pensado, incorretamente, que eu lhe dissera que as crianças estariam melhor com a mãe. Não havia dito nada disso, nem pensado dessa forma. Minha primeira reação foi perder a cabeça. Fiquei imediatamente furiosa, porque ele estava distorcendo minhas palavras e me evitando por conta disso, sem mencionar que fora ele que me convencera a opinar. Eu não considerei a mágoa dele ou parei para respirar fundo antes de reagir. Terminei a conversa bem irritada. Continuamos essa conversa interrompida com uma troca de mensagens de texto longas que levou a mais acusações mútuas. Gastei os dias que se seguiram remoendo pensamentos sobre as características menos desejáveis dele. Escrevi mensagens furiosas (mas não enviei). Por fim, dei um basta em ser tão crítica e defensiva. Tentei ter compaixão por ele, mas era mais penoso lembrar que eu também tivera um papel naquela última conversa ao telefone.

E aqui estou eu, escrevendo um livro sobre como pedir desculpas e falhando no Passo Um completamente. Conto essa história porque eu devia ter pensado duas vezes, mas minha raiva e minha postura defensiva entraram em cena. Meu irmão estava errado sobre o que eu dissera, e eu poderia criticar seus atos, mas isso não me reconectaria com ele. Como não quero deixar de me relacionar com ele, tive que entrar em contato e pedir que me dissesse como se sentiu magoado pelo que eu disse. Tive que ouvir primeiro, antes de contar meu lado. Não preciso dizer que, apesar de tudo que aprendi sobre desculpas, foi muito difícil fazer isso.

Por fim, disse a ele que sentia muito por ter ficado com tanta raiva e queria ouvir o que ele estava tentando me dizer. Ele me disse como aquele período foi difícil para ele e a família, e eu ouvi. Nossa conexão foi restabelecida e continuamos a conversar.

Há uma situação bem comum na qual o feedback negativo gera mais resistência do que curiosidade: são as reclamações feitas para os chefes. Em muitas organizações, companhias e escolas, as pessoas no poder não têm ideia de como é a vida para aqueles vários níveis abaixo no organograma. Assim, eles muitas vezes são surpreendidos quando ouvem sobre insatisfação entre os trabalhadores. Quando as reclamações sobre a cultura corporativa ou outras expressões de mal-estar surgem, a resistência dos gerentes pode ser causada pela sua falta de familiaridade com a experiência do resto do grupo. Sua surpresa inicial pode se tornar negação, bloqueio ou rejeição ante as preocupações dos empregados.

Na sequência de dois incidentes de racismo, por exemplo, uma pequena universidade me pediu uma consulta. Minha responsabilidade era avaliar o clima racial na comunidade universitária. Ouvi sobre incidentes de intolerância e preconceito racial, sutis e abertos, em muitas entrevistas com professores e funcionários. Quando disse a quem me contratou sobre essas experiências, houve dúvida e até descrença. Assim como para indivíduos, as organizações também atuam para proteger sua imagem. Não é apenas uma questão de imagem ou relações públicas, mas também pode ser uma questão de identidade. A solução é estabelecer canais frequentes e seguros para "feedback negativo favorável". É uma das situações adequadas para o chamado de Kim Scott pela criação de uma cultura de feedback honesto ou "empatia assertiva".[18]

Como se Desculpar

Como as mulheres têm maior tendência a internalizar feedback negativo que os homens, Suzanne Bates, uma coach de executivos em Boston, recomenda que as mulheres pratiquem receber tal feedback. Elas devem pedir feedback frequentemente e fazer algo de produtivo com ele. Os executivos de maior sucesso, homens ou mulheres, são aqueles que "são os melhores em receber feedback e o buscam a vida inteira".[19]

Esses processos são equivalentes ao Passo Um deste capítulo, pois envolvem busca de informação com a mente aberta, algo em geral estressante ou negativo, com o propósito de entender mais e usar a oportunidade para melhorar as coisas. Dessa forma, buscar feedback contribui para o estabelecimento de segurança psicológica, na qual as pessoas podem compartilhar e encarar informações difíceis.

QUANTO TEMPO LEVA?

Muitas mágoas, especialmente as antigas, precisam de mais que uma breve conversa para serem expressadas e compreendidas. É imprevisível saber quanto tempo leva, o que pode ser frustrante para quem pede desculpas e quer seguir adiante. Mas a conversa tem que ocorrer por inteiro. Se você lembrar que o processo não visa uma absolvição, compreenderá que leva tempo, atenção e paciência para não apenas restaurar o relacionamento, mas torná-lo mais forte do que era antes. Adrienne Maree Brown, uma ativista pela justiça social que escreve sobre como fazer o conflito transformar e não destruir, recomenda que tenhamos mais tempo para abordar a mágoa ou o conflito do que nos permitem nossos costumes reativos. "O tempo real é mais lento que o tempo das mídias sociais, onde tudo parece urgente. O tempo real, em geral, inclui períodos de silêncio, reflexão, crescimento, espaço, perdão pessoal, lidar com pessoas queridas, descanso e responsabilidade."[20]

Após grandes mágoas, como traições ou infidelidades, ouvir a experiência completa da pessoa magoada pode levar um tempo relativamente longo. Em geral, antes que o Passo Um esteja completo, algumas partes da história são ouvidas mais de uma vez. Em seu poema "Crying", Galway Kinnell aconselha o leitor a chorar e chorar até que todas as lágrimas sejam derramadas. Ele diz: "A felicidade [se esconde] na última lágrima."[21] A mudança e o alívio não virão até que a pessoa magoada esteja pronta para seguir adiante.

Jonny e Sarah, ambos de olhos vermelhos e aparência cansada, começaram sua consulta com silêncios desconfortáveis e dificuldade em encerrar as frases. Os dois, no começo de seus 30 anos, chegaram em meu consultório usando jeans, suéteres e botas de neve. Alguns anos antes, tinham se apaixonado, um par improvável, de contextos religiosos e culturais diferentes. Eles se viam constantemente por apenas alguns meses e, depois, encontravam-se de modo intermitente devido à pós-graduação e treinamento de início de carreira. Dedicaram-se com afinco para se manterem conectados nos longos períodos em que estiveram separados. Agora, aproximando-se do fim de sua separação geográfica, começaram a planejar os próximos passos da relação. Pela primeira vez em muito tempo, ambos estariam na mesma cidade por um longo período. Eles planejavam achar um lugar para viverem juntos.

Há três semanas, no entanto, Jonny descobriu mensagens de Sarah com um ex-namorado, uma pessoa de quem Jonny tinha ouvido falar, mas não tinha pensado nada além, nas quais eles planejavam se encontrar em uma viagem de negócios. À medida que foi lendo, ele descobriu mensagens anteriores que progrediram de flertes nostálgicos e curiosidade até comentários explicitamente sexuais. Naquele dia, Jonny empacotou todas as coisas de Sarah em seu apartamento e as deixou do lado de fora da porta. Empilhou o equipamento de camping que dividiam ao lado dos pertences pessoais dela e lhe pediu por mensagem de texto que viesse pegar tudo.

Ela interrompeu as conversas com o ex-namorado imediatamente e disse a Jonny que sentia muito. Desde essa ocasião, tiveram várias discussões emocionadas, nas quais os sentimentos de Jonny oscilaram entre nunca mais querer falar com ela, gritar com ela ou chorar sobre seus "terríveis" atos. Sarah suplicou perdão a ele e se afundou no lugar sombrio da recriminação e desesperança. Eles se mantinham cada um em seu apartamento.

Embora todos os planos tivessem explodido em dolorosos pedaços, Sarah queria me assegurar que eles tinham um laço muito forte e que ambos estavam querendo se casar antes do ocorrido.

"Pelo menos era o que *eu achava...* antes", disse Jonny, olhando para baixo. Não consegui saber se ele estava irritado ou triste.

Como se Desculpar

Sarah se inclinou na direção dele, agarrando o braço da poltrona para se equilibrar. "Tudo que tivemos juntos não deixou de ser verdade. Tivemos tantos bons momentos ao longo dos anos." Jonny evitou o olhar dela. Ela se virou para mim. "O que aconteceu não muda o passado!"

"Não", concordei. "Mas certamente pode nos fazer questionar o que pensamos ser verdade."

"Exato!" disparou Jonny. "Você sabe o quanto apreciamos esses momentos, só nos dois no meio do nada. Agora não sei se confio em qualquer coisa que venha de você. Ou sobre nós."

"Certo." Neste momento, resolvi comentar para interromper as recriminações irritadas. "As coisas entre vocês claramente chegaram em um impasse terrivelmente difícil. Estou entendendo das conversas que tivemos por telefone que vocês querem tentar superar este momento apesar de tudo. É isso mesmo?"

"Sim", falou Sarah rapidamente. "Como lhe disse, estou envergonhada e irritada por ter ferrado com tudo e magoado tanto o Jonny. É com ele que quero estar."

Jonny não respondeu imediatamente, balançando a cabeça e respirando profundamente. "Eu fico em dúvida. Amei Sarah por tanto tempo, não consigo acreditar que ela faria isso comigo. Ela não é a pessoa que achei que fosse." Depois de um tempo em silêncio, ele continuou: "Quero chegar ao outro lado dessa confusão com ela. Queria que pudéssemos voltar a, sei lá, uma noite em uma trilha nas montanhas. Não consigo imaginar a gente chegando lá novamente."

Neste momento, expliquei: "Eu perguntei sobre seus objetivos porque reparar esse dano será um desafio. Ainda não sabemos se vocês vão terminar juntos, mas sei de passos que vocês podem dar para sanar essa horrível mágoa."

Na sessão seguinte, Jonny começou a falar: "Como posso confiar em você novamente", mas Sarah começou a chorar.

Em meio às lágrimas, ela disse: "Já falei a você tantas vezes o quanto sinto pelo que aconteceu!"

Passo Um: Não Faça Nada Ainda...

Apesar do sofrimento de Sarah, sugeri que ela ainda precisava ouvir mais sobre a mágoa de Jonny. Sua perturbação, embora genuína, poderia interferir com a vez dele de falar, e a capacidade dela de escutar. Lembrando: o Passo Um não é uma demanda por perdão. Não tem a ver com o arrependimento ou culpa de quem está pedindo desculpas.

Para Sarah e Jonny, a paciência dela se tornou a mão firme no leme que os fez passar pela tempestade causada pela quebra de confiança. Nos meses seguintes, eles não estavam realmente juntos, embora nunca estivessem longe em pensamento. Conversavam frequentemente e passaram algum tempo juntos. Foi uma situação estranha e fluida para eles. Pela primeira vez em anos, nenhum dos dois fez caminhadas ou acampou, algo que faziam juntos frequentemente. Algumas vezes, Jonny definiu períodos em que realmente não via Sarah. Nesses períodos, ela sentia o peso da culpa e da solidão. Ela também lidou com o constrangedor fato da família dele saber sobre o comportamento errático e mágoa causada por ela. Sem envolvê-lo demasiadamente, ela tentou encarar a vergonha e a culpa.

Do seu lado, Jonny sempre acreditou que o arrependimento de Sarah era sincero e torceu para querer estar com ela novamente, mas ele não estava pronto. O senso de oportunidade é um componente crucial para reparação efetiva de um relacionamento, e em geral sua importância não é reconhecida pelas pessoas. Não é só uma questão de quanto tempo leva para pedir desculpas, mas também do quanto uma pessoa está pronta para pedir ou receber um pedido de desculpas. Nesse sentido, sanar uma quebra no relacionamento é como se recuperar de uma lesão física. Se você estiver com muita dor, não consegue ser aberto e curioso. Se a lesão for muito recente, você não pode fazer fisioterapia. Seja paciente, mas continue dando seus passos.

Após as primeiras sessões nos encontramos periodicamente, e nem sempre juntos. Jonny precisava passar por um processo similar ao luto, no qual lamentava a perda de sua confiança em Sarah. Essa decepção realmente balançou Jonny e o fez reviver um sentimento de traição que ele teve com seu primeiro amor na adolescência. Ele disse a Sarah o quão preocupado ficava às vezes, imaginando-a com outro homem.

Como se Desculpar

O trabalho com Sarah na primavera e no verão incluiu o cuidado com ela mesma e ajuda para encontrar seu equilíbrio pessoal, o que a ajudou a ficar continuamente de prontidão enquanto seu namorado seguia falando sobre sua mágoa e trabalhando para superar a desconfiança. No caso deles, a máxima "Não faça nada ainda, apenas ouça com atenção" exigiu que Sarah "ouvisse com atenção por um longo tempo".

Muitas pessoas ficam presas aí porque a vergonha vai aumentando internamente e interfere com qualquer coisa produtiva. De forma muito importante, Sarah tornou-se curiosa consigo mesma. Na terapia individual, ela avaliou as motivações para suas ações, significados que estavam ocultos para ela. Não apenas aprendeu a compreender este episódio terrível, como também reconheceu outros padrões em seu estilo interpessoal caloroso. Ela avaliou seu medo de aprofundar o relacionamento com Jonny e confirmou que ele era a pessoa com quem queria estar. E começou a se perdoar.

Tenha em mente que, mesmo que as necessidades da pessoa magoada sejam o foco, quem está pedindo desculpas também precisa ser cuidado. Um Passo Um longo pode esgotar sua paciência e autoestima. Se acertar as contas no relacionamento em questão é muito importante para você, como era para Sarah, será necessário desenvolver resiliência por um tempo maior que previsto. A compaixão consigo mesmo pode ser uma ajuda grande para sustentar tanta coragem e disponibilidade. O apoio de amigos e a avaliação de si mesma, o que Sarah fez na terapia, além de práticas espirituais, ajudaram-na a se centrar e se acalmar. Estratégias específicas incluíram recursos como meditação, mindfulness e orações, bem como yoga, qigong, tai chi chuan e exercícios.

À medida que desenvolvia um equilíbrio interno mais forte, Sarah confiou cada vez mais em si, para ouvir e esperar. Enquanto isso, Jonny descobriu que valorizava muitas de suas maravilhosas características, incluindo seu carinho durante esse tempo difícil. Por fim, aprendeu como ela realmente era, em toda sua complexidade humana, substituindo a versão idealizada anterior.

Ambos estavam aliviados e felizes quando Jonny quis voltar a passar um tempo regular junto a Sarah. Eles finalmente decidiram, no consultório, que estavam prontos para tirar a barraca e o fogareiro de camping do armário e ir juntos para as Montanhas Brancas. Na volta, me disseram que tiveram um "momento na montanha" juntos: lá em cima, sob a amplidão do céu, foram capazes de ter uma discussão profunda e honesta sobre o que realmente importava para eles e o que significavam um para o outro. Eles realmente se gostavam e descobriram que estavam orgulhosos de como haviam lidado com os últimos meses. Compartilhar o espaço aberto os ajudou a ter clareza sobre o que mais valorizavam.

Esse casal conseguiu atravessar maus bocados, em parte porque foram capazes de manter seu objetivo. Ambos queriam construir um relacionamento amoroso baseado em confiança. Nos meses que passaram separados, Sarah começou a entrar nos outros passos do pedido de desculpas, mas também retornou ao Passo Um diversas vezes até que Jonny já tivesse contado sua história o suficiente.

"O quanto é suficiente?" é uma pergunta que aparece muito quando o Passo Um se estende. O processo pode esgotar as pessoas. Os parceiros podem perguntar: "Isso já não devia estar no passado?" ou "Será que sairei do castigo um dia?" De forma compreensível, uma ou outra pessoa pode se sentir tentada a desistir. No Capítulo 10, falaremos sobre quando um processo de pedir desculpas não está funcionando ou não deve seguir adiante. Pela minha experiência, no entanto, os casais podem passar por quase qualquer coisa se seguirem o caminho com paciência, perseverança e compaixão. Preste atenção nas intenções amorosas e nos pequenos momentos de mútuo aprendizado. Eles podem não ser tão animados quanto mudanças súbitas, nem tão definitivos quanto os finais dos contos de fadas, porém, se você estiver construindo algo para durar, é preciso tempo e trabalho cuidadoso para reagrupar as coisas.

Quando o inverno caiu sobre Boston, Sarah e Jonny estavam em um nível de conforto e felicidade que ambos descreveram como "muito mais forte" do que já haviam sentido desde que o problema ocorrera. Houve uma nova conexão quando eles começaram o relacionamento à distância. Agora eles se conheciam (ao outro e a si próprios) muito mais. Abordavam o futuro juntos com um otimismo fundamental. Esse fortalecimento é uma versão do que a conhecida terapeuta de casais e escritora Esther Perel observou quando os

Como se Desculpar

casais lidavam com um caso extraconjugal real. Mesmo que o casal esteja junto há décadas, um processo de reparação completo cria maior conhecimento, empatia e intimidade mútuos (no Capítulo 8, falaremos mais sobre as consequências resultantes de um pedido de desculpas).

Com tempo, paciência e carinho, Sarah foi capaz de ouvir Jonny e reconquistar sua confiança. No entanto, muitas pessoas desencorajam os parceiros de expressar a mágoa de forma completa.

NÃO OUVIR IMPEDE A CURA

Esta é uma história que já ouvi muitas vezes. Renee reclama com Jordan, seu companheiro, que ele a decepcionou por não conseguir cumprir com alguma coisa. Pode ser algo pequeno, como trocar o óleo do carro, ou grande, como esquecer de um compromisso realmente importante. Nesse casal, a resposta típica de Jordan para qualquer problema levantado por Renee é ficar ensimesmado, preso a maus pensamentos. Ele pode levantar e sair da sala ou bater uma porta. Passado um tempo, volta, retraído e cabisbaixo, dizendo coisas como "Acho que fiz besteira de novo". Dominado pela contrição ou pela vergonha, um sentimento afim ainda mais insidioso, suas declarações ficam mais extremas: "Nunca faço nada certo", "Sou um péssimo marido" ou "Você provavelmente não quer ficar comigo de verdade". Uma vez que ela é forçada a reconhecer (ou lidar) com sua infelicidade, a preocupação original de Renee fica de lado. Em consequência disso, ela não é completamente ouvida pelo parceiro e o problema não é abordado, muito menos resolvido.

Essa dinâmica faz com que Renee relute em comentar qualquer mágoa posterior. Ela não quer causar dor a Jordan e, cada vez mais, acha que não terá liberdade de falar, muito menos que o problema será resolvido. Conflitos sem solução como esses tendem a não ir embora.

Esse é o mesmo padrão que ouvimos falar com Lisa Earle McLeod, especialista em liderança para vendas do Forbes.com. Não abordar e resolver os conflitos em um ambiente de negócios deixa os empregados presos no mesmo problema.[22] Se vocês não conseguem encarar um conflito juntos, vocês não têm a menor chance de mudar a forma como qualquer pessoa envolvida, incluindo você, o enxerga. Vocês não podem chegar a um novo acordo, nem podem mudar algo de que não gostam.

Parceiros como Jordan podem ter outras habilidades de desculpas, mas não conseguem chegar no momento de usá-las porque ficam parados no Passo Um. Eles não ouvem e aprendem sobre a experiência dos outros. Esses casais ficam sobrecarregados por um ressentimento crônico, não compartilhado. Para Renee, a frustração aumenta porque, devido à reação extrema e pessoal de Jordan, ela não tem como se expressar ou pedir por um ajuste relativamente pequeno na tratativa. Pelo outro lado, a menos que Jordan questione suas respostas emocionais imediatas atabalhoadas, nunca aprenderá a ouvi-la. Do jeito que as coisas vão, ele tem muito pouca noção dos efeitos reais que está gerando nela. Esse padrão pode levar a uma escalada da raiva e reações exacerbadas de Renee, o que pode criar mais conflitos e levá-los à terapia. A desesperança e a distância são ainda mais perigosas e podem levar à terapia apenas quando já é muito tarde.

Mas é possível aprender a mudar esses padrões. Quer venham a fazer terapia ou não, cada membro do casal pode mudar suas respostas habituais. Buscando uma disciplina como gerenciamento de estresse ou mindfulness, Jordan pode aprender como diminuir sua reatividade. Então, será capaz de ouvir melhor as palavras de Renee e responder à mensagem dela e não apenas às suas preocupações consigo mesmo. Como qualquer outra mudança comportamental, Jordan pode se programar para respirar um momento antes de dizer ou fazer qualquer coisa em resposta a Renee. Se ele ficar curioso com os medos ou dúvidas pessoais associadas às suas reações emocionais, ele pode explorá-las na terapia ou em outro lugar.

Renee, por sua vez, pode aprender a insistir no motivo inicial da conversa, e, se não conseguir atingi-lo, tentar novamente. Em vez de desistir, ela pode perguntar quando seria um bom momento para discutir a questão. O desafio para ela é lembrar que sua mágoa, ou descontentamento, é importante, e que esclarecer seus sentimentos para Jordan não é ruim para o relacionamento deles. Na verdade, é algo valioso. Esse é um exemplo do truísmo "Ser claro é ser gentil". Um casal como esse chegará a um resultado muito melhor se ela

Como se Desculpar

puder considerá-lo responsável, apesar de suas reações, e ele aprender a focar o impacto que tem nela. Para questionar seu infeliz vício compartilhado, eles têm que trazer à tona mágoas anteriores, rever a história antiga, para retrabalhar as interações que nunca se deram por completo.

QUANDO *NÃO* SE DEVE "NÃO FAZER NADA"

E se o outro não está consciente do mal que você lhe fez? E se você fez algo como Sarah (quando ela chegou próxima da infidelidade) e seu parceiro não descobrisse? E se, como as pessoas dizem em workshops sobre desculpas, você se arrepender por um padrão de desconsideração ou desvalorização, algo que seu parceiro pode não ter notado? Caso você esteja comprometido em acertar esses erros, terá que entrar na dança com um passo diferente. Provavelmente, começará no Passo Dois, que envolve uma declaração de arrependimento e responsabilização. Em seguida, pode convidar seu parceiro a responder sua declaração e expressar seus sentimentos sobre o que você falou, ou seja, voltar ao Passo Um, ocasião em que você deve assumir uma postura receptiva. Durante esse passo do processo, você mais segue do que lidera.

Às vezes, mesmo quando sabemos que ocorreu algum dano, não é possível ou não é uma boa ideia abordar a pessoa afetada por suas ações. E, se isso for causar mais mágoa, é melhor não fazer. Se você está preocupado com isso, busque uma forma de iniciar a conversa que não desperte essa dor. Um exemplo: **"Fico pensando se você gostaria de dar uma caminhada comigo para conversarmos sobre o que aconteceu conosco há muito tempo [ou em um momento ou circunstância específica]. Se não estiver a fim, compreendo completamente. Mas, se estiver interessado, gostaria de conversar sobre alguns arrependimentos meus."**

Passo Um: Não Faça Nada Ainda...

Caso ouvir a pessoa magoada não seja uma opção, ou porque ela não está disponível ou porque causaria mais dano, perguntar para alguém familiarizado com a circunstância pode ajudar. Talvez ela possa te dizer o que você precisa saber, desde que não seja doloroso ou invasivo, com potencial para constituir mais um dano. Quando não for possível buscar informação sobre a pessoa envolvida, às vezes buscas indiretas podem valer a pena. Quer dizer, outras pessoas cuja mágoa é semelhante à que você causou podem estar disponíveis para lhe ensinar algo sobre a situação. Em um programa conduzido pela organização sem fins lucrativos Mothers Against Drunk Driving [Mães Contra Dirigir Embriagado, em tradução livre], as pessoas que foram afetadas por um motorista alcoolizado participaram de Painéis de Impacto em Vítimas, cujos infratores participaram.[23] Sobreviventes e familiares não falam particularmente para os responsáveis pelos acidentes, mas muitos podem (e querem) contar suas histórias de dor e perda. Ouvir essas histórias sobre incidentes que não foram causados por eles mesmos pode ajudar os motoristas infratores a sentir mais empatia por suas próprias vítimas. Ouvir e aprender pode levar os transgressores a aceitar mais responsabilidade pelo dano que causaram.

Seja lá o que for necessário para você ouvir e absorver a história de uma pessoa magoada, uma vez que você consiga, já começou um bom pedido de desculpas. Os próximos passos vão demandar paciência, humildade e coragem, coisas que você já vem praticando. Mas, quando você inicia o Passo Um, já ganhou impulso. A cura já começou.

Lembre-se que ninguém deve ser definido pelo pior de seus erros. O que você fará a seguir influenciará seu futuro e o de seu relacionamento de forma mais poderosa que qualquer coisa que já tenha feito.

ROTEIROS PRÁTICOS PARA O PASSO UM

- "Achei que sabia o que ocorreu, mas aparentemente está faltando algo. Você poderia me ajudar, por favor?"
- "Eu disse que sinto muito pelo que fiz, mas parece que há algo mais que não entendi."
- "Tenho uma boa ideia do que está acontecendo, mas acho que devo saber mais sobre como magoei você."
- "Obviamente toquei em uma ferida e quero saber mais para não fazer de novo."
- "Olhe, realmente o atingi de uma forma muito ruim e quero verdadeiramente entender o que ocorreu."
- "Quero entender o que está acontecendo. Por favor, conte tudo que puder."
- "Quero entender. Vou fazer meu melhor para apenas ouvir você."
- "Obrigado por me dizer que o magoei. Gostaria de ouvir sobre isso."

CAPÍTULO 5

Passo Dois: Diga com Sinceridade

No Passo Dois, você mostra que entende como a pessoa foi magoada e que se importa com isso. É aqui que você expressa sua empatia. Você também assume a responsabilidade pelas ações que contribuíram para a experiência negativa do outro.

Monique não aguentou ouvir o que Desmond falava. Ela visivelmente se incomodava enquanto ele a acusava de tê-lo decepcionado no fim de semana anterior. Em um evento de final de ano, os filhos de Monique no casamento anterior, todos entre 6 e 11 anos de idade, o haviam ignorado de forma "rude", mal lhe dirigindo algumas palavras. Em meu consultório, os lábios de Monique se uniram e seu rosto corou. Enfurecida, parou de prestar atenção no que Desmond dizia. Quando ele seguiu expressando sua frustração com ela e a família, dizendo até que em certos momentos se sentia tentado a abandonar o casamento de três anos, ela o interrompeu com contrapontos e argumentos em contrário. Defendendo com vigor a compostura e os modos das crianças, insistiu: "Ninguém quis ferir seus sentimentos, Desmond", "Não sou uma pessoa fria" e "Não é minha culpa que você se irritou!"

Como se Desculpar

Quando discutimos culpa, temos uma base para um debate que se encaixa muito bem em um processo legal, mas trabalha na direção contrária em um relacionamento. Como aprendemos no capítulo anterior, o primeiro passo de um pedido de desculpas é quando a pessoa aprende sobre a mágoa do outro, independentemente de quem tenha culpa. A maioria de nós receia ser apontado como o culpado por um problema, ser visto como errado ou "ruim", algo que tememos acontecerá se nos envolvermos em um processo de acerto de contas como um pedido de desculpas.

Na consulta, recomendei que Monique controlasse suas reações. Sugeri: "Tente ouvir a descrição de Desmond, seu ponto de vista dos acontecimentos, sem pensar em quem tem ou não tem culpa." Inicialmente, ela literalmente revirou os olhos, resistente como a maioria de nós. Também como muitos de nós, no entanto, Monique conseguiu manter o controle, pelo menos por algum tempo. Um pouco tempo pode ser o suficiente para acalmar sua ira e permitir que você ouça o outro.

Pedi a Desmond para descrever à Monique tão somente como ele se sentiu, sem apontar culpados e se concentrando em sua própria experiência. Desmond citou vários eventos frustrantes em suas tentativas de se enturmar. A certa altura, cometeu um deslize: "Seus filhos ignoraram o que falei, como sempre fazem."

Interferi antes que qualquer dos dois continuasse. "Por ora, Desmond, veja se pode focar —"

"Em dizer para a Monique como me senti. Eu sei." Ele sorriu de nervoso para sua esposa. "Aprendo devagar."

Eu quis normalizar sua limitação. "Todos aprendemos devagar esse padrão. Mudar os hábitos não é fácil."

Monique deu um leve aceno com a cabeça para ele.

Desmond continuou. "De qualquer forma, o principal é que me senti deixado de lado, como se não pertencesse ao ambiente." Após breve pausa, olhou diretamente para ela. "É um sentimento que sempre odiei."

Na maioria dos casais que conheci, quando um revela seu sofrimento, a compaixão do outro sempre aparece, mesmo que ambos estejam às turras. Quando Monique ouviu de verdade seu marido, não precisou mais resistir à mensagem principal dele.

Passo Dois: Diga com Sinceridade

A empatia entrou em campo. "Eu me sinto mal que você tenha passado um tempo que deveria ser divertido se sentindo de fora. **Sinto muito não ter percebido o que estava acontecendo. Não percebi o quão irritante isso foi.**"

Ela se inclinou e pegou a mão dele. Ambos pareciam aliviados e ficaram em silêncio por um momento.

Note que Monique não aceitou a culpa pelos sentimentos ruins de Desmond. O Passo Dois, declarar seu arrependimento, é muito mais fácil quando nossas defesas cedem. Assumir responsabilidade por reparar o problema nem sempre significa aceitar a culpa. Monique queria restaurar o equilíbrio do relacionamento e ajudar seu parceiro a se sentir melhor, então se motivou a avaliar suas próprias contribuições para a situação. Sendo completamente honesta, no entanto, ela não percebeu que seu comportamento tinha causado o problema do marido na festa. Mas ela assumiu, sim, responsabilidade por não ter reparado o comportamento das crianças ou as reações dele.

Desmond disse a ela: "Eu agradeço, querida, mas..." Ele fez uma careta enquanto virava para mim e disse: "Odeio dizer isso, mas acho que há mais o que falar, coisas maiores."

Embora a informação não fosse bem-vinda, desta vez Monique não ofereceu tanta resistência. "Essa não!" Ela continuou segurando sua mão. "Bem, provavelmente este é o melhor momento para falar."

Diretamente para ela, ele disse: "Sei que você já ouviu isso antes e não quero que você se sinta mal, mas a forma com que as crianças me tratam é só uma entre várias coisas que você me prometeu e não se tornaram verdade."

"Você quer esclarecer quais são?", eu perguntei.

"Ela sabe. Já falamos sobre isso antes. Como gastamos dinheiro, fins de semana em que não saímos, visitas às nossas famílias e..." — sua voz fraquejou um pouco — "O tipo de família que constituiríamos."

"São diversas coisas muito importantes. Há uma especialmente importante?"

"Acho que sim." Ele virou-se para ela. "Antes de nos casarmos, você falou muito sobre como seríamos pais e formaríamos uma equipe, como seríamos uma família próxima e calorosa. Não foi minha realidade enquanto criança e

Como se Desculpar

realmente queria que tivéssemos isso, Monique. Sei que não podemos controlar como as pessoas se sentem, mas parece que nem tentamos." Ele pausou. "Não sei nem como lhe dizer o quanto estou desapontado com isso tudo."

"'Isso tudo'?" perguntei.

"Toda nossa vida, nossa vida juntos não é o que achei que seria."

"O casamento nem sempre se desdobra do jeito que esperamos..." comecei a falar, até que Monique cedeu.

"Mas ele está certo! Eu *realmente* prometi todas essas coisas e muitas *não* aconteceram. Sabia que ele não gostava, mas achava que estávamos indo bem."

Desmond deu de ombros e olhou para outro lado. Eles não estavam mais se dando as mãos.

"Ok, acho que não estamos." Ela ficou quieta por alguns minutos. De novo, a questão da culpa apareceu: "Não é tudo minha culpa. Muitas coisas mudaram com as quais nada tive a ver. Você sabe disso, D." Ela falou um pouco mais, dando exemplos de seus desafios, incluindo a demanda do trabalho e as atividades de esportes das crianças. Dirigindo-se a mim, ela prosseguiu: "Eu nunca faria nada para magoá-lo. *Você* acha que é minha culpa?"

"Parece que você cometeu alguns erros que magoaram Desmond."

Ela voltou-se para ele. "É muito tarde? Você desistiu?"

"Bem, é por isso que quis ver Molly. Quero que as coisas sejam diferentes, se isso for possível."

Ela ficou olhando alternadamente para mim e para ele, tomando pé da seriedade da insatisfação.

* * *

Em momentos assim fico tentada a ter uma postura reconfortante, ajudando o paciente a se sentir melhor sobre o que fez, e mais esperançoso com o relacionamento. Como o psicólogo Avi Klein, já mencionado no Capítulo 1, escreveu, é muito mais difícil atuar de forma genuinamente terapêutica e deixar as pessoas se responsabilizarem, para ajudá-las a encarar as consequências do que fizeram.[1]

Passo Dois: Diga com Sinceridade

Eu disse: "Vamos ver quais coisas vocês *podem* assumir a responsabilidade. Parece que há mais de um problema entre os dois, mágoas importantes que precisam de correção. Monique, antes de tudo, é possível que você não tenha prestado atenção nas promessas que fez e não cumpriu, e não tenha percebido a infelicidade de seu marido nos últimos tempos? É como a situação com as crianças na festa, na qual você não percebeu, mesmo depois que ele lhe disse?"

"Eu pedi desculpas por não ter reparado!"

Uma pausa enquanto ela recuperava o fôlego. "Ok, ok." Em uma atitude positiva, Monique parou de se defender e falou diretamente com ele. **"Desmond, acho que não levei *muitas* de suas reações a sério e isso não é justo. Me desculpe."**

Os olhos de Desmond avermelharam, mas ele apenas acenou com a cabeça.

"É uma declaração realmente importante. Muito bom." Mas eu mantive Monique no centro da discussão, comentando: "E as promessas não cumpridas?"

Ela respondeu: "Parei de discutir sobre isso. O que mais posso fazer?"

"Como você quer consertar isso?"

"Droga, eu não sei", disse Monique, mas ela já tinha mostrado que poderia começar uma bela declaração de desculpas.

"Comece dizendo como você se sente sobre a promessa de trabalhar juntos como pais."

Ela pensou por um tempo no que diria. **"Sinto muitíssimo ter deixado minhas promessas de lado quando ficou muito difícil cumpri-las. Estávamos tão ocupados. Nem falei com você como poderíamos melhorar as coisas em nossa família. Você é tudo para mim, D, e acho que não demonstrei tanto isso."**

Os dois choraram. Em seguida, levantaram e se abraçaram.

Monique não havia pedido desculpa por todas as promessas que não havia cumprido, algumas talvez até impossíveis de se cumprir. O que ela fez foi assumir a responsabilidade por *não lidar com* as promessas não cumpridas, por não reconhecer e não perceber o efeito que esses lapsos tiveram em seu parceiro. Para mudar a situação no futuro, Desmond e Monique precisavam entender como lidar com a dinâmica familiar desafiadora e as razões que

Como se Desculpar

levaram os padrões problemáticos a se desenvolverem. Mas eles só poderiam fazer isso uma vez que encarassem a frustração e a dor que estavam azedando o relacionamento (Passo Um) e que Monique deixasse claro que ela lamentava como suas ações (e inações) afetaram seu marido (Passo Dois).

No Passo Dois, você assume responsabilidade pelo impacto causado na outra pessoa, mesmo que não tenha pretendido magoá-la.

Monique inicialmente resistira porque não queria ser culpada pelos sentimentos de Desmond. Após ter entendido a sensação de exclusão do marido na festa, pôde saber como contribuiu para sua infelicidade. Ela não se sentiu responsável pelo sentimento, mas foi capaz de declarar seu remorso por não perceber o estado emocional de Desmond. E, de forma similar, soube encarar as consequências de não ter conseguido lidar com as promessas não cumpridas.

Pode ser difícil de aceitar, mas quando alguém começa a fazer um verdadeiro pedido de desculpas, nada que diga respeito a esse alguém — motivos, caráter, justificativas — tem relevância. Em meu trabalho com Margo, a mulher do Capítulo 4 que queria reparar a relação com sua amiga Annie, ela percebeu que, embora tenha ido diretamente ao Passo Dois, não o fez de forma integral. Quando compreendeu melhor como sua postura de evitar conflitos feriu Annie, a nova declaração de Margo foi pessoal e direta: **"Sinto muito fazer você sentir toda essa dor de um momento anterior de sua vida. Queria ser uma pessoa que a apoia, não que a magoa. Queria ter sido capaz de ver seu ponto de vista, em vez de olhar apenas o meu."** Foi uma mensagem muito diferente do primeiro pedido de desculpas parcial, quando ela mandou um "Desculpe-me, mas" que tinha mais a ver com sua própria irritação do que com a mágoa que causou a Annie.

Você pode focar apenas em si mesmo por uma série de outras razões. Talvez você não conheça a experiência do outro, ou talvez queira evitar assumir a responsabilidade. O excelente blog *SorryWatch* [conteúdo em inglês] analisa o valor dos pedidos de desculpas públicos com um olhar crítico e (desculpem a expressão) sem remorso. Considere o comparecimento de Mark Zuckerberg em 2018 perante o Congresso para se explicar sobre a falha de proteção dos dados de usuários, que incluía uma rejeição da responsabilidade com a declaração "Isso não é quem somos". Esse comentário, embora comum, é uma resposta

Passo Dois: Diga com Sinceridade

fraca por algumas razões. A primeira, que o *SorryWatch* frequentemente destaca, é que a pessoa que potencialmente vai pedir desculpas errou focando a si mesma, em vez de no outro e assumir responsabilidade por isso.[2] Além do mais, "isso" na verdade *é* "quem somos" ou o problema não teria ocorrido. Provavelmente não é quem eles querem ou desejam ser, nem o que querem representar para o mundo, e todas estas são declarações melhores. Você se evade das responsabilidades quando nega que errou.

Como apontei, muitas pessoas não acreditam serem culpadas por um problema e, assim, não querem lidar com a reação dos outros. Não gostamos da ideia de magoar ninguém porque não pensamos em nós como "o tipo de pessoa" que magoa os outros. É compreensível preservar esse conceito de pessoa boa e legal, mas as duas coisas não são contraditórias. *Todo tipo de pessoa* magoa e causa dor, em geral, por engano. Os relacionamentos são como um esporte de contato: esbarramos um no outro o tempo todo, em geral sem querer causar dano. Se quisermos participar de verdade, precisamos desenvolver habilidades para nos recuperar dos inevitáveis machucados e voltar ao jogo. Juntos, esperamos.

David e Jake, agora adultos, foram melhores amigos desde a escola. David passava horas e horas na casa de Jake e construiu um relacionamento caloroso com os pais dele, especialmente com Harry, o pai de Jake, geralmente grosso e irritadiço. Quando Harry decidiu vender a casa da família cinco anos após a morte de sua esposa, os dois amigos o ajudaram a separar seus pertences. Por 30 anos, eles compartilharam um senso de humor claramente gaiato, zombando e fazendo trocadilhos questionáveis um com o outro. Como eles ficaram encaixotando as coisas de valor da família, com Jake separando lembranças para seus filhos, eles passaram o dia exercitando seu humor habitual. Algumas semanas depois, David viu um tuíte de Melanie, irmã de Jake, acusando-o de desrespeitar sua falecida mãe. Ela disse que ouviu de sua tia que o comportamento "juvenil" e "insensível" dele incomodou Harry.

Na família de Jake, como em muitas outras, as pessoas usam uma rota indireta para manifestar sentimentos problemáticos. Você pode ter ficado surpreso com essa mensagem no estilo "disse me disse" e considerado como lidaria com ela. A primeira reação de David foi ter raiva de Melanie, que era conhecida como o membro da família que agitava e aumentava o tamanho

Como se Desculpar

dos problemas. Ele pensou que todos na família de Jake deveriam saber que ele nunca magoaria Harry de maneira deliberada ou insultaria sua esposa, e que suas brincadeiras bobas com Jake eram inofensivas.

Já vimos a tentação que é confundir nossas intenções, em particular nossas intenções plenamente conscientes, com os efeitos de nossas ações, mas eles independem um do outro. Nos estudos de cognição humana, os pesquisadores Daniel Ames e Susan Fiske, da Universidade de Princeton, descobriram que sua percepção de intenção impacta sua percepção de impacto. Em outras palavras, se você acredita que as ações danosas de alguém são erros inadvertidos, você tende a minimizar o impacto em outros. Sua avaliação se dá de de forma imprecisa: se a intenção não foi ruim, o impacto não pode ser tão grande.[3] Na verdade, a mágoa acidental pode ser muito grande.

Uma resposta ríspida motivada pela raiva devido a uma acusação ou feedback é compreensível (você deve se lembrar de minha infeliz resposta ao meu irmão). Se você conseguir refrear sua resposta, na verdade ela pode impedir que você compreenda os efeitos que teve no outro. Segundo a professora e escritora budista Pema Chodron, tanto a eliminação da raiva como a reação exagerada só fazem as coisas piorarem. Ela recomenda "paciência: espere, vivencie a raiva e investigue sua natureza".[4] Meus amigos budistas falam sobre "surfar o impulso", ou seja, perceber sua inclinação para agir e nos libertar da necessidade de agir. Quando você continua a perceber, pode aprender muito.

David ficou tentado em disparar um tuíte hostil em resposta ao que Melanie havia feito. Felizmente, ele se segurou. Pensando em como ficaria a situação nos próximos dias, sentiu-se mal com o fato que Harry poderia estar magoado ou se sentindo insultado por ele. Ele também considerou o que significa para Harry sair da velha casa, bem como para Melanie e Jake. Muitos sentimentos tristes devem ter acometido a família inteira. Embora não tivesse intenção de desrespeitar ninguém, ele entendeu como aquele dia poderia ter deixado todos mais vulneráveis ou irritadiços. E decidiu pedir desculpas diretamente a Harry.

Ele ligou para Harry, perguntou se poderia conversar um pouco e lhe disse: **"Compreendo que não mostrei o respeito apropriado no mês passado, quando estava brincando na casa. Sinto muito que meu humor tenha feito um dia difícil ainda mais difícil para você."**

Harry limpou a garganta e demorou um instante para responder. "Não se preocupe. É o que eu esperava de vocês dois, imbecis." Este último sendo o termo que ele usava para chamar os meninos nos tempos de escola.

Comento sobre essa história porque a forma de David assumir a responsabilidade é um ótimo exemplo do Passo Dois. Depois da conversa inicial, ele perguntou sobre o que Harry sentiu (Passo Um). Harry pareceu gostar da pergunta e respondeu calorosamente. Ele admitiu que tanta brincadeira o havia incomodado. Mais importante que isso, no entanto, ele compartilhou com David o pesar que teve ao deixar a casa, que não tinha nada a ver com as ações de David e Jake. Foi a conversa mais pessoal que já tiveram. O relacionamento se aprofundou.

David poderia ter feito muitas coisas para se defender: falar que não havia feito nada de errado, que ele só tinha boas intenções, que Melanie frequentemente falava coisas erradas, que ela e sua tia nem estavam presentes para poder afirmar qualquer coisa, que Jake também tinha culpa por qualquer questão, ou que Harry já deveria conhecer o jeito dele e não se deixar magoar. Mas não fez nada disso. David não gostou de ouvir que suas ações poderiam ter magoado alguém de quem gostava, mas sua prioridade foi assegurar que seu relacionamento com Harry não ficasse comprometido, independentemente do fato de Melanie ter exagerado as coisas ou não. Ele fez um pedido de desculpas proativo e direto para a pessoa que magoou sem intenção. Deu certo, como esperado, uma vez que o equilíbrio e o conforto foram restabelecidos na relação entre David e Harry, e eles ficaram ainda mais próximos.

O resultado ideal quando falamos de relações entre pessoas não é apenas justiça, mas a criação de vínculos e maior entendimento mútuo. Consertar o relacionamento tem tudo a ver com isso.

Entretanto, como vimos no Capítulo 2, esse não é o funcionamento normal do cérebro. Temos nossos vieses comportamentais e cognitivos que nos levam a acreditar que estamos certos, ainda que haja ampla evidência de que, normalmente, estamos errados. É comum não considerarmos as perspectivas dos outros, não vermos nossos erros ou os efeitos negativos que causamos, além de interpretarmos o mundo sob nosso ponto de vista.

Por conta própria, David usou seu tempo para considerar o feedback que recebeu no Twitter. Com grande sensibilidade, percebeu que não havia se dado conta de um elemento importante envolvendo a venda da casa. A terapia de

Como se Desculpar

casais requer, também, uma nova percepção. No caso de Monique, como ela ouviu seu marido, percebeu que estava ignorando o lado dele na situação. Cada um de seu jeito, Monique e David tomaram medidas para acertar as coisas. Se você levar apenas uma mensagem deste livro com você, espero que seja a eterna necessidade de lembrar que aquilo que se sabe não contempla a história toda. Tenha em mente a recomendação de Kathryn Schulz, especialista em "erradologia": preste atenção nas evidências em contrário.[5]

DIRETRIZES PARA O PASSO DOIS

O Passo Dois, a declaração de arrependimento e responsabilidade, é o que a maioria das pessoas pensa quando falamos em "pedido de desculpas". Certamente é algo de extrema importância, mas não é a história toda. Nesta seção você vai encontrar várias diretrizes para fazer boas declarações de desculpas. Inicialmente, no entanto, gostaria de apontar algumas verdades importantes:

- O impulso de acertar as contas com outra pessoa é um dos mais fundamentais aspectos humanos;

- Não existem palavras mágicas, mas as que você precisa já estão dentro de você. Embora muitos de nós precisemos de orientação sobre como pedir desculpas, pode-se fazer a mensagem do Passo Dois por conta própria, como Monique, David e Margo, sem que ninguém lhe diga o que falar;

- O que está em seu coração, ou seja, sua preocupação sincera com a mágoa que alguém está sentido e seu remorso por tê-la causado são muito mais importantes que a técnica empregada para expressá-los. Ouça seu coração. (A maior razão para colocar sua mente para trabalhar é vencer a resistência e *chegar* ao Passo Dois.)

* * *

Passo Dois: Diga com Sinceridade

Posto isso, eis os elementos para o Passo Dois ser eficaz:

<u>Assuma a responsabilidade por restaurar a confiança</u>. Para assumir responsabilidade pessoal por consertar algo que deu errado você tem que lidar com detalhes críticos, tal como a maneira de iniciar a conversa com a outra pessoa. No trabalho, pode ser necessário agendar uma reunião e assegurar que o outro saiba que você deseja se desculpar, "limpar o ambiente", "esclarecer mal-entendidos" ou "voltar a caminhar juntos". Se você vai para uma conversa que pode chegar ao contencioso, a consultora de negócios Judith Glaser recomenda que você "comece delineando as regras do jogo" (o objetivo da conversa, a duração da reunião, diretrizes justas para a comunicação respeitosa, se necessário) para que todos saibam o que esperar.[6]

Em um relacionamento pessoal, é bom deixar o outro dar sua opinião sobre as circunstâncias da conversa. Muitas comunicações falhas ocorrem por um timing ruim. Os terapeutas conjugais Patricia Love e Steven Stosny sugerem que você diga ao outro que tem a intenção de resolver o problema entre vocês. Se o outro não está pronto ou não tem uma atitude de reciprocidade, um gesto desprovido de palavras, como uma mão no ombro, por exemplo, é o primeiro passo a ser tomado no início de tudo.[7]

Mesmo se você começar com sinceridade e carinho, um pedido de desculpas não se resolve rápido. Richard Boothman, do movimento por desculpas médicas de Michigan, tem uma história a contar que ilustra a persistência que certas vezes é necessária. Um paciente ficou parcialmente cego devido a um erro cirúrgico. Nas duas primeiras reuniões agendadas para discutir com a família o que aconteceu com o cirurgião e a equipe, a esposa da vítima da imperícia deixou a sala imediatamente, tamanho seu transtorno. A equipe do hospital continuou se colocando à disposição, dedicada a restaurar a confiança, se possível. Na terceira tentativa, ela conseguiu permanecer na sala e ambos os lados falaram. O Sr. Boothman descreveu um "momento de transformação" quando finalmente ambos ouviram um ao outro.[8] O que resolveu a questão foram a persistência e a paciência da equipe médica. Eles estavam comprometidos a ajudar essa família a se recuperar e sabiam que a incapacidade da mulher falar nas primeiras vezes não queria dizer que a conversa teria que se encerrar. É semelhante à responsabilidade que você deve assumir pelas desculpas que precisar pedir na vida.

Como se Desculpar

<u>Fale diretamente com a pessoa afetada</u>. Na história anteriormente descrita, David soube por uma terceira pessoa que o pai de seu amigo havia se magoado com suas ações. Ele ignorou o estilo familiar de comunicação indireta: foi direto à pessoa que havia magoado e fez o que achava necessário para sanar o relacionamento.

Buscas indiretas, ou seja, perguntar para outro o que a pessoa magoada está sentindo pode ser tentador. Como discutimos no Capítulo 4, às vezes é a única opção. No entanto, esse tipo de comunicação com frequência recai em um "telefone sem fio" ou fofoca, em que a informação acaba distorcida. Para piorar, transmitir seus arrependimentos através de outra pessoa parece covarde e falso. Esse tipo de pedido de desculpas ruim pode fazer o contrário da ideia original: a pessoa magoada se sente confusa, possivelmente manipulada e, em última análise, pior do que antes da desculpa. A humanidade do cara a cara faz a diferença quando declaramos nossa empatia e responsabilidade.

O ex-vice-presidente Joe Biden, por exemplo, disse a muitas pessoas que devia desculpas a Anita Hill pela forma como o Comitê Judiciário do Senado a tratou. Nas audiências de confirmação do juiz associado da Suprema Corte, Clarence Thomas, em 1991, os membros do comitê a interrogaram duramente com relação às suas queixas de assédio sexual. O comportamento deles foi definido por muitas pessoas como desrespeitoso, até agressivo. Contudo, ao longo de 28 anos, o Sr. Biden nem mesmo tentou pedir as desculpas diretamente a *ela*, o que deixou não repudiado o mau tratamento ao qual ela fora submetida, fazendo crescer as dúvidas sobre a sinceridade dele. Na casa da Srta. Hill, virou uma piada familiar: Se alguém batesse na porta inesperadamente, eles diriam: "Olha, será que o Joe Biden veio pedir desculpas?"[9]

Por um tempo muito longo, ele lidou com a agressão apenas indiretamente, deixando o assunto em aberto. Quando ele finalmente abordou a questão, no momento do anúncio da sua candidatura para a corrida presidencial de 2020, ele o fez de uma forma totalmente errada. Ele não assumiu responsabilidade por suas ações. Ele disse que lamentava "o que ela passou" e que "sentia pela forma como ela foi tratada" por seus colegas.[10] É mais como uma condolência ou um "sinto muito" simpático do que um pedido de desculpas. Para deixar claro, ele não conseguiu cumprir os Passos Três e Quatro: não tentou fazer qualquer restituição e não fez nada para alterar o futuro dessas experiências danosas.

Adequadamente, a Srta. Hill não aceitou a comunicação dele como um bom pedido de desculpas.[11]

Em processos de justiça restaurativa é obrigação do ofensor enviar uma carta de desculpas diretamente para qualquer pessoa afetada pela ação. A primeira pessoa a quem é endereçada a carta deve ser aquela diretamente afetada, é claro, mas pode ser exigido, também, incluir cartas para as famílias da vítima e do ofensor, além de outros membros da comunidade.

O foco é a outra pessoa, não você. A essência da declaração do Passo Dois é a compaixão pela pessoa magoada, não a redenção de quem magoou. A sua mensagem deve ser dirigida à experiência dela. Quando treina médicos para participar na "divulgação total e pedidos de desculpas" depois dos erros médicos, a Harvard Medical School propõe várias diretrizes sobre como falar com os pacientes e famílias sobre resultados difíceis e "eventos adversos". Os valores principais na relação são transparência, respeito, responsabilização, continuidade e gentileza, mas a regra primordial, aquela acima de todas é que *as necessidades dos pacientes e das famílias vêm primeiro*.[12]

Enfatizando a conexão humana na reparação dos relacionamentos, os psicólogos sociais Carol Tavris e Elliot Aronson concluíram a partir de seu estudo de autojustificação nos relacionamentos que, para garantir o sucesso como casal, você deve colocar a empatia pelo parceiro acima da defesa de seu território.[13] C. S. Lewis fez uma distinção muito citada entre pensar menos sobre você e pensar menos em você, o que ele chamou de "humildade".

Seja humilde, uma qualidade subestimada. Um pedido de desculpas eficaz requer a combinação de coragem e humildade: ser capaz de encarar algo que pode ser assustador e desagradável, e ser vulnerável. Como discutimos, alguns interpretam erroneamente uma demonstração de humildade como sinal de fraqueza. Na verdade, pode ser uma indicação de grande força interior. Praticar a humildade exige que você seja aberto para reconhecer suas limitações e aprender mais. Uma ideia similar é o que os pesquisadores chamam de "ego silencioso", relacionado a um equilíbrio entre seus interesses e os interesses dos outros, bem como entre autoconsciência e compaixão.[14]

Como se Desculpar

Se dizem que as mulheres pedem desculpas demais — o que a escritora Ruth Whippman recentemente chamou de "paciente zero do movimento pela assertividade" — muitos problemas podem ser "rastreados até a uma falta de vontade de se desculpar entre os homens, ou mesmo de perceber que há algo pelo qual eles devem se desculpar". Em oposição ao popular conselho "faça acontecer" para as mulheres, ela propõe que encorajemos os homens a "deixar acontecer", ou seja, exercitar mais a "deferência, humildade, cooperação e capacidade de ouvir".[15]

Para complicar a recomendação, a *Harvard Business Review* elogia líderes que incorporam uma combinação paradoxal de traços: firme determinação e humildade pessoal. Jim Collins, consultor de negócios e autor de destaque, escreveu que sua "Liderança Nível 5" é um modelo contraintuitivo e até contracultural, mas é o que pode transformar boas empresas em ótimas empresas.[16]

A maioria de nós não está tentando transformar empresas, mas sim fazer as pazes. Uma citação comum de Nelson Mandela é: "Grandes pacifistas são pessoas de integridade, honestidade e humildade."

É preciso forte determinação e bravura para que você seja humilde e encare seu arrependimento ou culpa. Assim, se você está tentando consertar algo entre você e outra pessoa, tente encontrar o equilíbrio entre coragem e humildade. Vai ajudar a completar o Passo Dois.

Responsabilize-se pelo que fez — ou não fez. Estamos falando de divulgação total. No reino dos erros médicos, isso exige reportar o que ocorreu, quem é responsável pelo que deu errado, por que ocorreu e como poderia ser prevenido. Exige que alguém diga algo como: **"Sinto muito por termos cometido um erro, nós somos responsáveis"** ou **"Quero me desculpar com você: cometi um erro grave, eu sou o responsável."**[17]

Depois que um cirurgião de Boston cometeu o terrível erro de operar a perna errada de seu paciente, ele disse diretamente ao paciente quão profundamente sentia pelo que havia ocorrido. Embora ele tenha assumido responsabilidade pelo erro, a avaliação do problema pelo hospital detectou vários erros em sistemas que foram desenvolvidos para evitar que tais erros ocorressem. O hospital, Beth Israel Deaconess Medical Center, permitiu inicialmente que o cirurgião permanecesse anônimo, mas ele informou pessoalmente a cada um de seus pacientes que ele foi o médico que cometeu o erro e que os ajudaria a encontrar outro médico se eles achassem melhor agir dessa forma. Ninguém achou.[18] O poder de assumir a responsabilidade é inegável. Torna você mais confiável. Lembra-se da descoberta científica segundo a qual as empresas que cometem erros e os corrigem têm maior credibilidade do que as que nunca cometeram erros? É a mesma coisa.

Como você viu, David assumiu a responsabilidade por seu comportamento infantil quando pediu desculpas a Harry. Também Serena, a irmã de Jackie, assumiu a responsabilidade tanto por ações que Jackie conhecia quanto por outras desconhecidas por ela. Sem se defender ou negar, ambos permitiram que a outra pessoa apenas respondesse e, se possível, perdoasse. Em seus pedidos de desculpas, você tem que dizer por quais ações ou omissões você está assumindo ser responsável e pedir desculpas pelo dano que causou ao outro.

Quando não há um relacionamento entre as pessoas, um pedido de desculpas com responsabilidade pode significar muito. No podcast *The Daily*, Caitlin Flanagan contou a história de como foi vítima de violência sexual na escola. O ataque deixou consequências sérias para sua saúde mental e foi quase letal. Seu agressor, entretanto, se aproximou mais tarde tomado de remorso. Ela descreveu como ele assumiu, de forma madura e sincera, completa responsabilidade por seu comportamento. Ela acreditou que o pedido de desculpas foi o que a salvou de se atormentar com a experiência ao longo dos anos, como ocorre com muitos sobreviventes.[19] Seu bom pedido de desculpas ajudou realmente a curá-la de uma experiência terrível.

Indiferentemente da seriedade do dano, seu pedido de desculpas responsável também pode ajudar alguém.

<u>Diga com sinceridade</u>. Se o pedido de desculpa não soar genuíno, não será eficaz. Nesse momento na vida, assumir a responsabilidade de forma honesta é sua única opção.

Uma tendência recente em desculpas públicas é o uso de tecnologia para criar momentos de pseudointimidade. Usando o popular aplicativo Notas, do iPhone, as celebridades começaram a enviar seus mea-culpa para os fãs depois de cometerem erros. Diretas e imperfeitas, essas mensagens podem parecer naturais e falíveis, ou seja, humanas, o que faz com que o público se sinta conectado. Se, no entanto, os fãs tiverem a impressão de que as desculpas não

Como se Desculpar

são sinceras, o tiro sairá pela culatra. Um pedido de desculpas cuidadosamente preparado não passa o mesmo sentido de sinceridade pessoal e pode parecer uma tentativa de manipular as pessoas.[20]

Outra forma de fazer seu pedido de desculpas que o torna menos genuíno é apresentar vários detalhes defensivos. Um membro de um comitê escolar de Cambridge, Massachusetts, aprendeu essa lição após usar a palavra com N [conhecida como uma palavra de cunho racista na língua inglesa] em uma reunião escolar para ilustrar um argumento sobre seu uso, o que incomodou os estudantes. Ela tentou dizer que sentia muito, mas os estudantes rejeitaram a desculpa por falta de sinceridade. De acordo com o professor dos alunos, ela tentou se explicar por dez minutos antes de chegar ao pedido de desculpas. "Pensando bem", ela disse, "percebi que deveria apenas ter transmitido meu pedido de desculpas".[21] Declarações longas e complicadas diminuem a mensagem mais importante sobre sua responsabilidade pelos fatos e reduzem a credibilidade de seu arrependimento.

Quando a Organização das Nações Unidas (ONU) finalmente emitiu um pedido de desculpas parcial pelo desastre da cólera no Haiti, todos os comentários focaram as omissões na mensagem do secretário-geral Ban Ki-moon. Ele não só deixou de assumir a responsabilidade pelar introdução do cólera — que foi documentada como oriunda de trabalhadores sociais do Nepal —, mas sua declaração veio apenas depois de anos de pressão para responsabilização da ONU (segundo as diretrizes do Passo Dois, descritas anteriormente, podemos ver que essas são desvantagens sérias). O *Guardian* disse tratar-se de uma "meia-desculpa" porque o Sr. Moon expressou arrependimento apenas pela resposta insuficiente à epidemia no Haiti.[22] No entanto, Adrian Walker, um colunista do *Boston Globe,* escreveu que a declaração do Sr. Moon "foi elogiada pelos haitianos como uma sincera expressão de contrição". Ele citou o ativista de direitos humanos Brian Concannon dizendo que "as vítimas começaram a aplaudir espontaneamente. Os haitianos entenderam que ele realmente sentia muito. E a sinceridade foi o suficiente para superar o fato de que o pedido de desculpas foi limitado".[23]

A necessidade que a dor das pessoas magoadas seja vista e cuidada é o ponto mais crucial. Não é a história toda, claro, mas, se você puder comunicar compreensão, empatia e arrependimento sincero, está no caminho certo para um pedido de desculpas eficaz.

Passo Dois: Diga com Sinceridade

Não diga as palavras "sinto muito" à toa. Dizê-las expressando condolências surge do carinho e simpatia, e em geral é algo valorizado. Já aquele "sinto muito" habitual, vazio e reflexivo, que entra no meio das conversas a título de desculpas, deve ser evitado. Essas "desculpas" podem nos distrair das desculpas realmente necessárias e podem ter efeitos negativos em como você é visto no ambiente de trabalho. A consultora em comunicações Donna Moriarty escreveu que elas podem "diminuir sua autoridade e confiança, mostrá-lo como uma pessoa fraca e indecisa e minar sua credibilidade".[24]

É muito difícil mudar nossos hábitos, mas se você em geral responde a uma sugestão ou pedido com um "desculpe" ou "sinto muito", é bom fazer um esforço para remover esse tique verbal de seu vocabulário. Tente praticar a inserção de uma pausa depois da primeira parte de uma mensagem mais assertiva. Para quem está tentando mudar um hábito de fala, recomendo que, quando você se sentir tentado a dizer a frase habitual, imagine colocar a mão sobre a boca. Às vezes, isso funciona. Você também pode pedir a um amigo que o ajude a perceber quando faz uma pseudodesculpa. Pessoalmente, venho tentando substituir o "sinto muito" por "obrigada", porque em geral reflete melhor o que desejo falar. Por exemplo, se eu tiver que interromper uma conversa para ir ao banheiro, o que não é difícil para mim, tento me lembrar de falar "obrigada por esperar" ou "obrigada pela paciência" em vez de "me desculpe".

Antes tarde do que nunca (normalmente). O movimento #MeToo despertou memórias de abusos sexuais do passado para muitas pessoas. Para a maioria, foram experiências infelizes e traumáticas, então, as novas lembranças evocaram uma repetição da experiência e exigiram novas formas de lidar com isso. Entre os pacientes de meus colegas terapeutas, e em meu próprio consultório, muitas pessoas se sentiram forçadas a revisitar memórias dolorosas. Para outras, a reavaliação do passado trouxe sentimentos de culpa, mesmo que não tenham realizado a má conduta pessoalmente, mas não conseguiram, por exemplo, apoiar alguém conhecido que relatou ser vítima de abuso sexual.[25]

Em uma coluna no blog de ideias Cognoscenti da rádio WBUR, encorajei os homens a reconsiderar seu comportamento em momentos prévios de suas vidas, a reexaminar o que uma vez possa ter sido considerado aceitável à luz de um novo entendimento de consentimento que agora alcança a grande massa. Acredito que "cabe aos homens de bem fazerem quaisquer reparos que possam associar a seus próprios comportamentos lamentáveis" porque isso importa para eles e para quem eles magoaram.[26]

Foi no contexto das audiências de confirmação para o agora juiz da Suprema Corte Brett Kavanaugh, que envolviam acusações de abuso sexual, que o *New York Times* convidou homens a enviarem suas memórias de má conduta sexual na adolescência. Entre as centenas de homens que escreveram, vários mencionaram especificamente pedidos de desculpas: os que eles queriam ter feito ou os que fariam agora, se tivessem a chance, décadas depois, ou uma desculpa que tentaram fazer na própria carta, diretamente à pessoa que eles lamentam ter maltratado. Não sei se algum desses relatos ajudou as vítimas, mas eles apresentaram modelos públicos de pessoas se assumindo responsáveis — finalmente.[27]

Dan Harmon, um produtor de sucesso da televisão, assumiu responsabilidade tardia por má conduta em um vídeo do YouTube com muitas visualizações. Seis anos após maltratar uma escritora que trabalhava para ele, Harmon tentou acertar as coisas. Inicialmente, como se sentia atraído por ela, ele fez de sua vida um inferno. Primeiro, a favoreceu de forma injusta com relação aos demais componentes da equipe de escritores e, quando ela finalmente o convenceu de que não estava interessada nele, deu início a um extenso abuso verbal e assédio. "Que babaca", você pode pensar, e está certo. Finalmente, com a ajuda de colegas mulheres e um livro que sua terapeuta recomendou — o excelente *On Apology* do psiquiatra Aaron Lazare — ele encarou o que fez.

De acordo com Megan Ganz, a escritora vitimada, ele fez uma "aula magna sobre como pedir desculpas". Vale a pena ouvir o vídeo de sete minutos e meio porque há ali aspectos importantes de um bom pedido de desculpas. Ele não criou desculpas, assumiu completa responsabilidade por seus atos, descritos em detalhes consideráveis, e incentivou outros homens a não cometer seus erros ao tratar com as mulheres.

Aqui, porém, é preciso salientar que a Srta. Ganz moldou o pedido de desculpas de forma crucial. Via Twitter, ela lhe deu o feedback de que sua declaração inicial era inadequada. Primeiro ele havia escrito coisas como "desculpe por ser um chefe ruim" e pediu ajuda para encontrar alguma solução.

Passo Dois: Diga com Sinceridade

Tanto a Srta. Ganz quanto o Sr. Harmon merecem crédito por continuar o processo até ele fazer um bom pedido.[28] No Capítulo 9, avaliaremos outras formas da vítima influenciar o pedido de desculpas que receberá.

Outro pedido de desculpas tardio teve resultados mais ambíguos. Em 2016, quando a mulher de Peter DeMarco sofreu um ataque de asma catastrófico, que acabou sendo fatal, Peter e sua família ficaram arrasados. Nos primeiros dias de luto, o Sr. DeMarco, um repórter do *Boston Globe*, escreveu uma linda carta de agradecimento para o hospital e, especialmente, à equipe da UTI que cuidou de Laura Levis durante o coma que antecedeu sua morte. Sua carta de agradecimento teve circulação ampla, aparecendo até no *New York Times*. Naquele momento, ele não tinha ideia do que havia ocorrido na noite do ataque.

Enquanto passava pelo luto, o Sr. DeMarco tentou entender os eventos que levaram à morte de sua esposa. Foram necessários dois anos de pesquisa para ele compor a história dos momentos anteriores à internação dela. Ele ficou surpreso e enfurecido ao saber que a Srta. Levis não conseguiu entrar em um pronto-socorro porque a porta estava trancada. Ela tentou chegar a outra porta, mas desfaleceu a poucos metros. A área externa não era bem iluminada, e uma enfermeira que foi instruída a verificar não conseguiu vê-la quando olhou brevemente pela porta. Ninguém procurou no lado de fora. Além disso, embora ela tenha ligado para o fone de emergência do lado de fora do hospital e relatado seu problema e sua localização, os socorristas não conseguiram localizá-la de forma rápida e precisa. Esses minutos cruciais fizeram a diferença entre vida e morte.

Por dois anos, o Cambridge Health Alliance — sistema hospitalar que opera tanto o Somerville Hospital quanto o pronto-socorro tragicamente inacessível e o Mount Auburn Hospital, onde a Srta. Levis recebeu os cuidados na UTI — não contatou o Sr. DeMarco. Eles receberam seu apreço público, mas não reconheceram sua contribuição para a morte de sua esposa. Ninguém ofereceu qualquer informação a ele ou à família. Sem ajuda, ele procurou o máximo que pôde, incluindo registros da polícia e de socorristas de emergência. Seu registro do que aconteceu, incluindo os erros que pôde descobrir apareceram na *Boston Globe Magazine*.[29]

Como se Desculpar

Dez dias após a história da Srta. Levis ser publicada, e mais de dois anos depois de ter ocorrido, os executivos do hospital finalmente iniciaram uma reunião com o viúvo. Eles se recusaram a comentar previamente sobre os cuidados com a esposa, citando preocupações com litígio. Neste ponto, a história havia chegado a uma ampla audiência e o tribunal da opinião pública já tinha condenado o sistema hospitalar. Na reunião de duas horas, ele perguntou aos líderes do hospital o que havia acontecido e o que poderia ser prevenido. Patrick Wardell, executivo chefe da Cambridge Health Alliance, reconheceu a "terrível dor" do Sr. DeMarco, disse que sentia muito e assumiu responsabilidade pessoal pela tragédia. O médico chefe responsável, Assaad Sayah, falou sobre muitas mudanças que haviam sido instituídas baseadas na falha em cuidar da Srta. Levis quando ela precisou. O Sr. DeMarco declarou que estava grato, depois de todo aquele tempo, de ouvir diretamente deles. "Eles se responsabilizaram hoje, admitindo seus erros e finalmente fazendo a coisa certa."

O Sr. DeMarco realmente achou o pedido de desculpas útil, mas até então, nesse meio tempo, lutara sem a ajuda das pessoas responsáveis pelo erro para honrar sua esposa buscando uma satisfação. Durante aqueles dois anos, o fato de o hospital não tê-lo ajudado a entender o que acontecera com sua esposa deixou seus entes queridos com uma história incompleta.[30]

Podemos ver que pedidos de desculpas tardios podem ser genuinamente úteis. Eles podem ser o suficiente para algumas pessoas sob certas circunstâncias. Mas uma declaração responsável de arrependimento que chegasse mais cedo, e independesse de pressões externas, poderia poupar as pessoas que já haviam sido muito feridas de mais dor e confusão.

COMO *NÃO* SE DESCULPAR

Você provavelmente já fez o Passo Dois de forma inadequada. Pode ter concebido sua declaração de arrependimento de uma destas formas erradas:

1. Qualquer Passo Dois que comece com "me desculpe, mas…" está fadado ao fracasso. Seja lá o que for que houver depois do "mas" ("Não queria te magoar", "Foi uma piada", "Você é muito sensível", "Foi você que começou") invalida o pedido;

2. De forma similar, "sinto muito se…" ("o que eu falei te irritou", "alguém ficou incomodado com o que eu falei", "você pensou que eu quis dizer *x* ou *y*") sugere que a pessoa pedindo desculpas não se assume responsável pelo dano;

3. Uso da voz passiva: "Me desculpe se…" ("Você ficou magoado pelo jeito que as coisas aconteceram", "Aquelas coisas injustas acabaram acontecendo", "Fui forçado por uma situação ruim a fazer o que tinha prometido a você que não faria") não demonstra que você se considera responsável por suas ações ou resultados delas;

4. Uma declaração que termina com "não foi minha culpa" ou "não queria que isso acontecesse" com certeza não leva a assumir uma responsabilidade pessoal;

5. Uma declaração que omite o efeito na outra pessoa e foca a reação (errada) dela: "Sinto que…" ("Você tenha ficado irritado comigo", "Você veja as coisas assim", "Você esteja tão irritado com isso") parece um pedido de desculpas, mas não é;

6. Ser vago também é um grande problema se você quer executar bem o Passo Dois: "Me desculpe…" ("Pelo que ocorreu" ou "Por qualquer mal que tenha causado" ou "pela comunicação ruim");

7. Uma tentativa de cortar a conversa em vez de entender o dano ("Eu disse que sinto muito, o que mais você quer?") e exigir que a outra pessoa siga adiante ("Por favor, me desculpe: não aguento mais você irritado comigo") não satisfazem ou resolvem o problema;

8. "Desculpe por aquilo!" transmite uma atitude informal tipo "Opa. Foi mal, cara! Você acha que me importo?" e diminui tanto quem pede quanto quem recebe o pedido de desculpas;

9. Declarações longas e complexas, tão obscuras que ninguém entende o que está sendo dito, como a declaração "considerando que" do governo norte-americano aos povos nativos norte-americanos ou declarações que explicam as circunstâncias ou quaisquer outras considerações longamente não são desculpas reais;

10. Nenhuma racionalização ou justificativa cabe no Passo Dois. Guarde-as para depois, se ainda precisar delas.

Em seus processos de desculpas, Monique, Margo e David deixaram claro que se importavam com a mágoa de seus entes queridos. Eles reconheceram como contribuíram para a dor, expressando empatia e arrependimento. Quando foram para o Passo Dois, nenhum deles falou nada em defesa de seu comportamento, deu desculpas ou argumentou sobre intenções ou caráter.

ROTEIROS PRÁTICOS PARA O PASSO DOIS

- "Sinto muito ter bebido demais/ discutido com sua irmã/ chegado tão tarde/ feito pouco caso de uma ocasião séria e ter arruinado um dia tão importante para você. Não há desculpa boa o bastante."
- "É minha culpa não ter me planejado melhor e o atraso do trem ter me feito chegar tão tarde. Realmente sinto muito."
- "Deveria ter percebido quanto significaria para você que eu o acompanhasse no funeral de seu primo. Sinto que você tenha tido que lidar com isso sozinho."
- "Posso ver o quanto minha tentativa de fazer humor o magoou. Queria poder voltar atrás e não tê-lo feito."
- "Eu queria ter pensado em lhe perguntar antes de emitir bilhetes não reembolsáveis. Vejo que coloquei você em uma posição horrível."

CAPÍTULO 6

Passo Três: Dívidas, Promissórias e Tornando as Coisas Inteiras Novamente

A questão relevante no Passo Três é: há alguma coisa que possa ser feita para compensar a mágoa ou o erro? Que tipo de restituição, reparação ou acerto poderia restaurar o equilíbrio ou a justiça que foi rompida?

O conceito legal de tornar o queixoso "inteiro" em geral se refere a restaurar a parte afetada à sua situação financeira original. Em relacionamentos pessoais, o objetivo das restituições ou reparações é tornar o *relacionamento* inteiro, restaurando a confiança ou até fortalecendo a conexão. Dessa forma, a maioria das reparações pessoais não são (apenas) monetárias. As reparações podem não se aplicar a parcerias íntimas, mas o Passo Três pode inspirar soluções criativas que cheguem ao cerne do dano.

No âmbito dos relacionamentos, às vezes só uma expressão de penitência sincera é suficiente para começar a cura, mas alguma forma de restituição em geral é necessária para um processo completo. Entre indivíduos, o Passo Três

Como se Desculpar

incluiria "acertar as contas" aos olhos de outras pessoas, ter uma segunda (ou terceira) chance de fazer a coisa certa ou fornecer bens materiais que podem ter valor simbólico, monetário ou ambos.

Quando entraram em meu consultório, Sam não imaginava por que Mario estava tão irritado. Ele admitiu estar sentido porque os fizera chegar muito tarde para uma reunião familiar há alguns meses. Os dois discutiram sobre como ele era pouco confiável com relação a horários. Quando Sam falou "sinto muito", no entanto, Mario continuou irritado, sem alteração. Com o passar do tempo, Mario deixou seu jeito calmo e tranquilo e ficou cada vez mais irritadiço. Suas discussões habitualmente amáveis tornaram-se mais ríspidas e afetadas.

Voltei-me para Sam e o orientei a dar o Passo Um e perguntar a Mario o que lhe havia ocorrido naquele dia, até então.

A resposta de Mario veio em tom rude e postura rígida. "Você sabe que eu estava animado para o aniversário da tia June. Estava escrevendo aquele discurso há semanas. Você se lembra, certo?"

Sam assentiu. "É claro."

"Você me ajudou uma noite quando eu o estava preparando. Você me lembrou daquela história da Deb na montanha-russa, lembra?" Mario virou-se para mim. "Mas não chegamos um pouco mais tarde na festa. Estávamos tão atrasados que, quando entramos, o 'parabéns pra você' já tinha terminado e todo mundo já estava na sobremesa. Fiquei muito desapontado e irritado com Sam."

"Eu entendo isso, mas por que você não pode deixar para lá? Foi meses atrás! E eu pedi desculpas naquela noite", disse Sam.

"Eu sei. Mas ainda estou furioso. E ainda estou irritado. Na verdade, me sinto pior sobre o negócio todo. Continuo pensando em como decepcionei a tia June." Ele me deu algumas informações adicionais: "Ela sempre foi muito boa para mim. Foi ela que ficou do meu lado quando meus pais não conseguiram lidar com a minha saída do armário. Nunca fui capaz de retribuir, e foi por isso que queria dar essa festa de 70 anos para ela. Seus filhos, meus primos, contribuíram, mas a ideia foi minha."

Passo Três: Dívidas, Promissórias...

"Tinha esquecido isso." Sam parecia agoniado.

"Na verdade, eu prometi a ela…" Mario parou um instante para engolir em seco e se recompor. "Eu disse a ela que seria o anfitrião da noite. Disse que meu brinde a faria rir para que ela não tivesse que se sentir inibida."

Sam se inclinou na direção do marido e suavemente afagou seu ombro. Como Mario havia evitado, em grande parte, colocar a culpa em alguém, Sam poderia evitar uma postura defensiva e sentir uma empatia natural. Ele expressou arrependimento da forma mais cuidadosa e completa (Passo Dois) do que havia feito antes: **"Realmente sinto muito que estraguei uma noite tão importante para você. Queria não ter perdido a noção do tempo e ter nos atrasado tanto."**

Mario concordou com a cabeça e disse "obrigado", mas seu sorriso era triste. Sua raiva havia se esvaziado, mas era claro que algo ainda o incomodava.

Após um minuto, eu falei: "É um começo de pedido de desculpas muito melhor, Sam. Mario, isso ajuda?"

Ele concordou novamente, mas não parecia mais feliz. Sem a ira que sentia por Sam, parecia sentir apenas decepção e arrependimento.

Ficamos em silêncio por um tempo.

"O que faria você se sentir melhor com isso todo?" perguntei.

"Não sei se há alguma coisa. O momento já passou."

Sob o risco de trazer mais ressentimentos à tona, prossegui: "Qual é a pior parte disso tudo para você *agora*, Mario?"

Mario ponderou suas palavras. Nós aguardamos.

"Acho que são duas coisas. A primeira é não ter conseguido dizer a ela o quanto sou agradecido — desta maneira em particular que eu estava tão animado. Não é o fim do mundo, eu sei, e serei capaz de fazer isso de um outro jeito…"

Não o deixei terminar sua fala. "Ok, essa é a primeira. Qual a outra?"

"Estou envergonhado em dizer… que estou um pouco constrangido… Eu sei, eu sei… que todo mundo nos viu chegando mais tarde, incluindo minha tia. Não queria ferir seus sentimentos, mas pareceu desrespeitoso e rude, e

Como se Desculpar

não quero ser visto como esse tipo de pessoa." Ele deu de ombros para Sam. "Eu sei que conversamos sobre isso antes. Queria não me importar com isso, mas me importo."

Sam pensou um instante e disse: **"Veja, sei que isso é importante para você e que não levei em consideração meu desastroso gerenciamento de tempo. Definitivamente, não é sua culpa que isso tenha ocorrido. A culpa é toda minha."**

Outra pausa.

Sam havia começado a assumir a responsabilidade pela dor de Mario. Ele ouviu de forma sincera e expressou remorso genuíno por seus atos. Ele se responsabilizou em palavras. Mas, como Brandi Miller, responsável por uma pastoral universitária e diretora de um programa de justiça, escreveu no *HuffPost*: "Apenas reconhecer o que foi feito de errado não é corrigir o erro." Ela estava se referindo às pessoas brancas que parecem pedir desculpas depois de magoarem pessoas negras, "mas nada fazem para corrigir o dano causado",[1] porém, na minha opinião, essa ideia se aplica em qualquer outro lugar.

A expressão "Palavras o vento leva" é importante aqui. Um pedido de desculpas tem que ser sustentado por algo de valor e, se possível, algo que corrija o mal realizado. Doug Conant, ex-CEO da Campbell Soup, disse certa vez: "Você não pode usar as palavras para se livrar de algo que seu comportamento causou. Você tem que usar seu comportamento para sair da situação."[2] "Sinto muito" não são palavras mágicas que resolvem tudo. Apesar da dificuldade que muito temos em dizer essas palavras, elas simplesmente não bastam. Além disso, tais palavras podem nos distrair do resto do trabalho, real e necessário.

Isso me faz lembrar, novamente, daquela lição essencial com relação às crianças. Quando ensinamos que dizer "me desculpe" é tudo o que há por trás de um pedido de desculpas, perdemos a oportunidade de ensinar sobre reparação. Podemos levantar a questão do que pode ser feito para corrigir a situação. Como podemos consertar o que foi quebrado? Como você pode compensar por aquilo que fez?

Esperei para Sam assumir a tarefa de consertar os problemas que ele criou para Mario.

Depois de um minuto, ele arriscou: **"Posso ligar para a tia June e dizer por que você não estava lá no início? Ela deveria saber que é culpa minha, e não sua."**

Mario concordou, mas não falou, ainda se sentindo vulnerável por ter mexido em sentimentos não resolvidos.

"Por falar nisso, poderíamos mandar um recado para o pessoal da festa…" "Não sei não", interrompeu Mario. "Temos que ter cuidado com alguns primos."

"Eu sei. Posso ser leve e divertido, e dizer a todos: **'Foi ótimo ver todo mundo! Meu único arrependimento é que estraguei tudo fazendo a gente chegar tão tarde que não conseguimos passar quase tempo nenhum com vocês.'"** Sua voz assumiu um tom quase formal, meio britânico durante a mensagem, após a qual retornou ao normal: "É claro que não enviaria nada sem sua aprovação. O que você acha?"

O sorriso de Mario surgiu durante a divertida interpretação de Sam. "Seria muito legal de sua parte."

A excelente oferta de Sam para "zerar a conta", de forma que os outros saibam o que ocorreu, é parte frequente dos esforços de restauração. Em muitos contextos, uma narrativa falsa pode gerar dano, mas você pode ajudar a pessoa a restabelecer a credibilidade que você a fez perder. Se alguém foi culpado injustamente (em especial por ofensas mais sérias que o atraso de Mario), divulgar a história verdadeira — por carta, falando diretamente para os envolvidos ou até escrevendo ou falando em um fórum público — pode corrigir uma injustiça. Suas palavras podem exonerar alguém que não merece ser culpado (veja a seção "Acertando as Contas" neste capítulo.)

Embora estivessem melhor agora, estava claro que o problema não havia sido completamente resolvido. "O que mais podemos fazer?" Sam perguntou.

Sua pergunta é boa, porque convida Mario a ajudar a modelar o reparo, mas não deveria ser ele a bolar soluções. Perguntei: "Alguma outra ideia, Sam?"

Como se Desculpar

"Tenho. **E se fizéssemos de novo? E se a gente a levasse para um jantar especial e você pudesse fazer seu brinde?** Talvez pudéssemos reservar um salão privativo, para que você possa ficar em pé e discursar. Ou podemos fazer uma de suas refeições favoritas em casa?"

Mario concordou. "Acho que seria ótimo. Adoraria fazer isso."

A sugestão de Sam mostrou não apenas que estava disposto a acertar as coisas, mas também que estava considerando a vivência específica de Mario. Ao prestar atenção no desejo persistente de Mario de expressar apreço por sua tia, a solução proposta por Sam deixou-o participar da correção do dano.

SEGUNDA CHANCE

Às vezes, um momento de reencontro, uma chance de tentar novamente algo que não foi bem da primeira vez pode parecer tolo e embaraçoso, mas com frequência isso é mais poderoso do que se pode pensar.

Se você perdeu um evento importante ou esqueceu um aniversário, pode ser uma boa ideia planejar um corretivo. Uma mãe escreveu para a coluna "Tell Me About It" do *Washington Post* para falar como ela e suas crianças atuaram após decepcionar o marido no Dia dos Pais. Em um dia posterior, elas montaram um D.A.D. [Dad Appreciation Day, no original, algo como Dia de Agradar o Papai] cheio de atividades que ele realmente gosta e uma faixa feita em casa. "Por causa do esforço e da surpresa, acabou sendo o seu 'Dia dos Pais' favorito."[3]

Uma amiga me contou uma história similar de quando se esqueceu do aniversário do marido. Ela e seus filhos preencheram a semana seguinte com presentes de cada um deles e suas sobremesas favoritas. Depois de anos, ela ainda conta, emocionada, a história de como corrigiu seu erro. Em outro caso, a mãe geralmente ficava decepcionada com seu aniversário, que ocorria logo antes do Natal, quando todos estavam preocupados com o feriado (eu sei como é que é, meu aniversário é no dia 27 de dezembro). Sua família começou a surpreendê-la em seu meio aniversário, no final de junho. Ela adorou. Por fim, essa passou a ser sua comemoração regular de aniversário.

Passo Três: Dívidas, Promissórias...

Todas essas histórias demonstram o extraordinário poder do Passo Três. Não é apenas compensar o erro, mas também aproximar as pessoas e criar novas oportunidades de união.

Para Lisa e Philip, cujo casamento ocorreu em meio a um clima tenso devido à preocupação de Lisa sobre o que haveria acontecido na despedida de solteiro, os eventos frustrantes de anos atrás não poderiam ser desfeitos. O que se perdeu foi o potencial e o prazer de um dia especial, para não dizer o casamento dos dois. Quando Philip percebeu como havia afetado sua esposa, sentiu-se mal por tê-la desapontado e disse: **"Não consigo expressar o quanto sinto por não ter conversado com você no que seria nosso dia perfeito. Poderia ter feito tudo melhor apenas lhe dizendo a verdade. Nada de mais ocorreu. Odeio quanto tempo perdemos e quanto fiz você se sentir mal."** Mas este foi apenas o Passo Dois. Haveria uma forma de compensá-la?

Em uma sessão posterior, eles compartilharam um momento de entendimento particularmente íntimo. Philip se ajoelhou no tapete do escritório. Ele a chamou pelo apelido que não usava há anos.

"LeeLee, você quer se casar comigo? Você me dá outra chance de fazer nosso casamento ser como queremos que seja?"

Ela estava chorando muito para falar, mas tomou sua mão e concordou com a cabeça. Decidiram juntos celebrar novamente o casamento, esperando melhorar suas chances ao tentar um recomeço. Eles planejaram o evento, compraram roupas especiais e convidaram a família e amigos próximos. Até escolheram novas alianças para celebrar seu compromisso renovado. À medida que trabalhavam no planejamento, se encontraram cada vez mais próximos um do outro.

O CONSERTO TEM QUE SER ADEQUADO

Os tipos mais comuns de esforços para refazer alguma coisa são aqueles que se adequam à situação específica que causou o rompimento. O que quer que você ache que compensa um erro ou mágoa deve ser proporcional ao dano. Deve satisfazer diretamente o problema.

Como se Desculpar

Carolyn estava infeliz pois seu marido não a havia ouvido sobre o que importava para ela na escolha de um novo carro. Jim era um "especialista" e tinha opiniões fortes sobre quais modelos e características eram desejáveis. Ele conseguiu um bom negócio e ficou muito satisfeito consigo mesmo quando a presenteou com o que achava ser a melhor opção. Ela apreciou seu esforço e não quis estragar o dia, mas não gostou do carro. Era muito grande, muito "sofisticado" e muito prateado. A princípio, determinou-se a lidar o melhor possível com a situação, porém, ao notar que Jim definiu as estações de rádio conforme preferia, ela ficou irritada. O carro era, claramente, "dele".

Virando-se em minha direção, Carolyn reclamou que Jim não se importava com o que ela achava, não valoriza suas opiniões e nunca prestava atenção no que ela dizia. Em sua defesa, Jim a lembrou de como a casa refletia de várias formas as preferências dela. Pedi que ele a ouvisse novamente. Para ela, recomendei que dissesse como se sentiu especificamente sobre o carro, omitindo declarações absolutas, do tipo "ele nunca presta atenção ao que eu digo". Depois do Passo Um, Jim entendeu que suas escolhas sobre o carro inadvertidamente a fizeram se sentir mal. Ele disse que sentia muito (Passo Dois).

Na semana seguinte, Jim disse: **"Quero que você dirija o carro que quiser. Tenho uma sugestão para a situação. Como escolhi o Lincoln, talvez eu devesse dirigi-lo. Podemos trocar meu carro. Se você quiser, fico feliz em olhar com você os carros que quiser. Não vou dar minha opinião a não ser que você pergunte."**

Carolyn ficou tocada por ele ter ouvido sua insatisfação e estar disposto a mudar sua posição. "Ok, seria ótimo. Obrigada, querido."

Logo após, ela falou: "Você ainda lidaria com as negociações?"

Às vezes, a ação reparadora se ajusta por ser uma substituição ou devolução de um objeto perdido. Se você tomou os pertences de alguém, deve devolvê-los. Se perdeu ou danificou os pertences de alguém, deve substituí-los. Caso isso não seja possível, você deve achar um substituto satisfatório ou um objeto de valor simbólico. Você está obrigado a restaurar a "integralidade" que a pessoa tinha antes de tê-la lesado, ou corrigir um prejuízo causado.

Passo Três: Dívidas, Promissórias...

O ciclista Mike Friedman, por exemplo, entrou em contato com o homem que havia vencido injustamente em uma corrida, 15 anos antes. Disse a Ian Dille que sua trapaça o havia consumido todo esse tempo. Ele olhou nos olhos do outro e disse: **"Você estava certo"** e **"Sinto muito"** (Passo Dois). Além disso, fez dois tipos de restituição. Ele deu um exemplo de como substituir um objeto real, no entanto, simbólico. Anos depois de ter vencido o Sr. Dille trapaceando, o Sr. Friedman deu a camiseta de "Capitão América", que havia recebido como prêmio, para o homem que deveria ter ganho. E mais: demonstrou como acertar as contas literalmente, solicitando aos organizadores para corrigir o resultado oficial de modo a refletir a vitória do Sr. Dille.[4]

Um de meus comportamentos de restituição favoritos foi quando Attiya Khan fez seu ex-namorado assumir a responsabilidade nos termos dela. Depois de ele haver dito que sentia muito tê-la espancado regularmente quando eram adolescentes, ela pediu que ele participasse do projeto de um filme. Ele concordou em aparecer em conversas gravadas sobre o abuso físico que durou todo o período de 2 anos do relacionamento, 20 anos antes. Ao longo de dois anos, eles conversaram, às vezes na presença de um terapeuta ou em lugares onde estiveram juntos no passado. O documentário dela, *A Better Man*, estreou em 2017.[5] O conteúdo do filme, incluindo descrições dos abusos físicos e a omissão de socorro pelos vizinhos, é cativante e doloroso. Para a Srta. Khan, contar a história de maus tratos com a cooperação de seu ex-namorado permitiu que a cura pudesse começar. Seus pesadelos terminaram e seus medos se reduziram.[6] Não é claro se o ex-namorado, chamado de Steve no documentário, se tornou um "homem melhor", mas ele fez a reparação que ela precisava.[7]

Além de fazer com que sua reparação seja adequada ao mal infligido, você também deve ter em mente que a maneira de resolver o problema deve servir à pessoa que você magoou. Pessoas diferentes preferem abordagens diferentes em qualquer tipo de comunicação. Talvez seu parceiro, amigo ou membro da família não goste de presentes caros ou afeição física. Mesmo que essas coisas o façam sentir-se bem por achar que expressam sua intenção de reparação, cabe a você falar a língua que o outro consegue compreender.

Como se Desculpar

Muitas vezes, não é a mesma língua de sua preferência. Há um tipo de ação ou provisão material que transmita seus sentimentos e repare as coisas para essa pessoa em *particular*?[8]

Lembra-se da Margo, que tinha se dado um "tempo" da amiga e reavivado as dolorosas experiências familiares de Annie? Ela achou um reparo criativo que abordou a natureza da mágoa que causou. À medida que as duas voltaram a ter mais prazer na companhia uma da outra, Annie falou mais livremente do que nunca sobre a perda de conexão com sua família. Ela mostrou a Margo uma preciosa fotografia danificada e rendas amareladas de sua avó, que foi uma presença calorosa e amável em sua primeira infância. Margo levantou a ideia de Annie visitar a família natal de sua avó na Itália como uma oportunidade de melhor se conectar com as raízes da família. Consciente dos recursos financeiros limitados de Annie, Margo fez a gentil oferta de pagar pela viagem da amiga. Annie ficou relutante, inicialmente, mas um ano depois elas fizeram planos para viajar juntas como um presente de Margo pelos 50 anos de Annie. O presente fez sentido emocionalmente, porque ajudou a desfazer o mesmo tipo de mágoa que Margo havia causado, a desconexão com pessoas próximas.

ACERTANDO AS CONTAS

Acertar as contas pode vir na forma de aceitar publicamente a culpa ou assumir sua responsabilidade ou comportamento. O plano de Sam de se assegurar que a tia June e a família não culpem Mario pelo atraso é um exemplo em pequena escala desse tipo de restituição, assim como a correção do registro pelo ciclista para apontar o vencedor por direito.

Tornar público um dano causado ou culpa privada pode gerar apoio e reparação adicionais para uma pessoa injuriada. Celebrar alguém cuja história foi perdida também é uma forma de fazer reparações. Mesmo não sendo o responsável pelo mal causado, ou por ocultar a história, você pode fazer este tipo de ação reparadora. Com tal atitude, pode prevenir a continuidade de uma injustiça e ajudar outros a superar um dano. No mundo das mídias sociais, informação falsa ou incorreta pode viralizar rapidamente, o que torna o acerto de contas algo particularmente urgente.

Passo Três: Dívidas, Promissórias...

Declarações públicas de líderes, em nome de governos, podem proporcionar esse tipo de reparação, começando com o reconhecimento de danos no passado. Quando o primeiro-ministro canadense, Justin Trudeau, fez um pedido de desculpas aos cidadãos LGBTQI+ por décadas de maus-tratos, também fez questão de botar "os pingos nos is" nos registros oficiais: leis que impediam o expurgo de registros criminais específicos foram alteradas, permitindo que condenações discriminatórias feitas no passado, em função da orientação sexual, pudessem ser apagadas. Essas e outras iniciativas acompanhadas de sua declaração pública começaram a acertar as contas. A reparação pode começar quando alguém declara seu arrependimento, mas não vai em frente sem uma atitude concreta. O mesmo se dá para pedidos de desculpas pessoais. Como o primeiro-ministro, Trudeau, você pode ser sincero ao falar, porém, se não propiciar mudança real — neste caso as ações para alterar os registros criminais — suas palavras, por mais tocantes, não significam muito.

Recentemente, o presidente francês, Emmanuel Macron, também fez um movimento na direção da reparação rompendo com a política de seu país de evitar o reconhecimento dos danos causados pelo governo. Ele reconheceu, formalmente, o uso sistemático de tortura pelos militares franceses na Guerra da Argélia, entre os anos 1950 e 1960. Adicionalmente, levou adiante ações específicas nesse sentido com relação ao registro histórico. Ele solicitou a abertura de arquivos que contam as histórias de muitas pessoas que desapareceram durante aquele conflito. Seu decreto diz que a liberação geral é **"para que todos — historiadores, famílias e associações — possam consultar os arquivos de todos os desaparecidos na Argélia"**. Permitir que soubessem a verdade sobre o que aconteceu com seus entes queridos é algo poderoso nessas circunstâncias, assim como nas audiências do Comitê da Verdade e Reconciliação. Em muitos casos, a informação nos registros era perturbadora e inquietante, e colocou o governo francês sob uma luz negativa. Mas as ações do Sr. Macron enviaram o sinal de que curar a dor era mais importante do que preservar a imagem.

Para o historiador francês Benjamin Stora, a decisão de Macron representa um distanciamento do "silêncio do pai", a evasão histórica da França com relação a seu passado colonial.[9] A declaração de reconhecimento do presidente (Passo Dois) abordou diretamente mágoas anteriores que evitavam que o país pudesse se regenerar. No entanto, este Passo Três demonstrou ainda mais como

Como se Desculpar

curar o dano adicional de *ter escondido a verdade de todos os danos do passado*. Sua declaração inicial poderia ter sido significativa, mas teria sido menos útil sem este passo na direção da reparação.

Esses líderes encontraram formas significativas de reparar ações danosas feitas por seus governos e concidadãos, além de nos fornecer um modelo para isso. Nós também podemos lidar com nossos pedidos de desculpas vencidos. Também podemos completar nossas declarações de arrependimento com reparações, incluindo, se for indicado, o "acerto de contas". E nós, também, podemos revelar ou esclarecer a verdade.

COLABORAÇÃO

Reparações de surpresa podem ser positivas porque mostram que a outra pessoa está pensando em você e deseja sua felicidade.

Dar flores, por exemplo, um presente típico em um pedido de desculpas, pode ser uma bela oferta de paz que abre as portas para uma desculpa mais completa. No entanto, também faz quem recebeu o presente sentir que deve retribuir o apreço de quem quer se desculpar. O que importa, novamente, é se perguntar: O que realmente compensaria a mágoa ou o erro? Quando for possível for, os esforços de reparação podem ser colaborativos.

Após um erro médico que deixa sequelas, alguns médicos e instituições procuram os pacientes e suas famílias e perguntam o que eles necessitam. Nos EUA, o protocolo CARe (Communication, Apology, and Resolution) [em tradução livre: Comunicação, Desculpas e Resolução] exige que a equipe aborde inicialmente qualquer necessidade imediata do paciente e da família. Eles não esperam até que ocorra uma queixa por erro médico para começar a entender o que as pessoas precisam. Mas as necessidades financeiras de longo prazo dos pacientes também são trabalhadas de forma colaborativa e tão rápido quanto possível. Vimos esse tipo de conversa levar a um resultado mais rápido e satisfatório para a paciente da qual falamos no Capítulo 1, a Srta. Wagner, que sobreviveu ao câncer de mama e finalmente se sentiu ouvida. De maneira oportuna, ela recebeu, a título de compensação, recursos para educação universitária dos filhos.

Sempre que possível, você deve envolver as pessoas afetadas, ou seus representantes, em qualquer plano que contribua para tornar mais eficaz a reparação. Um exemplo particularmente poderoso desse desafio são os esforços recentes de instituições para avaliar e fazer reparações por sua participação em relação a práticas desumanas, como escravidão. Em 2015, por exemplo, o presidente da Universidade de Georgetown, John DeGioia, constituiu um comitê universitário para abordar as raízes de escravidão na instituição. Além de sua dependência histórica de trabalho escravo desde a fundação, Georgetown, em 1838, vendeu 272 pessoas escravizadas e as enviou para a Louisiana. Em 2016, o Dr. DeGioia apoiou várias recomendações do grupo de estudo: um pedido de desculpas formal; a fundação de uma instituição para estudo da escravidão; o estabelecimento de um memorial para as pessoas escravizadas cujo trabalho beneficiou a instituição, e a alteração no nome de dois edifícios para nomes afro-americanos. Uma dessas pessoas, Isaac Hawkins, estava no grupo de trabalhadores escravizados enviados na transação de quase dois séculos atrás. Como parte da reparação pela universidade, o Dr. DeGioia anunciou um incentivo adicional para admissões preferenciais de descendentes de todas as pessoas escravizadas que trabalharam em Georgetown.

Embora essas sejam poderosas primeiras ações de reparação, ocorreram críticas importantes desde seu anúncio. Uma veio de um grupo de descendentes que salientou o fato de não terem sido envolvidos nas deliberações do comitê, e muitos não foram convidados para o anúncio formal. Alguns sugeriram que bolsas também deveriam ser oferecidas aos descendentes. O presidente propôs um novo comitê para criação de um memorial público que inclua os descendentes, bem como o acesso às informações genealógicas nos arquivos da universidade.[10]

Ainda que alguns descendentes apreciem os novos elementos e fiquem satisfeitos em ter informações adicionais sobre a história de suas famílias, outros veem as mudanças como insuficientes. Em janeiro de 2018, a universidade e os líderes jesuítas chamaram os descendentes e propuseram "**uma estrutura para diálogo de longo prazo, parceria e colaboração**".[11] O diálogo pode levar a soluções mais eficazes, mas ele só serve ao propósito de reparo se levar a atitudes concretas em vez de atrasar ainda mais o acerto de contas.

Como se Desculpar

Algumas vozes na comunidade dos descendentes e no meio acadêmico levantaram a ideia de que reparações financeiras são indicadas especificamente. A socióloga Tressie McMillan Cottom elogiou o robusto reconhecimento do Dr. DeGioia (o nosso Passo Dois), mas apontou que uma reparação efetiva deve ser específica com relação ao dano que está sendo considerado. Neste caso, o trabalho não remunerado das pessoas escravizadas. Admissões preferenciais podem trazer oportunidade para alguns alunos melhor preparados, mas ela comparou o fato a uma dívida monetária ser compensada com bilhetes de loteria.[12]

Em abril de 2019, dois terços dos estudantes de Georgetown votaram pelo pagamento de reparações financeiras aos descendentes das 272 pessoas vendidas em 1838. O referendo não vinculativo demandava fundos que seriam gerados a partir de uma taxa aplicável a todos os graduandos.[13] E essa tratativa continua.

Um aspecto desafiador sobre a questão de Georgetown é que a universidade tenta corrigir erros que aconteceram com pessoas que não estão mais conosco. No caso da escravidão, um argumento claro é que os descendentes foram afetados diretamente pelo legado financeiro e social dessa instituição maligna. Tentativas de reparo indiretas podem e devem ser tão colaborativas quanto possível. Os descendentes e outros afetados pelas consequências dos danos históricos devem ter uma chance de participar nas decisões sobre reparação.

Recentemente, Tamara Lanier, descendente de um homem escravizado chamado Renty, processou a Universidade Harvard pela devolução de imagens de daguerreótipo de seu parente. Louis Agassiz, um professor do século XIX, buscou e exibiu fotografias de pessoas escravizadas nuas como parte de seu esforço para estabelecer a inferioridade de grupos de descendência africana. Em resposta à demanda da Srta. Lanier, um grupo de descendentes do Sr. Agassiz fez uma petição a favor da posição dela. Representando o grupo, Marian Moore, acompanhada da Srta. Lanier, entregou uma carta ao presidente da universidade. Parecem haver questões legais complexas e preocupações sobre a proteção de artefatos frágeis de museu, mas a realidade fundamental aqui é que duas tataranetas uniram-se para sanar o dano causado a uma pessoa há gerações.[14]

Se você não sabe como fazer a reparação, o melhor jeito de descobrir é perguntando. Para os homens poderosos afetados pelo movimento #MeToo, a advogada feminista Jill Filipovic sugeriu que, primeiramente, eles focassem como fazer reparos em vez de como retornar ao poder. Se eles não sabem como corrigir seus erros, podem perguntar às mulheres que passaram a vida pensando sobre essas questões. Ela recomenda, adicionalmente, que eles paguem as pessoas que fornecem ajuda especializada.[15]

Lembra-se de Dan Harmon, que fez o eficaz pedido de desculpas no YouTube? Inicialmente, ele não tinha ideia de como encarar o mal que havia feito a Megan Ganz. Só depois de prestar atenção nas orientações dela, ele conseguiu deixar sua defensividade de lado e fazer um bom pedido de desculpas. Entre uma coisa e outra, ele consultou outras colegas mulheres, fazendo perguntas e ouvindo as respostas, e leu um livro sobre desculpas. Foram boas colaborações, especialmente úteis se você não está mais se relacionando com a pessoa que magoou.

Assim como nos esforços de Georgetown, mesmo que você esteja tentando fazer as coisas certas em situações de reparos pessoais, deve falar com a outra pessoa no relacionamento que deseja colocar nos trilhos. Não é uma forma de punição. É uma forma de construir uma nova base de confiança e comunicação à medida que trabalham juntos para reparar o relacionamento. Deixe a ideia e o ato de reparação inspirarem uma colaboração criativa.

FAZER REPARAÇÕES TAMBÉM É BOM PARA VOCÊ

É claro que o objetivo da reparação é ajudar as pessoas que foram feridas. Sua tarefa, como quem está pedindo desculpas, é restaurar seu parceiro, amigo ou colega de trabalho à situação anterior à ocorrência do fato. Muitas vezes você tem uma chance de tornar as coisas melhores que antes. Pode ser trabalhoso, mas, ao se encontrar uma solução que satisfaça, todos ganham. Quando Margo levou sua amiga para a Itália, ficou profundamente feliz por ter encontrado algo que poderia dar a Annie para sanar seu triste isolamento da família. Ela adorou compartilhar a reconexão da família com ela. De

Como se Desculpar

forma similar, Sam sentiu que era um parceiro melhor quando organizou o jantar no qual Mario poderia fazer o discurso elogioso que havia preparado para a tia June.

Em rituais religiosos mencionados no Capítulo 3, a pessoa penitente se sente perdoada, ou em dia com Deus, uma vez que tenha compensado a pessoa prejudicada. Todos nós provavelmente entendemos o senso de justiça humana que nos exige restaurar ou reparar o mal que fizemos. É uma forma básica de fazer com que a restauração também ajude a pessoa que fez o mal. Você se sente melhor consigo mesmo quando restaura o equilíbrio de algo errado que tenha feito.

Nos anos 1990, o psiquiatra Jonathan Shay voltou a introduzir o conceito de "moral injury" ["dano moral", em tradução livre] na literatura psiquiátrica. O termo se justapõe ao transtorno de estresse pós-traumático (TEPT), mas se refere ao resultado mais específico de fazer algo que viola as crenças mais profundas de alguém sobre o que é moralmente certo. Nos casos dos soldados com os quais Shay trabalhou, o problema em geral resulta de um conflito entre valores opostos como, por exemplo, a santidade da vida contra a lealdade ao oficial comandante. Seguir ordens que levam à morte de pessoas é uma causa recorrente de dano moral.[16] Os veteranos afetados sentem culpa e vergonha persistentes, falta de clareza ética e até uma perda do sentido do valor da vida. É um sofrimento terrível que já se mostrou refratário a terapias convencionais.

Em um artigo de 2017 no *New York Times* sobre veteranos com esse problema, Aaron Pratt Shepherd fez referência às palavras do filósofo Josiah Royce sobre o que é necessário para "tratar" as consequências de atos tragicamente irrevogáveis. Ao contrário do que se pensa, a solução para esse tipo de aflição não é encontrada com o perdão ou apoio de outra pessoa. O Dr. Shepherd recomenda o que ele chama de expiação, tentar consertar algo que você quebrou ou reunir algo que foi rompido. Em primeiro lugar, o veterano tem que identificar o valor pessoal ou moral que foi sacrificado no calor da batalha. Em seguida, deve começar a procurar atos criativos que possam resgatar ou restituir o valor violado.[17] Alguns veteranos que eram atormentados por ações suas que destruíram locais de vida civil, por exemplo, se devotaram ao trabalho com o Team Rubicon, uma organização de veteranos que ajuda comunidades em dificuldade a superar desastres e injustiças.[18] Os esforços para compensação podem incluir atos políticos para reduzir a presença de soldados

Passo Três: Dívidas, Promissórias...

em zonas de guerra civis ou o foco renovado nos bons cuidados com os filhos ou segurança das vizinhanças. O trabalho tem valor terapêutico não apenas por restaurar a integralidade de quem recebe a ajuda, mas porque também restaura a integralidade do veterano.

INJUSTIÇAS HISTÓRICAS: NÃO FOI CULPA SUA, MAS É SUA RESPONSABILIDADE

Em escalas mais amplas, nas quais as ações individuais raramente estão ligadas a resultados negativos de maior envergadura, uma distinção crucial deve ser feita entre aceitar a culpa por ações danosas e assumir responsabilidade por lidar com o dano e seus efeitos. Como o colunista conservador David Brooks escreveu recentemente: "Às vezes o custo de reparar o pecado tem que ser arcado gerações após ele ter sido cometido."[19]

Os "custos de reparação" são exatamente o que significa restituição ou reparação. Esses custos podem ser compensação pela perda ou dano às vítimas, restauração a uma situação financeira prévia ou correção de injustiças. Nos Estados Unidos, a questão de reparação por dois de nossos "pecados originais" — a aniquilação quase completa dos nativos norte-americanos e a escravidão de africanos — permanece controversa. Muitos compartilham a visão que achei no Facebook: "Eu me recuso a pedir desculpas por algo que aconteceu 150 anos atrás." Sou capaz de entender esse ponto de vista, se eu aceitar a premissa de que um pedido de desculpas é o equivalente a aceitar a culpa pessoalmente. É claro que *eu* não tomei a terra dos nativos norte-americanos ou sequestrei pessoas na África Ocidental. *Eu* não separei bairros ou participei das cruéis leis de segregação. *Eu* não forcei a marcha de migração de pessoas para longe de suas terras, enviando-os para escolas que lhes furtaram a cultura e a língua, nem elogio quem o tenha feito. Eu abomino os efeitos do encarceramento em massa. Então, você pode se perguntar: Por que *eu* devo pedir desculpas?

Eis o porquê: meu pai, branco, foi para a universidade e conseguiu comprar sua primeira casa por meio de seu serviço na Segunda Guerra Mundial. Muitos membros leais das forças armadas tiveram essa oportunidade negada por causa da cor da pele. A riqueza dos brancos norte-americanos, na média,

Como se Desculpar

se multiplicou ao longo do tempo, sem falar na infinidade de benefícios que eu obtive apenas por minha aparência. Fui pobre, mas minhas oportunidades e as de meus filhos seriam completamente diferentes se eu fosse uma pessoa negra ou de outra raça. Eu me beneficiei pessoalmente dessas realidades históricas.

Em minha opinião, obter benefício pessoal a partir de injustiça é uma razão tão convincente para assumir responsabilidade quanto ser pessoalmente culpado. Embora não tenha criado o sistema poderoso que definia, e ainda define, que certas pessoas têm mais valor que outras, uma forma de contribuir para retificar o passado é assumir minha parcela de responsabilidade por mudar o presente e, se possível, o futuro. De forma geral, parece que o maior pedido de desculpas pendente hoje em dia é dos norte-americanos brancos aos demais conterrâneos. Em seu filme *Traces of the Trade*, a cineasta Katrina Browne relata o envolvimento de sua família branca, do norte dos Estados Unidos, com o tráfico de escravos. Em dado momento, ela declara que aprender sobre a injustiça faz com que uma pessoa naturalmente queira acertar as coisas, mas não é a culpa que impulsiona essa necessidade: é o sofrimento.[20]

Quando as pessoas discutem alterar o legado das injustiças, a questão de como reparações podem ser feitas nessa escala tão ampla, vem à tona. Em seu destacado ensaio de 2014 na *Atlantic*, "The Case for Reparations", o escritor Ta-Nehisi Coates argumenta que séculos de escravidão, seguidos por quase outros dois de leis e políticas discriminatórias, levaram a ações diretas dos Estados Unidos com o objetivo de acertar as coisas. Ele defende que a restituição financeira para os descendentes de afro-americanos escravizados é possível.[21]

Em 2019, quase cinco anos depois de questionar a validade dos comentários do Sr. Coates, o colunista do *New York Times* David Brooks publicou outra perspectiva sobre o tema. Depois de "viajar ao redor do mundo… estudando as separações norte-americanas", ele concluiu que as "reparações são uma política drástica, difícil de se fazer, mas tão somente o ato de conversar sobre o assunto e projetar essas políticas cura a ferida e abre espaço para uma nova história".[22] A ideia também voltou ao Congresso em 2019 na forma de uma lei que propunha uma comissão para estudar reparações por escravidão nos Estados Unidos. O plano era similar ao que foi apresentado em 1989, trinta anos antes. A ideia voltou e parece estar ganhando apoiadores.

Passo Três: Dívidas, Promissórias...

Um dos desafios quando falamos de reparações é como organizar e gerenciar algo que afeta tantos norte-americanos. Vários acadêmicos abordaram essa questão. Em 2019, Patricia Cohem, correspondente de economia doméstica para o *New York Times*, apresentou uma pesquisa de conceitos de reparação, incluindo quem deveria receber, qual valor deveria ser pago e qual seria o impacto dessa restituição. Ela começou com a promessa do general William T. Sherman, que prometeu a todos os negros norte-americanos libertos "40 acres e uma mula".[23] O presidente Abraham Lincoln e o Congresso aprovaram o acordo e 40 mil homens libertos começaram a plantar e construir. Logo após a morte de Lincoln, o presidente Andrew Johnson rescindiu a oferta e tomou as terras. O Congresso tentou, de novo, prover uma compensação, vetada pelo Sr. Johnson. Alguns estudiosos tentaram avaliar o valor atual desses 40 acres. Se você achar esse modelo, ou qualquer outro, razoável, pode contribuir para a ampla conversação sobre como os EUA podem fazer reparações.

Além de políticas nacionais, o que pode ser feito para reparar algo tão grande quanto a escravidão? Recentemente, Michael Eric Dyson, professor e ministro da Igreja Batista, escreveu um livro chamado *Tears We Cannot Stop*, [Lágrimas que não Podemos Conter, em tradução livre], como um serviço religioso. Ele apresenta uma lista de possíveis maneiras para norte-americanos brancos contribuírem para acertar os erros do passado racial. Entre outros métodos, recomenda começar com uma conta de reparação individual, com depósitos regulares, que seja usada, por exemplo, para pagar livros didáticos universitários ou compensações maiores para trabalhadores contratados.[24] Em meu entendimento, a ideia é que você não precisa esperar uma mudança grande e institucional antes de participar nos esforços de reparação. Como pessoa branca tentando nivelar a injustiça histórica causada por um privilégio singular, você poderia contribuir para aumentar o bem-estar dos outros.

Um pedido de desculpas restaura o equilíbrio a um relacionamento abalado. Um Passo Três que seja empático, colaborativo ou ambos ajuda os relacionamentos a ampliarem a confiança e cordialidade.

Ações reparadoras apelam ao nosso senso natural de justiça e igualdade. E um bom pedido de desculpas também deve ajudar a pessoa que pede a desculpa a restaurar o equilíbrio em si mesma. Em resposta à "boa culpa",

Como se Desculpar

uma pessoa normal, ou seja, uma pessoa ética, que assume a responsabilidade pela mágoa que causou e executa ações restauradoras adequadas, sente menos pesar. Como os soldados submetidos ao dano moral, as pessoas que pedem desculpas sentem-se melhor acerca de si mesmas e têm maior clareza do que realmente importa para elas.

Você pode se sentir constrangido nesse passo do pedido de desculpas. O Passo Dois, fazer sua declaração de arrependimento, é difícil, mas pelo menos é um território familiar. Talvez nunca tenha pensado sobre tomar este tipo de ação reparadora como parte do acerto de contas. Porém, muitas ações adequadas nesse sentido tornam-se evidentes e, em geral, envolvem substituir ou refazer alguma coisa, ou pagar algo devido. Além disso, você não tem que pensar na reparação por conta própria. Idealmente, seu Passo Três vem da conversa entre você e a pessoa com quem está tentando se acertar.

ROTEIROS PRÁTICOS PARA O PASSO TRÊS

- "Quero ajudar a curar sua dor. Tenho umas ideias sobre como fazer isso. Podemos conversar sobre elas?"
- "Há algo que eu possa fazer para compensar o quanto meu erro feriu você?"
- "O que o ajudaria a poder confiar em mim novamente?"
- "Você poderia, por favor, me dizer se há algo que eu possa fazer para corrigir isso?"
- "Quero me assegurar que todos os afetados pelo ocorrido saibam que eu sou o responsável. Podemos conversar sobre como eu poderia fazer isso?"

CAPÍTULO 7

Passo Quatro: Nunca Mais!

Como alguém pode saber que uma mágoa específica que você tenha causado não acontecerá novamente só porque você se desculpou e fez uma compensação? A "parte ferida" em geral fica atenta para a repetição. As pessoas realmente conseguem seguir adiante se as mesmas coisas puderem acontecer novamente? Algo foi realmente reparado se as condições que geraram a mágoa ainda existem? O Passo Quatro em geral é o mais desprezado por quem pede desculpas, até por quem tem boas habilidades no reparo de relacionamentos. Mas é aqui que mora o resultado crucial.

Além dos vieses cognitivos que falamos ao longo deste livro está a tendência irresistível para continuar pensando a agindo da mesma forma. Não apenas os hábitos individuais como também os padrões interpessoais possuem certa inércia. Como a sabedoria popular diz, se você quer prever o comportamento futuro, olhe o comportamento passado.

O que também tenho visto, no entanto, é que as pessoas, e os relacionamentos, podem mudar.

Como se Desculpar

Depois de muitos anos vividos, Simon teve um despertar espiritual que o levou a reexaminar muitos aspectos de sua vida. O maior se referia a seu relacionamento com sua filha mais nova, Suzanne, uma jovem adulta agora. Durante seu autoexame, ele percebeu que tinha esperado muito companheirismo da parte dela durante o início de sua fase adulta. Ele temia que sua necessidade de que ela ocupasse o papel de uma parceira (não sexual), incluindo várias viagens e saídas à noite compartilhadas, poderia tê-la mantido muito ocupada com ele e, assim, interferido no desenvolvimento de uma vida social normal. Desde os últimos anos da escola, ela era seu par em viagens de barco ou concertos, e ele adorava sua companhia. Mas ele vinha pensando em seus próprios interesses imediatos em vez do que seria melhor para o desenvolvimento dela. Agora, estava preocupado em ser sua culpa o fato de a filha ter pouco interesse em relacionamentos românticos.

Cuidadosamente, ele sentou-se com ela e transmitiu sua "descoberta". Neste caso, ele sabia mais sobre o dano que causou do que ela, ao menos conscientemente. Ele disse como lamentava seu egoísmo e cegueira com relação ao que estava fazendo.

Suzanne me disse que a confissão de seu pai a fez sentir-se extremamente desconfortável. Ela sabia que seu relacionamento era diferente e suas amigas algumas vezes a provocavam sobre os "encontros" com seu pai, mas ela nunca pensou no relacionamento da forma que ele descreveu. Levou um tempo para se acostumar à nova situação, e mais tempo para que ela pudesse compreendê-la. Entretanto, foi impressionante o quão rápido o pedido de desculpas pareceu mudar a experiência de mundo dela. Já na semana seguinte ela começou a perceber que homens de sua idade estavam prestando atenção nela. Ela ponderou se eles sempre a olharam com interesse e nunca percebeu, ou se estava emitindo algum tipo de sinal que estava atraindo a atenção.

A declaração de remorso de seu pai provocou tremendo efeito em Suzanne. Mais que tudo, entretanto, ela viu que a maior diferença ao longo do tempo foi que ele seguia firme em suas intenções. As mudanças foram feitas e se mantiveram mesmo quando ela tentava voltar ao padrão antigo. Antes de tudo, ele fez esforços concentrados para se conectar de forma mais regular com sua esposa. Em vez de encher sua agenda de atividades com Suzanne, tentou fazer planos de atividades que sua parceira real apreciaria. E agendou visitas regulares com seu terapeuta para "se manter na linha". Embora eles

Passo Quatro: Nunca Mais!

ainda se vissem e continuassem a se comunicar de forma espirituosa e calorosa por meio de conversas e e-mails, ele nunca mais levou a filha para eventos noturnos a dois. Mesmo quando se sentia tentado a convidá-la para viagens ou quando ela estava "entre namorados", ele se oferecia, em vez disso, para pagar viagens com os amigos para ela. Ele trabalhou de forma ativa para impedir que o padrão se desenvolvesse novamente. E disse para Suzanne que levá-la ao altar, muitos anos depois, foi um dos dias mais felizes de sua vida.

MUDANDO O SISTEMA

O Passo Quatro consiste em criar um conjunto de parâmetros que nos protegerá da recorrência do dano, mas em muitos casos também visa mudar uma situação para que outras pessoas não se magoem no futuro. Uma história esclarecedora sobre responsabilização, que levou à prevenção de danos futuros, começou com um terrível acidente. Em 1998, Brenda Tracy foi estuprada e abusada por quatro jogadores de futebol universitário em um pesadelo que durou horas. Depois que ela relatou os crimes, o técnico do time de futebol da Universidade do Estado do Oregon, Mike Riley, suspendeu seus jogadores por um jogo, dizendo que eram "bons rapazes que fizeram uma escolha ruim".

Em face da reação extremamente negativa da comunidade, ela se absteve de prestar queixa criminal. Por fim, tornou-se uma defensora de vítimas de estupro. Dezesseis anos depois dos ataques, ela finalmente contou sua história para um repórter. Por todo esse tempo, foi assombrada pela banalização do ato feita pelo técnico. E disse que o odiava mais do que aos estupradores.

Após o assunto vir a público, o Sr. Riley expressou arrependimento por não haver tomado ações mais enfáticas. Ele havia se transferido para a Universidade de Nebraska e, a convite dele, a Srta. Tracy foi encontrá-lo. Conversaram por duas horas, e durante esse tempo ela disse tudo que precisava ser dito e lhe fez todas as perguntas que precisava fazer. De acordo com ela, todas as perguntas foram respondidas e ele se desculpou por não ter se aprofundado na investigação e pelo impacto que aquilo teria na vida dela. E, o mais importante para ela, a Srta. Tracy acreditava que o Sr. Riley tinha entendido o quanto a decisão a havia magoado, e que ele nunca faria algo semelhante novamente.

Como se Desculpar

Aquele encontro representou a mudança de um homem, alguém que aprendeu a não repetir o dano que causara. Mas o Sr. Riley também convidou a Srta. Tracy para ter com seu time uma "conversa verdadeira... de uma pessoa realmente falando sobre como as coisas podem mudar para todos em um momento como aquele". Ela aceitou o convite, e disse aos jogadores como havia odiado seu técnico e, também, salientou que ele não tinha necessidade de trazê-la para um momento como aquele. E afirmou: "Isto, sim, é responsabilização." Ela tinha esperança de que os jogadores pudessem ser "um bom exemplo em tempos muitos sinistros para o futebol universitário".[1] Ela e o técnico Riley, juntos, contribuíram para lidar melhor com a cultura de privilégio na qual os atletas vivem, e podem ter impedido futuros ataques. Desde a conversa com a equipe de Nebraska, a Srta. Tracy falou com diversas equipes universitárias a convite de seus técnicos.

Ela diz aos jovens rapazes: **"Não estou aqui porque acho que vocês são o problema, estou aqui porque acho que são a solução."**[2] Seu corajoso testemunho faz a diferença aqui, é claro, e não o comportamento do Sr. Riley, mas as desculpas dele deram início a este processo.

O Passo Quatro fala de soluções. Em geral, não se trata só de buscar maneiras de evitar que aquele dano específico ocorra novamente, mas, como a Srta. Tracy demonstrou, também de encontrar soluções para problemas maiores que levaram à ocorrência do dano original. É exatamente por isso que sua responsabilidade em prevenir danos futuros pode ser relevante, tenha ou não causado o dano. Como os rapazes que a Srta. Tracy encontra, você tem o potencial de achar formas melhores de viver enquanto uma pessoa que participa de uma comunidade.

* * *

Uma organização impressionante com um nome comprido, a Massachusetts Alliance for Communication and Resolution following Medical Injury (MACRMI) [em tradução livre: Aliança para Comunicação e Resolução em Resposta a Erros Médicos de Massachusetts] oferece treinamento e amplo suporte para instituições médicas que querem se tornar mais responsáveis. A prevenção de danos futuros começa logo e se mantém crucial nas respostas dos hospitais a pacientes e famílias. São necessárias avaliações detalhadas do que deu errado para que se possa alterar procedimentos ou políticas que

Passo Quatro: Nunca Mais!

garantirão que os erros não ocorram novamente. Tais avaliações mostram-se, de fato, muito importantes para as pessoas lesadas que querem que seu sofrimento contribua para algum resultado positivo.

Em um treinamento recente do MACRMI sobre como conversar com a família de um paciente vítima de erro médico, o Sr. Boothman, do programa de Michigan que mencionamos, disse: "Sabemos que a pessoa mais importante para eles é sua mãe, mas **agora a pessoa mais importante para nós é o próximo paciente, o que ainda não lesamos.**"[3] Embora esta abordagem possa ter se tornado familiar para você neste livro, é na verdade uma mudança revolucionária na perspectiva da medicina.

A partir de 2008, o Beth Israel Deaconess Medical Center, um hospital escola da Harvard Medical School, no qual completei minha formação clínica muitos anos atrás, começou a estudar os tipos de erros médicos que realmente acontecem. Com o CEO Paul Levy, os erros médicos tornaram-se completamente transparentes, incluindo sua publicação em termos sinceros no site do hospital.[4] Esse enfrentamento radical dos erros médicos foi a estratégia do hospital para tornar os erros um assunto aberto, a partir do qual todos possam aprender. Depois de um erro médico, um pedido de desculpas pessoal deve ser feito pela equipe médica envolvida, mas essa avaliação aberta e mais ampla é principalmente em prol dos futuros pacientes.

A maioria de nós não dirige instituições ou tem nossas infelizes mágoas exibidas para domínio público, como Brenda Tracy, mas somos partes de vários pequenos grupos e famílias. A sabedoria popular diz que não podemos mudar ninguém além de nós, mas também é verdade que mudar nosso comportamento, mesmo que seja apenas um pouco, pode alterar o padrão para outros o suficiente para proteger uma pessoa ferida ou impedir futuros danos. Quase sempre, quando tornamos as coisas mais justas para um membro do grupo, todos nos beneficiamos.

Monique se importou que a família tenha contribuído para a mágoa do seu marido Desmond. Assim, conversou com seus filhos diretamente sobre respeito e consideração. Além de manter os compromissos pessoais com ele, começou a prestar mais atenção em sua comunicação com o resto da família. Não foi nenhuma surpresa descobrir que eles não haviam considerado os efeitos de seu comportamento.

Como se Desculpar

Durante uma discussão sobre inclusão, sua filha de 9 anos de idade mencionou Nico Minhoca, um personagem dos livros infantis de Richard Scarry. Apesar de ser considerado "inferior" [o nome original da personagem é "Lowly Worm"] e de ser realmente uma minhoca, ele é feliz. Seu tamanho traz desvantagens, mas sua atitude é animada, como se vê em sua gravata borboleta e seu tênis, o que o torna alegre e simpático em vez de lamentável. As outras crianças o acharam muito "fofo" porque associaram o personagem com o prazer da primeira infância. Eles lembraram em voz alta de algumas de suas simples e tolas aventuras. Por algumas semanas, "Nico Minhoca" se tornou o termo carinhoso da família para alguém que estivesse se sentindo diminuído.

Um ano depois, quando Desmond enfrentava um período difícil no trabalho, começou a se sentir deprimido. Certa noite, disse à família que se sentia como o "Nico Minhoca". Na manhã seguinte, ele ficou tocado quando encontrou uma amigável nota para "NM" acompanhada de um desenho da minhoca usando o moletom característico de Desmond. O carinho natural das crianças com o personagem as tornou mais receptivas do que costumavam ser. Depois disso, "NM" se tornou um apelido compartilhado, empregado por toda a família quando precisavam de apoio.

Durante a terapia comigo, Monique e Desmond, juntos, combinaram um gesto de mão para que ele sinalizasse que estava se sentindo "de fora" e queria conversar com ela sem a presença das crianças. O puxão de orelha conduziu a um momento mais leve, no qual eles esperavam poder neutralizar futuras tensões. Mas ele não precisou usar esse artifício. Devido aos bons pedidos de desculpas de Monique, a relação deles ficou melhor. Desmond encontrou sua própria voz na família à medida que ficou mais confortável e conectado com as crianças. Tanto a "NM" quanto o potencial puxão de orelha são exemplos de novos padrões para contornar ou mudar padrões que não deram tão certo para um ou mais membros do grupo.

DANO REPETIDO

Se você feriu alguém no passado e se arrependeu, provavelmente prometeu nunca fazê-lo de novo. Mas, se o dano ocorrer novamente, o Passo Quatro é especialmente importante. Talvez um erro adicional não destrua todo o processo, mas não deve deixar de receber séria atenção. É perturbador nos encontrarmos na mesma confusão inicial. É preciso esforço para mudar nossos hábitos teimosos. Eu sei que lutei para mudar os meus.

Por vezes o "ofensor" afirma (e acredita) assertivamente que ações danosas repetitivas são aleatórias, ou seja, não são causadas por certas intenções ou sentimentos. Entretanto, se as ações problemáticas se tornam um padrão, uma conversa maior deve ocorrer. É sua obrigação para com a pessoa ofendida encontrar um jeito melhor de lidar com o problema. Não importa como você considere, se não consegue fazer o que se comprometeu pela décima vez, as coisas mudam. E seu décimo "sinto muito" não será acompanhado por mudança.

Se o dano for associado a algum comportamento compulsivo (como apostas, abuso de substâncias ou pornografia), a pessoa que pede desculpas geralmente precisa de um tratamento de saúde mental. Para algumas pessoas, no entanto, comprometer-se com um programa de 12 passos pode trazer mudanças em comportamentos aditivos tanto quanto ou até melhor que a psicoterapia.

É preciso frisar que estar "em terapia", ou seja, em tratamento com um terapeuta, não necessariamente constitui uma mudança real que será duradoura, e não completa os requisitos do Passo Quatro. Mesmo quando as pessoas estão motivadas a mudar seu comportamento em um ambiente de terapia, as boas intenções não bastam. Para resultados de longo prazo ou hábitos arraigados, a maioria de nós precisa de alguma espécie de suporte estruturado, ou mudança de sistema, para manter um novo padrão de comportamento.

Quando Mariah se casou com James, ele e suas crianças viviam em uma cidade longe do trabalho dela, o que a levou a agregar algumas horas ao trajeto do trabalho para casa. Planejadora por natureza, ela se preocupou com os jovens filhos dele, os quais não possuíam um fundo universitário. James e os meninos tinham uma abordagem muito mais relaxada com relação ao futuro, e ela achava que era sua responsabilidade trabalhar mais e poupar dinheiro. Você poderia dizer que não era responsabilidade dela, mas esses

Como se Desculpar

foram os valores com os quais foi criada, e para ela parecia que estava em melhor situação para responder à necessidade de sua família atual. Em meus anos de terapeuta de casal, já observei muitas pessoas que se "sobrecarregam" nas parcerias dessa forma.

Em meio a essa situação, ela ficou cronicamente cansada em razão de sua rotina pesada. Periodicamente, ela contava a James como se sentia exausta e sobrecarregada. Sua resposta sempre era se sentir mal pela situação, falando que sentia muito e que ela merecia algo melhor. Mas nada mudava. Por fim, ela desenvolveu uma série de infecções virais que não conseguiu debelar. Quando o primeiro dos filhos entrou na universidade, ela continuou na rotina extenuante de trabalho e de trajeto. Ela sentia que não poderia parar enquanto eles não terminassem a escola. Para ela, a única pessoa que cuidava de todos era ela mesma. O que a fazia se sentir pior era que James não parecia estar cuidando dos interesses dela. Após anos sobrecarregada, ela por fim desmoronou. Ficou muito deprimida e, uma vez que começava a chorar, não conseguia parar. A resposta dele foi se sentir extremamente culpado. Ele tinha vergonha de ter permitido que ela adoecesse por trabalhar e assumir tantas responsabilidades: "Tenho medo de jamais conseguir ser o marido que você merece."

No casamento, Mariah e James tinham meio que dividido o ambiente emocional: ela tinha uma espécie de autoridade moral, e ele atuava no papel de alguém mais fraco, menos capaz de prover para qualquer um que não ele mesmo. Na verdade, contudo, James era uma pessoa altamente capaz e um pai carinhoso. Mas, como em muitas famílias "misturadas", os dois não tiveram a oportunidade de estabelecer uma relação equilibrada entre si. (Podemos dispensar o termo "misturado" e, talvez, chamá-los de família de retalhos ou quebra-cabeça? A mistura raramente é o que acontece, mas isso é assunto para um outro livro.)

As desculpas repetidas de James não adiantavam porque consistiam apenas do Passo Dois, expressar arrependimento e vergonha. Eles não foram capazes de se comunicar mais integralmente porque os sentimentos de frustração dele apareciam e ela geralmente deixava para lá. Então, apesar de ele se importar, nunca discutiram mudanças reais que poderiam melhorar as coisas. Primeiro, ambos precisavam aprender como ouvir um ao outro sem sair do tema da conversa devido a suas emoções. Em particular, James buscou o apoio de um guia espiritual para acalmar sua reatividade e manter a calma. Usando novas

Passo Quatro: Nunca Mais!

ferramentas, ele foi capaz de conduzir por completo o Passo Um, ouvir sem mudar o foco para si mesmo. Com espaço para mostrar sua vulnerabilidade, Mariah disse, sem as recriminações que se tornaram habituais, como se sentia: "solitária" e "com medo de terminar sozinha, exausta e sem dinheiro". Respondendo à vulnerabilidade dela, ele se sentiu inspirado a fazer um pedido de desculpas mais responsável. Ele podia ver mais claramente que sua mulher necessitava uma parceria mais próxima e podia entender melhor seu papel na dor dela.

Em uma visão simplificada da mudança pela qual passaram, James começou a sair do papel de fraco e Mariah começou a deixar o papel de herói em voo solo para lá. Ambos aprenderam que ele gostava quando ela pedia ajuda. Era difícil para ela fazê-lo, mas ela se descobriu apreciando a assistência dele com coisas grandes e pequenas. Mariah lhe disse o quanto gostava. Os ciclos positivos começaram a ganhar força.

A relação só mudou quando ele assumiu mais responsabilidade por melhorar de vez a situação dela e proteger seu bem-estar. Ele teve que praticar ajudar mais, e ela, de forma igualmente importante, a deixá-lo ajudar. Talvez essas mudanças pareçam simples, mas levou muito tempo e esforço. James jurou não deixá-la contribuir tanto financeiramente para a família. Ele assumiu uma outra ocupação profissional e, assim, a ajudou a considerar opções para reduzir as horas de trabalho. Quando chegou a hora do próximo filho entrar na universidade, ele não aceitou a contribuição dela, demonstrando assim seu compromisso de uma situação diferente para eles.

Ambos colaboraram. James deu passos reais no sentido de melhorar a vida de Mariah, mas também pensou de forma ativa em como poderia se proteger contra o retorno dos velhos padrões. Eles ficaram mais felizes, porque haviam criado um novo canal de comunicação que fortaleceu seu relacionamento.

Como se Desculpar

JUSTIÇA CRIMINAL

Em meio a um esforço para reparar o dano em um relacionamento, você provavelmente fica motivado a preservar os bons sentimentos e conexões que daí resultam. Você pode ter esperança e trabalhar na direção de uma resolução mutuamente satisfatória. No entanto, fazer mudanças que durem pode ser brutalmente desafiador. Qualquer pessoa está inclinada a vacilar, a regredir aos hábitos anteriores, então é preciso apoio e ajuda para manter as mudanças funcionando até se tornarem novos hábitos.

Algumas consequências legais de cometer erros incorporam sistemas para dar suporte a mudanças duradouras. Embora tenham se transformado em acordos complexos e mal conduzidos, a suspensão de pena e liberdade condicionais foram criadas para ajudar as pessoas que cometeram crimes a se manterem dentro da lei.

A justiça restaurativa objetiva fazer com que o ofensor seja diretamente responsável, de forma a ajudar a pessoa a adotar mudanças que durem. O programa de Massachusetts no qual sou voluntária, chamado Communities for Restorative Justice [conhecido pelo acrônimo C4RJ e, em tradução livre, Comunidades pela Justiça Restaurativa], exige que a "parte responsável" participe de exercícios semanais que lidem com o impacto da infração. Ele também ajuda a pessoa a examinar erros de julgamento e desenvolver um "contrato de caráter" com respeito a que tipo de adulto ele ou ela quer ser.

Em um caso do C4RJ local, um rapaz de 16 anos chamado Danny, cedendo a um impulso, entrou na garagem de um vizinho em um sábado, roubou uma moto e saiu por aí dirigindo. Curtis, o vizinho em questão, conhecia Danny e, compreensivelmente, ficou magoado e irritado, assim como sua família. Ao mesmo tempo, além disso, outros vizinhos também ficaram perturbados com haver ocorrido um roubo na rua aparentemente segura. O processo da justiça restaurativa é estruturado de maneira a se centrar nas necessidades da vítima, sem deixar de ter compaixão por *todas* as partes. Todas as pessoas envolvidas, juntas, pactuaram um acordo que exigia que Danny pagasse pela regulagem e polimento da motocicleta, prestasse serviço comunitário no centro juvenil local e escrevesse uma carta com um pedido de desculpas extensivo a todas as pessoas prejudicadas, incluindo descrições detalhadas do que fez e os efeitos de suas ações em outras pessoas.

Para Danny, assim como tantos outros, foi a primeira vez que teve que assumir esse nível de responsabilidade por suas ações. O processo requeria trabalho sério e lhe abriu os olhos. Tal como nos pedidos de desculpas que discutimos, quando o processo da justiça restaurativa é concluído com sucesso, todos se beneficiam. O resultado é uma situação mais pacífica, um cidadão potencialmente melhor e uma comunidade mais conectada. No caso de Danny, depois de um processo de meses e da carta de desculpas, Curtis se sentiu "inteiro".

Quando Danny completou suas obrigações, sua perspectiva se ampliou. A visão de Curtis sobre o jovem infrator melhorou também. Ele gostou tanto dos esforços de Danny que o contratou para trabalhar em sua mercearia. Lá, Danny continuou a ter um contato regular com os vizinhos, que também começaram a vê-lo de forma diferente.

Nos EUA, quando uma pessoa completa o processo de justiça restaurativa, e é sua primeira queixa, ela fica sem registro criminal. Relativamente poucos participantes têm novos problemas com a lei. Nos primeiros nove anos do C4RJ, os participantes tiveram uma taxa de reincidência de 16%, bem abaixo da taxa do estado, que fica entre 43% e 59%, dependendo da estimativa estadual usada. É um exemplo de como o Passo Quatro desenvolve ações que fazem com que a pessoa interrompa seu comportamento ofensor.[5]

Evitar a repetição é especialmente importante no caso de danos sérios, como violência sexual. De fato, as vítimas de crimes ouvidas em 2016 preferiram, em sua grande maioria, que as pessoas sejam responsabilizadas não só por meio de punição, mas também por reabilitação, tratamento de saúde mental e serviços comunitários.[6] Como ouvimos de Michelle Alexander, no Capítulo 3, a maioria das vítimas de crimes violentos preferem práticas restaurativas para quem os feriu, e não prisão. Elas querem mudança, não punição.

Como se Desculpar

A REDENÇÃO É POSSÍVEL?

Na essência, a questão de redenção tem a ver com a capacidade de alguém mudar. Nós acreditamos que é possível? Podemos mudar nossa percepção de alguém após vê-lo de determinada forma? O que é preciso para acharmos que alguém merece uma segunda chance, ou seja, quando permitimos que as pessoas se redimam?

Na mídia, erros cometidos aos olhos do público tendem a ser pintados com tintas extremas, de bom ou de mau, da impiedosa condenação até a exoneração santificada. Claro que alguns comportamentos são completamente inaceitáveis, mas a maioria dos relacionamentos e histórias humanos são mais complicados do que podemos obter de uma rápida reportagem ou comentário. No entanto, somos tentados a achar que sabemos a história toda ou a verdade dos fatos e, assim, podemos julgar com precisão os pontos fracos dos outros. Essa é uma razão pela qual somos fascinados com pedidos de desculpa públicos. Geralmente, eles são inadequados e simplesmente ruins. Em raras ocasiões, se forem convincentes, podem mudar a percepção que temos de uma pessoa, de "ruim" para "boa".

Três anos após ser gravado fazendo um discurso racista, Hulk Hogan retornou ao Hall of Fame da World Wrestling Entertainment (WWE), de onde havia sido removido. A declaração da WWE falava: "Esta segunda chance está sendo dada após os inúmeros pedidos de desculpas públicos de Hogan e seus esforços de voluntariado com pessoas jovens, ajudando-os a aprender com o erro dele." Terry Bollea (o nome real de Hogan) disse ser grato por receber outra chance, a qual vinha rezando para obter. A questão pública que surgiu foi se ele havia feito o suficiente para provar ser um homem mudado.[7]

Um pedido de desculpas público não apenas deve demonstrar contrição de forma convincente. Também deve atender ao requisito do Passo Quatro: prevenir a repetição. Os aspectos mais importantes me parecem ser aqueles mesmos que têm importância entre indivíduos. Arrependimento sincero e empatia certamente mudam sua perspectiva, mas essa mudança vai durar? Estará refletida em hábitos, circunstâncias, percepções e comportamentos?

Para Annie, que foi temporariamente abandonada pela amiga, aceitar o sincero arrependimento de Margo não foi difícil, mas pensar sobre o futuro a deixou desconfortável. Ambas sabiam que Margo poderia querer "fugir" de novo. Margo identificou, comigo, estratégias diferentes para lidar com conflitos no futuro: desenvolver habilidades de gerenciamento de estresse para evitar uma tempestade emocional, ou seja, ficar dominada por sentimentos que parecem impossíveis de se gerenciar, e trazer pequenos problemas mais cedo, quando podem ser administrados de forma mais fácil. De fato, o próximo desafio veio logo: ela e Annie estavam conversando no almoço quando Margo se sentiu magoada e incompreendida. Primeiro, ela saiu do restaurante, mas voltou após alguns minutos e falou diretamente sobre o que a havia incomodado. Ambas ficaram felizes por ela ter lidado com as coisas de maneira diferente. Ela mudou a forma de reagir. Juntas, elas foram totalmente capazes de lidar com o que ferira seus sentimentos.

Além de mudar seu comportamento, Margo queria entender melhor as raízes de suas retiradas defensivas, assim como seus gatilhos. Ela reviu os e-mails para Annie comigo e ficou surpresa em ver como tinha sido "má". Na terapia, descobriu que sua forte reação à vontade de Annie de ficar em contato poderia estar mais relacionada à indiscrição de sua mãe do que às tentativas inocentes de uma amiga de entrar em contato. A percepção de que poderia estar sendo afetada pela "história antiga" ampliou sua perspectiva e despertou ainda mais sua curiosidade. Ela cometerá erros no futuro, assim como todos nós, mas provavelmente não serão os mesmos.

À época das audiências de confirmação para o atual juiz da Suprema Corte, Brett Kavanaugh, as pessoas debatiam a responsabilidade de um adulto por um comportamento anterior e adolescente. Um fato essencial parece ser a presença de evidências de que a pessoa aprendeu, e mudou, desde a ocorrência do dano. Nas audiências, o juiz do Supremo Kavanaugh não mostrou que, enquanto adulto, mudou de atitude ou abordagem com relação a seus tempos de adolescente. Ele também enfatizou sua lealdade e compromisso com os comportamentos que demonstrara anos atrás. Ele foi notadamente combativo nas respostas a questões sobre sua responsabilidade. Em minha coluna do *Cognoscenti* daquela época, imaginei uma realidade alternativa que revelaria maturidade: "Você consegue imaginar como nossa visão seria diferente se o atual juiz do Supremo Tribunal, Kavanaugh, dissesse algo como: 'Não me lembro de fazer nada assim, mas enquanto adolescente, jovem, ficava

Como se Desculpar

intoxicado frequentemente e realmente me comportei mal em certas ocasiões. Espero não tê-lo machucado, mas, se o fiz, sinto profundamente por toda a dor que meu comportamento sofrível possa ter causado a você."[8] Assumir erros passados é um passo importante no processo de assegurar aos outros que você mudou e tem a intenção de melhorar. A defensividade e justificação dos comportamentos passados falam algo completamente oposto.

Quando um padrão comportamental derrotista ou agressivo aparece, pode ser interessante buscar uma forma de iluminação ou consciência pessoal. A razão para muitas pessoas buscarem psicoterapia é aprimorar o autoconhecimento, mas a terapia não é a única forma de fazê-lo. James, cuja esposa estava sobrecarregada de trabalho, conseguiu se beneficiar da conversa com um guia espiritual. Às vezes, as duas pessoas resolvem trabalhar juntas, dentro ou fora de um ambiente de terapia, para mudar um padrão infeliz.

Sarah, que magoou seu namorado Jonny com suas traições online, foi à terapia por conta própria, porque não conseguia entender a razão de ter agido daquela forma. Ela sempre se considerou uma pessoa boa e honrada, logo, era perturbador e difícil encarar suas ações como algo bem diferente disso. À medida que se abria para avaliar suas premissas e hábitos mentais, tornou-se mais consciente de como agia. Ela aprendeu a reconhecer suas motivações e defesas, antes obscuras para ela. Entendendo melhor a si própria, ela percebeu que queria mudar mais que o erro da infidelidade online. Ela acreditava que Jonny merecia o melhor que ela pudesse ser, mas também se comprometeu em ser responsável por si mesma em um nível mais profundo. No tempo que passaram separados, encontrou mais razões para confiar em si própria e prometer para Jonny ser uma parceira com mais autoconhecimento.

Kathryn Schulz, nossa especialista em "erradologia", escreveu que cometer erros não é um problema moral; "é, também, uma *solução* moral, uma oportunidade de repensar o relacionamento que temos conosco, com as outras pessoas e com o mundo".[9] Foi o que Sarah, Margo e muitos outros fizeram a partir desse tipo de problema/solução. O reconhecimento de que você magoou o outro é um terreno fértil capaz de produzir força, bondade e um futuro melhor.

CONSTRUA SISTEMAS QUE APOIAM A MUDANÇA POSITIVA

As respostas do Papa Francisco aos relatos de abuso sexual do clero foram desde sinceras promessas até expressões de pesar e incompreensão. Suas boas intenções claramente não foram suficientes para realizar uma mudança completa no sistema. Em abril de 2018, ele convidou vítimas chilenas de abuso sexual para uma conversa em sua casa para se desculpar por ter manifestado dúvidas sobre suas acusações. Ele pediu sugestões **"para que estes fatos lamentáveis não ocorram nunca mais"**.[10]

Cabe a ele o crédito de permanecer tocando no assunto. Um ano depois, ele emitiu um decreto, "Vós Sois a Luz do Mundo", que delineou seus pensamentos sobre como instituir mudança permanente e duradoura no sistema que causou tanta dor. Para impedir que o abuso sexual e seu acobertamento aconteçam novamente, **"é necessária uma conversão contínua e profunda dos corações, atestada por ações concretas e eficazes que envolvam a todos na Igreja"**.

Soa exatamente como o que estamos falando aqui: a mudança nas pessoas com o apoio de sistemas externos. O Papa Francisco propôs um novo plano que requer o relato dos incidentes de abuso sexual, incluindo os acobertamentos; ordena que as igrejas estabeleçam um sistema de registro de reclamações confidenciais; determina um limite de tempo para iniciar as investigações; e protege aqueles que dão o passo à frente e denunciam ter sofrido qualquer retaliação. Essas regras incorporam ideias sólidas e traçam formas eficazes para reforçar a mudança do sistema.

Ainda assim, muitas vítimas e defensores se preocupam com a falta de dois elementos nesse plano. A primeira questão é que a Igreja estará se autopoliciando, apesar de terem fracassado dolorosamente nesse sentido no passado. Em uma situação em que a confiança de tantas pessoas foi tão abalada, um olhar externo poderia ser mais confiável. Em segundo lugar, nenhuma sanção foi estabelecida para violações das novas regras. Sem consequências tangíveis, é menos provável que essas novas políticas sejam obedecidas.[11] Podemos esperar que o Papa continuará a lidar com esse importante desafio, fortalecendo esse processo com sua aplicação e demonstrando que a igreja será realmente diferente no futuro.

Como se Desculpar

Em relacionamentos pessoais, a repetição de ações danosas torna difícil saber se uma reparação resolverá ou se a mesma decepção acontecerá na sequência. Ninguém quer ser o parceiro que "fez besteira *de novo*". Também ninguém quer, obviamente, ferir ou decepcionar a pessoa que está disposta a tentar novamente com você. A questão para o Passo Quatro, aqui, é: O que me garante que você não cometerá o mesmo erro novamente? Você pode pensar que boas intenções farão com que tudo dê certo e, em alguns casos, elas irão, especialmente para hábitos recentes e pequenos. Mas a maioria das pessoas não muda seus hábitos fácil e permanentemente sem uma estrutura a apoiando. Já vi pessoas maravilhosas, altamente motivadas, insistirem que não precisam fazer qualquer plano para apoiar a mudança. Não quero desencorajar ninguém, mas preciso ser realista: às vezes elas retornam, solitárias e com uma lição aprendida.

Mais frequentemente, no entanto, presenciei duplas de pessoas que criaram alguma forma de plano ou sistema de proteção para apoiar os novos hábitos, ou seja, algumas maneiras de permanecer juntas e caminhar para a frente. Essas estratégias podem incluir buscar mais autoconhecimento, solicitar parceiros de responsabilização, preparar rotinas administrativas ou de agenda, usar tecnologia para manter o foco, estabelecer novas rotinas de comunicação ou criar sistemas de acompanhamento para perceber sinais iniciais de que as coisas estão dando errado. Você pode agendar conversas de avaliação (check-ins) e ajustar o plano se não estiver funcionando. E pode deixar as coisas evoluírem, desde que todo mundo tenha em mente estabelecer um caminho novo e duradouro na direção da confiança.

Certas vezes o hábito que magoa é algo relativamente pequeno que, quando repetido, pode virar uma grande mágoa, como aconteceu com o atraso de Sam e o fato de Mario não ter conseguido fazer o brinde para sua tia. Bem antes da festa de aposentadoria da tia June, a abordagem casual de Sam para os compromissos e seus frequentes atrasos já haviam se tornado um motivo de frustração crônica para Mario. O momento de crise e entendimento do casal fez Sam prometer colocar maior valor nos compromissos de família de seu parceiro. Eles sincronizaram seus calendários eletrônicos para que Sam mantivesse melhor registro da agenda compartilhada. Embora Mario acreditasse que as intenções de seu marido distraído fossem boas e não se sentisse mais irritado, ele duvidava que a sincronia de calendários resolvesse.

Sam reconheceu que tinha um problema ao longo de toda a vida com distração e procrastinação, algo que já havia gerado sérios problemas. "Não estou pronto para receber diagnóstico e medicação para TDAH!"

Mario respondeu imediatamente: "Claro, isso só ocorrerá se e quando você quiser. Mas sei que você odeia que eu resmungue, e não sei de que outra forma posso te lembrar das coisas."

Eu intervim. "Resmungar geralmente tem o efeito *oposto* do desejado." Ambos riram.

"Sam, você precisa de lembretes?", eu perguntei.

Ele assentiu: "Creio que sim. Mas ignoro o Mario quando ele fala as mesmas coisas muitas vezes."

Juntos, desenvolveram um sistema de lembretes limitados e específicos da parte de Mario (um de voz e um de texto), ampliado pelo fato de Sam preparar seus próprios lembretes via alarmes eletrônicos. Essa "solução administrativa" pode não ser perfeita ainda, mas, como um plano compartilhado, pode ser atualizada quando necessário. A parte mais útil dessa resolução é que os parceiros estão juntos, lidando com o mesmo problema, em vez de olhar um para o outro com um abismo de desentendimento e ressentimento separando-os.

Lisa e Philip, cujo conflito e distanciamento, oriundos de seu casamento, duraram mais tempo e tiveram maior seriedade, abordaram sua cerimônia de renovação de casamento com certa trepidação. Eles tinham consciência dos prejuízos que o pedido de desculpas não realizado tinha criado. Mais de uma vez, voltaram às discussões e à visão mais cínica, mutuamente crítica, que tinham um do outro. Instituímos mudanças nos hábitos de comunicação, como retardar a reatividade usando o método tedioso de diálogo que mencionei anteriormente, no Capítulo 4, para que ficassem irritados comigo em vez de um com o outro. À medida que eles melhoraram no reconhecimento dos padrões de discussões sem sentido, começaram a chamar as brigas de "síndrome de pendurar quadros", o que os ajudou a vê-las como um hábito singular que poderiam enfrentar juntos. Quando um deles rotulava a situação como "pendurar quadros", isso lembrava os dois da aliança que fizeram, ou seja, seu desejo compartilhado de ter um bom relacionamento.

Ambos se preocupavam em desviar do caminho novamente. Como um atleta se recuperando de uma contusão, duas pessoas se reconectando após um dano no relacionamento devem usar certas estratégias para prevenir uma nova lesão.

Lisa estava inquieta. "Casar de novo certamente é maravilhoso para nós, mas como posso saber que não vamos ficar pelo meio do caminho de novo? Quero acreditar que você não ignorará meus sentimentos, me deixando sozinha."

Philip já havia reconhecido seu erro por não haver reconhecido a preocupação dela de forma séria e prometeu ser mais receptivo. Por outro lado, estava preocupado com a existência de outro problema que Lisa não estivesse comentando com ele.

Ela concordou. "Não acredito que deixei essa coisa toda ir tão longe e nem percebi o que estava fazendo."

Para prevenir velhos padrões, eles estabeleceram intervalos regulares para verificar, sem pressão, como andavam as coisas um com o outro, primeiramente a cada duas semanas, após nosso trabalho nas quartas-feiras, o dia em que tínhamos nossas sessões. Como eles achavam que poderiam ser mais legítimos por escrito, cada um faria uma carta atenciosa ao outro antes dos encontros.

Outra forma de pensar sobre esses esforços para mudar os hábitos da relação é que eles são uma espécie de "segurança psicológica" como mencionamos anteriormente. No consultório e em meu próprio casamento, já testemunhei que o acordo de ficar retornando e encarando o que quer que precise ser encarado é um elemento crucial. Se você quer ter uma boa chance de reparar o dano, precisa montar novamente na bicicleta até conseguir andar nela. Isso porque nosso entendimento se desenvolve ao longo do tempo. Não podemos sempre colocar em palavras o que nos perturba agora. Estar disponível a voltar para conversar, perguntar de novo ou tentar falar novamente nos dá mais chances de alcançar o entendimento e mudar a história daquele momento em diante.

Tanto grandes organizações quanto duas pessoas podem aprender com os erros do passado. Elas podem planejar, e preservar, um futuro melhor, uma realidade mudada, mais forte e mais justa.

ROTEIROS PRÁTICOS PARA O PASSO QUATRO

- "Eis como vou assegurar que isso nunca vai acontecer de novo."
- "Quero fazer o que for necessário para reconquistar sua confiança."
- "Prometo assumir a responsabilidade por mudar minha rotina/ hábitos/ mentalidade."
- "Podemos descobrir juntos uma forma de mudar o modo como nos comunicamos em família?"
- "Você pode, por favor, me dizer se estiver voltando aos padrões do passado ('pendurando quadros') novamente?"
- "Realmente quero que toda esta dor e este desafio tornem, a mim e a nós, melhores do que éramos antes."

PARTE III

COMO ASSIM, TEM MAIS?

CAPÍTULO 8

O Momento Seguinte

O melhor aspecto de um bom pedido de desculpas é que todos ganham.

Um pedido de desculpas sincero resulta, quase universalmente, em consideração e respeito, em vez de vingança ou raiva. Os dois lados (ou todos) podem focar a responsabilidade com compaixão, em vez de colocar todas as fichas em sua própria visão de certo e errado. Todos os envolvidos podem começar de novo.

Geralmente, consideramos grandes desentendimentos e sentimentos feridos como coisas ruins. Mas tais agruras são muitas vezes necessárias para o desenvolvimento de um relacionamento sólido. Na sequência de um desentendimento doloroso e uma verdadeira reparação, nasce algo único entre as pessoas envolvidas. Esse relacionamento renascido é uma criação original, feita por aqueles que consertaram o problema. Sem erros, e alguns erros são inevitáveis, as pessoas não teriam chance de aprender tanto sobre o outro ou construir melhores formas de se comunicar. Ao reparar uma fenda no relacionamento, você desenvolve uma compreensão melhor do outro e pode acabar sendo mais compreendido. Quando todos os passos são seguidos, há todo um novo conjunto de possibilidades.

Como se Desculpar

Não tive notícias de Cathleen e Terry por 15 anos. Em um momento anterior de seu casamento, eles buscaram ajuda para lidar com a dolorosa recuperação de uma infidelidade. Logo após Terry descobrir sobre o caso de Cathleen, ela terminou sua relação extraconjugal. De início, ela fora penitente, mas ao longo do tempo foi se frustrando com o esforço contínuo de Terry para "superar" sua reação dolorosa. Na primeira sessão, ela perguntou: "O que mais podemos fazer? Já pedi desculpas cem vezes. Foi um erro terrível e nunca farei algo parecido novamente. Mas será que daqui em diante vai ser sempre assim?"

Naquele momento, os dois parceiros queriam ficar juntos, mas não tinham certeza de que poderiam superar a traição de confiança e a crise na relação. Eles se tornaram cronicamente impacientes um com o outro, e se preocupavam com o efeito do conflito e a potencial separação nos filhos adolescentes.

Cathleen amava seu marido e lamentava profundamente suas ações, especialmente o quanto ele ficou magoado. Mas os dois estavam se debatendo em meio a um pedido de desculpas incompleto. Juntos, enfrentavam um processo de reconciliação difícil, mas compartilhado. Como parte do Passo Um, Terry ajudou Cathleen a entender o que ele necessitava: em primeiro lugar, paciência e mais propostas para conversar com ela sobre como o ocorrido o afetou. Eles trabalharam juntos os passos do pedido de desculpas. Finalmente, no Passo Quatro, prevenir a repetição do dano, descobriram que há muito tempo haviam caído em padrões derrotistas quando se comunicavam. Terry, por exemplo, raramente manifestava sua opinião quando não concordava com a esposa, e Cathleen raramente a pedia, especialmente em questões relativas à casa e às crianças. De fato, ela sabia pouco sobre os pontos de vista dele, e carregava o fardo de criar os filhos por conta própria. Era como se vivessem em dois mundos, completamente separados e singulares.

Quando eles começaram a lidar mais intimamente com a reparação dos danos, se tornaram emocionalmente mais próximos e mais conectados, e o antigo isolamento, que antes não parecia importante, agora representava um sinal de perigo. Observando o modo como se relacionavam no momento, reconhecemos o terreno fértil para os problemas ocasionados por aquele distanciamento de longa data retornarem. Eles queriam impedir que seus velhos modos de ser os separassem ainda mais. Então, trabalharam juntos para mudar a forma com que se comunicavam, o que exigiu muito esforço e alguns percalços. Eles estabeleceram ocasiões para "realmente conversar" com o outro, ela se esforçou para pedir a opinião dele, e ele se propôs a ser mais claro e expressivo. A mudança de hábitos é difícil para todos, mas eles se mantiveram firmes porque, ao longo dos três primeiros passos, ganharam confiança em sua habilidade de lidar com desafios difíceis.

Quando uma reparação de verdade ocorre em um relacionamento, o que costumo ver não é só que o ressentimento, a distância e o julgamento do outro são reduzidos. O aprendizado compartilhado e a disponibilidade mútua jogam luz em padrões de comportamentos ou hábitos de comunicação opacos. A "velha maneira" de ficar junto acabou, e é por isso que a famosa terapeuta de casais Esther Perel costuma perguntar aos parceiros depois de uma crise de infidelidade: "Como você quer que seu *novo relacionamento* seja?" (O grifo é meu.) Ela escreveu: "Reparar é refazer o par."[1] Um novo relacionamento faz com que coisas surpreendentes se tornem possíveis.

Anos depois de nosso primeiro encontro, Cathleen e Terry retornaram ao consultório, buscando uma opinião sobre uma neta com a qual estavam preocupados. À medida que explicavam a situação da criança, a narrativa pulava de um para o outro com facilidade. Era como falar com um casal diferente daquele que encontrei anos atrás. Eles vinham tomando conta da menina dois dias por semana, juntos, fazia um ano. Bem diferente do jeito como se comportavam no passado. Ficou claro para mim que agora eles dividiam os prazeres e a autoridade do papel de cuidadores. Após discutirmos longamente sobre as necessidades da criança e o que eles poderiam fazer por ela, o casal quis me dizer o que este ano de trabalho de babá havia representado para eles.

Terry disse, entusiasmado: "Não tinha ideia que bebês pudessem ser tão divertidos. E cansativos." Depois, mais lentamente: "Foi minha primeira chance de criar uma criança com Cathleen. Eu meio que perdi a chance na última vez." Quando seus filhos eram jovens, eles não foram parceiros tão próximos como se tornaram após a reconciliação.

"Ele tem uma habilidade natural, e é tão carinhoso e doce com ela." Ela ponderou: "Mas não acho que pensaríamos em assumir esse papel se não tivéssemos aprendido como realmente nos conectar. O que você acha, Terry?"

Ele sacudiu a cabeça, concordando. "E olhe o que estaríamos perdendo."

Como se Desculpar

Muitos acreditam que um bom relacionamento não deve encontrar problemas como infidelidade, mas a confiança mútua pode se tornar muito maior depois de um problema como esse. Um casal encontra uma força única ao se curar de uma mágoa. Se você se mantiver firme, em contato com o outro, munido de boa vontade, cabeça aberta e respeito, alcançará maior sabedoria acerca de si próprio e do parceiro. Vocês serão mais como o casal que querem ser.

Não estamos buscando a perfeição aqui, mas aceitar de maneira compartilhada o que for verdade, incluindo falhas, erros e mágoas. Os japoneses desenvolveram uma forma de arte conhecida como *kintsukuroi*, na qual as rachaduras que se mantêm aparentes depois que se conserta vasos quebrados são preenchidas com ouro e prata para criar algo profundamente novo e bonito.

Sarah e Jonny, por exemplo, trabalharam arduamente por meses para reparar seu relacionamento porque era importante para ambos. À medida que consertaram as "rachaduras" e voltaram a ficar juntos, compartilharam seu "momento na montanha", que ficou como um lembrete amoroso para eles. Quando se encontravam em meio a desentendimentos que os jogariam pelo ralo, usavam a metáfora propositadamente para aludir à perspectiva mais ampla que encontraram naquela viagem. Eles criaram uma nova forma de recuperar a visão luminosa sobre o que é mais importante, o que os ajudou a passar pelos maus momentos.

* * *

De modo análogo, o nível de confiança em equipes de trabalho não evolui se o escritório é "livre de conflitos". Ao contrário, ele cresce quando todos os envolvidos acreditam nas habilidades de solução de conflitos. Para desenvolver equipes de alto desempenho, então, os membros da equipe devem vivenciar e lidar com o conflito de maneira respeitosa.

Mesmo com relação à paternidade, um ambiente em que as pessoas sentem muita pressão para fazer as coisas "certas", parece ser extremamente importante para o desenvolvimento de uma criança, pois revela, para ela, que seus pais *não são* perfeitos. Heinz Kohut, que desenvolveu a psicologia do self, ensina que a "frustração ótima" — ou seja, desapontamentos toleráveis do tipo não ser perfeitamente compreendido ou respondido — é um elemento necessário para o desenvolvimento das estruturas psicológicas internas da criança. De

O Momento Seguinte

forma similar, o pediatra e psicanalista D. W. Winnicott descreveu a "mãe suficientemente boa" como alguém que inicialmente se adapta às necessidades do bebê, mas gradualmente começa a "falhar". É esse "rompimento da ilusão" que permite à criança abandonar a fantasia de união perfeita, o que é necessário para desenvolver um relacionamento no mundo real.[2] Uma mãe perfeita é impossível, já uma mãe suficientemente boa é uma pessoa real. Assim, um relacionamento perfeito é impossível, e ficar conectado à fantasia não o ajudará a construir um relacionamento real.

Em todas essas frentes (o desenvolvimento psicológico de uma criança, o sucesso de uma equipe de trabalho ou o relacionamento entre duas pessoas), o processo de ruptura seguido de reparação não é um evento lamentável e, definitivamente, não precisa indicar o fim do relacionamento. Ao contrário, é algo necessário. A reparação é o que tece o pano do relacionamento futuro. Mesmo em um relacionamento cheio de brigas e conflitos, como entre um pai e um adolescente, a meta não deve ser prevenir todas as desconexões. Como me disse certa vez minha sábia terapeuta, é melhor focar em aprender, para repará-las melhor.

* * *

Antes da crise inicial e reparação, nem Terry nem Cathleen imaginavam o quanto gostariam de estar juntos. Faltava a eles uma certa parceria emocional. Quando os vi novamente, após disporem de anos para valorizar o outro, reconheceram que a conexão que agora desfrutavam foi conseguida a duras penas. Terry rotulou a crise de anos atrás como o "melhor pior momento" da vida deles.

Cathleen sublinhou a mensagem: "Salvar nosso casamento foi, sim, a coisa mais difícil que fizemos…"

"E a mais importante." Terry terminou a frase dela, acrescentando: "Tirando as crianças, claro."

Ele seguiu: "Não tínhamos ideia do que teríamos que lidar desde que vimos você: adolescentes, erros parentais e nossos próprios problemas médicos."

"Mas, para nós, tudo se resolveu quando lidamos juntos com os problemas", Cathleen sorriu para ele antes de se virar para mim.

Como se Desculpar

Já vi tantos casais experimentarem essa espécie de surto de estima no relacionamento depois de passarem por um bom processo de desculpas juntos: "Fizemos essa coisa realmente difícil e agora temos um relacionamento melhor!"

Mais importante que isso, já que eles aprenderam a confiar um no outro e no relacionamento, os inevitáveis desafios do futuro serão menos ameaçadores. O casal tem um vocabulário compartilhado agora, e tem uma compreensão mútua sobre como abordar o conflito e as dificuldades. Eles dispõem das habilidades, construídas em conjunto, para lidar com qualquer dificuldade maior que apareça.

COMO AS DESCULPAS NOS TORNAM MELHORES

O processo de ceder e ouvir, a moderação em si, já possui valor. Já ouvimos sobre como vínculos melhores com os outros melhoram a saúde física. Além disso, um pedido de desculpas bem feito aumenta seu bem-estar espiritual e expande potencialmente sua humanidade. Em outras palavras, encarando seus próprios erros, você poderá encontrar um senso de compaixão pelos erros dos outros. Por outro lado, como Rolland não pôde se abrir para este tipo de autoexame, ele não só perdeu uma conexão valiosa como também perdeu uma oportunidade para expansão e crescimento.

Encarar suas próprias falhas ou erros pode tornar sua compreensão sobre a falha dos outros mais complexa. Em vez de ter uma visão moralmente simplificada dos outros, você não precisa pensar nas outras pessoas como parecidas ou diferentes de você. Sarah, que levou meses se desculpando com o namorado Jonny, começou a mudar sua perspectiva em muitos outros aspectos de sua vida. Ela vinha sendo uma incisiva jovem promotora, disposta a provar que os réus eram culpados, mas gradualmente começou a ficar mais atraída a entender as pessoas, especialmente os jovens que foram acusados de crimes. Em dado momento, mudou de lado e se tornou uma defensora pública na vara da infância e juventude. Ela não fazia nenhuma distinção moral entre os dois papéis, ambos necessários no sistema judicial. Em primeiro lugar, ela disse, os aspectos dos casos que ela trabalhou pareciam muito mais interessantes e envolventes. Além disso, sentia maior simpatia pelas más decisões das crianças do que antes, e enxergava valor na oportunidade de contribuir para que alguém seguisse um caminho melhor.

O Momento Seguinte

Lidar diretamente com seus deveres para com alguém que você magoou pode transformar o erro em uma oportunidade para mudanças positivas. Em um ensaio sobre a quaresma, Rachel Howard escreveu que o período cristão de 40 dias antes da Páscoa "desnuda" maus sentimentos, tornando-os mais evidentes. Na estase [incapacidade de ação], a culpa pode se tornar patológica, mas durante a quaresma, assim como no processo de uma boa desculpa, o erro tem espaço para ser avaliado e dá oportunidade para a "progressão narrativa" da culpa da pessoa.[3] Encarar um problema ou expiar um "pecado" torna possível reescrever a história. Um bom pedido de desculpas propicia um arco para essa narrativa.

Quando a culpa o força a reparar um relacionamento, ela se transforma em respeito próprio. Um exemplo de tal progressão pode ser visto na história de James e Mariah, o casal que ficou preso no doloroso padrão da sobrecarga de trabalho de Mariah. Após dar todos os passos do pedido de desculpas, a história pessoal de James mudou. Ele já não carregava aquela culpa acumulada ("lama de culpa") que o deixara assoberbado demais para tomar qualquer atitude. Por fim, pôde levantar a cabeça com mais amor próprio e muito menos vergonha. Ainda que encarar o fato que você esteve ou fez algo errado seja uma experiência de humildade, juntar os caquinhos da imperfeição, de maneira produtiva, melhora suas perspectivas e até mesmo seu caráter.

Sua disposição de fazer bons pedidos de desculpas pode se tornar um exemplo para o mundo ao redor. Para crianças em particular, aprender sobre essa transformação pode ter efeitos maravilhosos. Elas normalmente possuem um senso natural de justiça que chega a ser irritante. Uma criança pode aprender sobre empatia. Se um jovem puder reparar de fato uma mágoa, só boas coisas acontecerão em seguida: aumento da autoestima, paz em casa e nas salas de aula ou jogos, e uma compreensão mais profunda sobre como nossas vidas interdependentes afetam umas às outras, para o bem e para o mal. Esses elementos formam a base para bons relacionamentos com outras pessoas. Se uma criança acerta as coisas quando fez algo errado ou cometeu um erro que magoou alguém, a experiência é intensa, transformadora. Ela internaliza um modelo no qual, assim como na justiça restaurativa, todos são tratados com compaixão em vez de punição, que é uma ação mais propensa a promover a vergonha.

Como se Desculpar

NEGÓCIOS INACABADOS

O influente educador Stephen Covey disse: "Se eu fosse resumir em uma frase o princípio mais importante que aprendi no campo das relações interpessoais, seria: busque primeiro entender, e então ser entendido."[4] É a ordem correta para quem pede desculpas, também.

Muitos conflitos entre pessoas são mais complicados que um modelo em quatro passos, usado uma única vez, possa resolver. Especialmente quando as situações estão em andamento, geralmente há magoas e reclamações de ambos os lados. Posso magoar você sem perceber e você pode reagir de forma a me magoar, o que me faz pensar que você é a causa de minha dor, então reajo negativamente e daí por diante, ao longo do tempo. Se a situação evoluiu para esse emaranhado de reações e contrarreações, pode ser complicado trabalhar o pedido de desculpas. Antes de tudo, de quem é a responsabilidade de começar o processo? Por outro lado, em uma relação conturbada, as pessoas podem geralmente perder a fé de que terão sua "vez" de falar. Como você faz as coisas serem justas para todos? Se todos estiverem magoados, ninguém estará inclinado a pedir desculpas. Mas, se uma pessoa corajosa e humilde estiver disposta a fazer um pedido de desculpas sincero, pode haver uma maneira de iniciar o processo de cura necessário.

Se é você quem está dando o primeiro passo na direção de um pedido de desculpas, independentemente de quão magoado ou irritado esteja com algo que o outro fez, deve colocar a necessidade de receber o pedido de lado, temporariamente. É muito mais difícil do que parece. Fazer isso requer lembrar-se de que o objetivo aqui é fazer o possível para restaurar seu relacionamento enquanto mantém o registro de suas necessidades, também. Só após a primeira rodada do processo de desculpas (todos os quatro passos) você pode trazer sua própria queixa. Nesse momento, os papéis se invertem e a parte magoada é quem fará o pedido de desculpas, tendo que perguntar e ouvir, e daí por diante. Estamos falando sobre conversas em turno, para que todas as mágoas possam ser abordadas. O primeiro pedido de desculpas não é sempre a resolução final, sem nenhuma nódoa. Ao contrário, pode ser apenas o primeiro round, o começo de uma conversa recorrente ou algo que possa ser abordado novamente quando necessário for.

O Momento Seguinte

Monique, cuja família aprendeu a incluir seu marido Desmond, por exemplo, depois de completar todos os passos do pedido de desculpas de forma sincera, permaneceu com uma nódoa em seus sentimentos. Ela se deu conta que estava irritada com Desmond pelo jeito como ele lidava com as próprias reclamações. Ao longo dos anos em que estiveram juntos, ele trazia os problemas geralmente quando ela estava sob algum tipo de pressão imediata, especialmente algo com as crianças. Mentalmente, ela reviveu alguns desses momentos e ficou muito irritada com ele. Parecia que esse hábito havia tornado muito mais difícil para ela lidar com as preocupações de Desmond, fazendo com que sentisse sua lealdade oscilar entre duas frentes. Sem ter consciência desse efeito, Desmond começou a contar uma pequena questão sobre uma das crianças enquanto ela se equilibrava entre preparar o jantar e a organização das caronas das crianças naquela semana por telefone. Inicialmente, reagiu com raiva, mas, justiça seja feita, reconheceu a situação como uma oportunidade para usar as habilidades que praticou comigo. Então, disse a Desmond que queria reservar um tempo para conversarem sobre o assunto dali um dia ou dois.

Quando se acomodaram na varanda na noite seguinte, Monique se acalmara e foi capaz de confrontá-lo com uma voz séria, porém tranquila. Primeiro falou que queria que ele a ouvisse sobre algo que a irritava. Desmond me disse depois que, de início, não ficou na defensiva. Ouviu com boa vontade, até que ela disse que ele sempre buscava os piores momentos para falar com ela. Ele objetou e ela recuou. "Você está certo. Tentarei falar apenas sobre os efeitos que você teve em mim, como fizemos no consultório da Molly."

Juntos, acalmaram as coisas. Ela falou de forma direta e ele ouviu com atenção. Desmond pôde lidar com seu erro com um arrependimento sincero, porque, definitivamente, não queria que ela se sentisse dividida ou sobre-carregada. Conversaram mais sobre como ele poderia compensá-la e como definir lembretes para que aquilo não se repetisse. Eu só soube disso quando eles vieram para um outro atendimento uns dois anos depois, por conta de um problema compartilhado com os familiares. Eles conseguiram administrar a coisa toda com o que eles aprenderam passando por meu processo de um pedido de desculpas completo quando Desmond precisou anteriormente. Monique me disse como apreciou a disposição de seu marido de mudar seus hábitos e como as coisas funcionaram melhor para os dois por causa disso.

Como se Desculpar

Algo na mesma linha ocorreu na amizade entre Margo e Annie. Você deve se lembrar que Margo ficou em silêncio sobre seus sentimentos feridos por muito tempo, o que a levou a, abruptamente, romper o relacionamento. Annie sabia que havia problemas anteriores, não solucionados. Então, depois de a mágoa da amiga ter se desvanecido substancialmente, ela virou a mesa e pediu que Margo a ajudasse a entender como ela, Annie, a havia magoado. Foi o Passo Um. Para Margo, dizer a verdade à sua amiga sobre a mágoa que sentira foi ainda mais difícil do que perguntar sobre a mágoa de Annie. Ela precisou de encorajamento porque essa autorrevelação ia contra seus hábitos e, também, porque ainda se sentia mal por ter magoado a amiga. Por fim, Annie a convenceu que realmente queria saber. Margo fez o melhor que pode e elas seguiram com os próximos três passos, desta vez em outra direção.

Oprah Winfrey, uma figura pública tremendamente influente, demonstrou um tipo diferente de negócio inacabado que pode aparecer para a "parte magoada". Em 2006, ela solicitou, no ar, um pedido de desculpas de James Frey. Ela endossou suas memórias, e até o apoiou na entrevista dele para Larry King, quando a veracidade das informações foi questionada. No entanto, quando soube que ele havia enganado "cada um dos leitores" e que era "o homem que enganou Oprah", ela lhe pediu retornar a seu programa de televisão e, com firmeza, cobrou dele a responsabilidade pelos fatos.

Entretanto, a forma raivosa e sem compaixão como falou com ele durante seu programa a incomodou. Alguns anos mais tarde, ela lhe telefonou e fez um pedido pessoal de desculpas por haver violado seus próprios valores. Ela é uma pessoa comprometida em conhecer a verdade do que os outros têm a dizer, mas sua raiva a impediu de ouvir o lado dele. Em sua declaração de arrependimento, deixou claro para ele e seus inúmeros seguidores que precisava pedir desculpas porque não se comportara como acreditava que deveria. É um grande exemplo de alguém que fez uma autoavaliação com humildade e assumiu responsabilidade por suas ações. Para seu amplo público, ela contribuiu com um modelo que os outros podem seguir quando suas próprias situações se tornarem mais complexas do que tão somente a mágoa inicial.[5]

O Momento Seguinte

Outro tipo de negócio inacabado de ordem emocional às vezes afeta a pessoa que causou a mágoa. No campo dos erros médicos, um termo controverso, "segunda vítima", tem sido aplicado para o médico que está sofrendo pelo dano que causou ao paciente. Ferir alguém que você deveria ajudar obviamente incomoda a pessoa que ajudaria ou cuidaria do outro. Em um erro, em qualquer circunstância, seja na área médica ou em um relacionamento, a primeira obrigação é lidar com as necessidades da pessoa prejudicada.

Pela minha experiência, no entanto, a pessoa que causou o dano também precisa de compaixão. Àquele que está lendo este livro porque quer consertar seus erros, convém lembrar que viverá muito melhor e ficará sem aquela culpa corrosiva, se fizer um pedido de desculpas completo para quem magoou. Para ambas as partes em um conflito pessoal, pode ajudar ter em mente que reparar um relacionamento requer, em última análise, encontrar a compaixão pelo outro, assim como por si próprio.

EFEITOS DE CURA NA COMUNIDADE

Quando você magoa alguém, outros podem ser afetados. Familiares, membros da comunidade ou amigos. A escritora Cris Beam sustenta que "na verdade, um pedido de desculpas raramente é algo privado entre duas pessoas: quando você fere alguém, fere muitos". Se um dano em um relacionamento íntimo pode "espalhar cicatrizes", ela espera que "um pedido de desculpas íntimo, tornado público, possa curar a todos".[6] É exatamente por isso que os programas de justiça restaurativa incluem vizinhos, membros da comunidade e familiares, tanto da vítima quanto do ofensor.

Como indivíduo, você também pode afetar diretamente uma comunidade maior com seus passos de desculpas, como os veteranos de guerra que ajudaram a restaurar comunidades depois de causar o mal a outras comunidades. Aaron Pratt Shepherd, cujo trabalho sobre dano moral discutimos no Capítulo 6, disse que os atos de expiação não têm como objetivo "ganhar perdão, e sim enriquecer a vida da comunidade traída". Citando o filósofo do século XIX, Josiah Royce, disse que o reparo "deve ser tão sábio e rico em eficácia que o mundo espiritual, após o ato de expiação, seja melhor do que era antes, mais rico e mais triunfante em meio a todas as suas tragédias irrevogáveis".[7]

Como se Desculpar

A linguagem eloquente talvez não lhe seja interessante, mas seu pedido de desculpas público pode, apesar disso, tornar-se um modelo para outras pessoas que precisam ver como ele pode ser feito de forma correta. Dan Harmon, por exemplo, o produtor de televisão que emitiu um pedido de desculpas completo via YouTube, implorou que outros homens pensassem diferente sobre como tratar as mulheres. Em minha coluna no *Cognoscenti*, pedi para o vice-presidente Joe Biden fazer um bom pedido de desculpas para Anita Hill, de maneira a servir de modelo para outros homens. Frequentemente, as pessoas me mandam histórias de acertos de contas, animadas por compartilhar relatos de pedidos de desculpas sólidos. Acredito que somos tocados por eles, pois nos mostram como todos podemos agir melhor.

Estamos especialmente necessitados desses modelos no momento atual de discursos desagregadores, horrorosos, e dos fatores que contribuem para isso. Alguns comentaristas escreveram sobre como mudar essa realidade. Por exemplo, o conservador Arthur C. Brooks comentou, recentemente, que o desdém que temos por quem discorda de nós é um elemento virulento da cultura atual que deveríamos combater. Ele disse: "O que precisamos não é discordar menos, mas discordar melhor."[8]

Michael Gulker, que ensina aos líderes de igrejas cristãs como lidar melhor com conflitos, concorda. Ele descreveu como tendemos a abordar reuniões de grupos de pessoas como "democratas ou republicanos, liberais ou conservadores, feministas ou tradicionalistas, pessoas religiosas ou descrentes". Ele continuou, reforçando como as pessoas antecipam, de forma imprecisa, o que já sabem por meio da mídia sobre como é o "outro lado" e que "qualquer pessoa que discorde de mim é inculto, estúpido ou do mal".[9] Ouvir um ao outro com respeito e falar honestamente não são apenas coisas a se fazer com pessoas conhecidas para obter resultados favoráveis. Esses dois hábitos formam a base na qual a democracia é construída. A presença de mais de uma voz ou perspectiva atua para restringir um dos mais perigosos erros que podemos cometer enquanto sociedade.[10] Mas o conflito resultante apenas pode ser resolvido quando os vários lados ouvem uns aos outros e reconhecem que não são essencialmente inimigos. Somos pessoas com diferentes perspectivas, necessidades e interesses.

O Momento Seguinte

Não quero dizer que todos os desentendimentos políticos podem ser resolvidos por meio da comunicação segundo meu modelo, mas acredito que ele ajude. O que seria diferente se você abordasse o outro com curiosidade e respeito, deixando de lado suas opiniões por um momento? Ou se sua meta for estabelecer (ou restabelecer) confiança em um relacionamento? Ou se você puder ser confiante e humilde o suficiente sobre suas posições e for aberto a compreender a posição de outra pessoa? Resolver não é abandonar suas próprias crenças. É aprender a base da opinião dos outros para ser capaz de entendê-los melhor e buscar a intercessão de interesses. Para que outra pessoa esteja certa, você não precisa estar errado. Algumas vezes, por exemplo, o que magoa alguém não é você ter feito ou dito algo de "errado", por assim dizer, mas que sua mensagem ou ação se baseia em um entendimento incompleto dessa pessoa. Acredito que todo mundo se beneficia da riqueza de uma compreensão mais ampla e da inclusão de mais vozes em uma resolução.

Uma das minhas regras de comunicação favoritas é: "Quando for sua vez você pode falar como se estivesse certo, mas deve ouvir como se estivesse errado." Mais uma vez, não se trata de algo fácil de fazer, mas não deixa de ser uma aspiração válida.

Às vezes, tendemos a ouvir apenas o tempo suficiente para saber se os outros concordam conosco, ou até prepararmos a resposta. No entanto, as regras básicas de uma boa escuta estão amplamente disponíveis e são muito claras: suspenda temporariamente sua visão. Acalme-se o suficiente para se centrar na mensagem da outra pessoa. Tome o tempo necessário para compreender tão bem quanto possível, o que pode incluir perguntas para melhor entendimento. Resista à urgência de "resolver" o problema. Tente ter empatia com o ponto de vista dos outros. Todas essas regras são aspectos do Passo Um em um bom pedido de desculpas. Se você quiser contribuir para um discurso público (e um relacionamento pessoal) mutuamente mais respeitável, deve ao menos ouvir tão bem quanto fala.

Como se Desculpar

O IMPACTO TOTAL LEVA TEMPO

A paciência é especialmente importante *depois* que o pedido de desculpa foi feito. Por um lado, leva um tempo para ver o que acontece em seguida. As coisas realmente melhoraram? Há alguns aspectos da resolução funcionando melhor que outros? Alguém foi em frente e pôs a mudança em prática? Muitas mudanças levam tempo para se tornar realidade.

Minha colega Susan Fairchild, terapeuta e professora de meditação, me contou sobre um pedido de desculpas que foi apenas o *começo* de uma mudança profunda que continuou a evoluir ao longo do tempo. Em um workshop sobre autocompaixão, conduzido por Christopher Germer, um bem conhecido professor de mindfulness, ela estava incomodada pela forma como ele apresentou uma ideia. À medida que ela e muitos outros participantes, a maioria mulheres, se sentaram em um ambiente cheio de retratos de homens brancos, o Dr. Germer mencionou a questão da marginalização, mas, como ela apontou, ele deixou de identificar o gênero como elemento relevante para marginalização na cultura — e na sala onde estavam. Ele a ouviu (Passo Um), disse que realmente sentia muito (Passo Dois) e abordou a questão de modo direto e com compaixão quando voltou ao workshop. Nos meses seguintes, ele e seus colegas alteraram o conteúdo do treinamento de professores de modo a refletir a maneira pela qual a vergonha, influenciada pela cultura e induzida por traumas, pode afetar o corpo, especialmente para uma mulher (Passo Três).

Dois anos depois, quando a Srta. Fairchild conduziu um workshop com o Dr. Germer, ela presenciou a mudança dele, um exemplo impressionante. Ele conversou com o grupo sobre a vergonha que se personifica e os liderou em um exercício no qual usavam fisicamente seus braços para empurrar para longe mensagens que os limitavam, enquanto gritavam "não!". Seu pedido de desculpas gracioso e responsável, como resposta ao feedback que ela deu tanto tempo atrás, continua ao longo do tempo (Passo Quatro).[11]

Como disse Michael Gulker, que ajuda líderes religiosos a administrar conflitos, sobre aprender a encarar o conflito de maneira direta: "É uma maratona." Ele treina as pessoas a se comunicarem com quem é diferente delas em muitas dimensões. Em seus workshops, as pessoas aprendem a discutir desentendimentos, incluindo políticos, porque "precisamos aprender a viver juntos". Leva tempo para construir relacionamentos, então, "se você vai abordar alguém de quem discorde há algum tempo, cultive virtudes como paciência, humildade, gentileza e tolerância", virtudes essas que são menos necessárias se você conversar apenas com pessoas que já concordem com você. Ele mede o sucesso de seu trabalho pelo fato de que aqueles que treinou continuam a treinar outros e pedir mais material e treinamentos adicionais.[12] Quando as pessoas aprendem o valor de uma comunicação tão corajosa, parecem descobrir que os desentendimentos e conflitos não precisam ser vistos como obstáculos a serem evitados, e sim como ferramentas para compreender melhor o outro.

Erros grandes da sociedade podem não ser reparados enquanto estivermos vivos, mas há muitas pessoas que atestam que isso não deveria nos impedir de dar andamento ao processo tanto quanto possível. Certamente, o progresso incremental ao longo do tempo é mais difícil de se ver e, para muitos, mais difícil de valorizar. Mas os imensos benefícios de cometer erros, falhar e tentar de novo em seguida podem, finalmente, estar chegando ao domínio público. O clima extremamente inovador do Vale do Silício, por exemplo, está envolto na máxima "falhe rápido, falhe frequentemente". Parece a forma pela qual uma criança desenvolve suas capacidades, na tentativa e erro, o que leva a um aprendizado crucial.[13] Nos anos recentes, o Resilience Project da Universidade Stanford pesquisou maneiras de apoiar os estudantes em suas inevitáveis falhas. O Resilience Project possui um programa regular chamado "Stanford, I Screwed Up" ["Stanford, eu fiz besteira", em tradução livre] que celebra as "falhas épicas" dos estudantes. A meta do projeto é "mudar a percepção da falha como algo a ser evitado a todo custo, para algo que tem significado" e gera ótimas oportunidades de aprendizado.[14]

Essa abordagem é fundamentalmente diferente de como a maioria dos norte-americanos foi historicamente ensinada a resolver problemas. Para ilustrar, alguns resultados de um marcante estudo de 1994, que investigou por que a classe com menor avaliação em matemática no Japão superou a de maior nota nos Estados Unidos. Acontece que os jovens estudantes no Japão ficavam dedicados aos problemas de matemática, apesar das múltiplas respostas erradas, até resolvê-los. Em contraste, os estudantes norte-americanos não ficavam tentando se não obtivessem êxito rapidamente. Os autores relataram que, nos Estados Unidos, os erros possuem muito peso psicológico. Além disso, muitos pais e professores norte-americanos acreditam que a habilidade matemática é inata, o que faz ficar tentando de novo menos relevante.[15] Em muitos casos,

Como se Desculpar

recuperar, mudar e crescer não são vistos como algo possível. Assim, os alunos são menos propensos a tentar de novo e muito menos propensos a aprender novas maneiras de resolver problemas.

Qualquer esforço passo a passo, ou tentar de novo e de novo, consome tempo. Voltando às normas culturais de que falamos antes, encontramos ainda outro modo de o modelo de confiança e certeza agir contra nossos melhores interesses: ele nos faz menos capazes de trabalhar em problemas que demandam tempo, paciência e ambientes de humildade, como a comunicação em conflito e os pedidos de desculpas.

PRESERVAR OU DESPERDIÇAR

Bons pedidos de desculpas são um meio de preservar e até fortalecer nossos vínculos. As experiências compartilhadas não precisam ser interrompidas e os relacionamentos não precisam ser perdidos.

Tal como muitas pessoas, você já deve ter ansiado por uma compreensão mais simples e perfeita entre você e as pessoas que ama. Quando se é questionado por erros de comunicação ou sentimentos feridos, nossa imagem de um relacionamento feliz é despedaçada. Felizmente, um bom pedido de desculpas pode consertar o relacionamento e torná-lo mais forte e maravilhoso de formas diferentes. Como na cerâmica japonesa *kintsukuroi*, com rachaduras preenchidas por metais preciosos, restaurar a "integralidade" tem seu encanto próprio. A metáfora de conserto de minha infância continua ressoando em mim. Entre os pequenos objetos descartados que reuni quando era jovem, uma jarra azul marinho colada se tornou meu vaso favorito. Gostava de percorrer as rachaduras com as mãos e os olhos. Elas me mostravam a história do reparo, de como ele se tornou inteiro novamente.

As pessoas que curam uma mágoa juntas criam uma nova base para o relacionamento, um padrão de maior reciprocidade para encarar desafios futuros. Com uma forma eficaz de reparar a mágoa, o que você tem, em vez de uma imagem limpa e irreal, é uma verdade mais complicada e mais satisfatória.

DEPOIS DO PEDIDO

- Efeitos positivos em um relacionamento;
- Efeitos positivos em quem pede desculpas;
- Efeitos positivos em quem recebe o pedido de desculpas;
- Resolução de assuntos inacabados;
- Efeitos de cura na comunidade;
- Impacto total no tempo;
- Preservar ou desperdiçar.

CAPÍTULO 9

E Quem Recebe as Desculpas?

Se você foi magoado, é claro que não é apenas sua a responsabilidade de reparar a própria mágoa, mas você pode desejar influenciar o rumo de um pedido de desculpas. Como você pode pedir e conduzir um pedido de desculpas para que seja genuinamente satisfatório e reparador? Como você pode decidir se aceita ou não o pedido de desculpas?

Você tem o poder de ajudar os outros a compreender como foi afetado pelas ações deles. Não precisa esperar até alguém "pensar duas vezes", "assumir a responsabilidade" ou "se dar conta do que fez" por conta própria. Juntos, vocês podem criar um processo único. Dependendo do relacionamento, pode competir a você dizer a verdade por completo. Essa honestidade radical e amorosa é compensada por um conhecimento mútuo e íntimo.

Allie, uma pessoa inteligente e admirada de 16 anos de idade, veio à terapia motivada pela raiva e depressão que se seguiu ao divórcio dos pais. (Allie não se identifica com um gênero específico, por isso estamos usando os dois gêneros para se referir a ele/a). Um dia, ele/a entrou em meu consultório com um novo "problema que não é realmente um problema". Enquanto ele/a

Como se Desculpar

estava em outra cidade para um funeral em família, seu namorado, Devin, beijou uma menina em uma festa. Mas como ele ligou para Allie em seguida e confessou, já o havia perdoado.

"Ele ainda quer falar sobre o assunto, mas não quero que se sinta mal. E tudo está bem, na verdade. Sei que ele sente muito, então lhe disse que não precisamos mais falar sobre o assunto."

Ficamos sentados por um momento e ele/a revirou os olhos. "Você provavelmente acha que eu deveria falar mais, não é?"

Se uma pessoa amada se aproxima de você para tentar iniciar um pedido de desculpas, você pode ficar tentado a aceitá-lo antes de estar completo, seja porque aprecia o esforço e sinceridade do outro, porque quer aliviá-lo, ou porque está desconfortável com o processo como um todo. Mas seu relacionamento será melhor cuidado se tiver paciência com o processo, incluindo o tempo que sabe que será necessário.

"Bem, isso pode ajudar, claro. Você quer me dizer mais sobre como isso é para você?"

Ele/a ficou bem quieto/a, em meio a sentimentos contraditórios. "Sei que ele me ama e se sente mal com o que aconteceu. Isso não é suficiente?"

"Pode ser. Parece verdadeiro para você?"

"Bem, provavelmente não estaria falando sobre isso agora se tudo estivesse resolvido. Mas sabe o que mais? Ele parecia ainda mais contrariado quando o perdoei, o que é realmente estranho."

"Podemos falar sobre os sentimentos dele, também, se quiser, mas primeiro acho que deveríamos entender melhor como você se sente."

Enquanto estava sentado/a, seus olhos ficaram vermelhos e uma lágrima escorregou por seu rosto. Ele/a esfregou o rosto com o dorso da mão e começou a falar como queria que seu relacionamento com Devin, que sempre foi "muito legal", fosse perfeito, diferente do relacionamento de seus pais. Queria que "toda aquela questão do beijo fosse embora" para não ter mais que ficar pensando nisso.

E Quem Recebe as Desculpas?

"É um desejo compreensível, com certeza, mas parece que ignorar não fará com que o problema desapareça. Você possui sentimentos sobre este assunto." Eu encorajei que ele/a tomasse todo o tempo necessário para ordenar os pensamentos e decidir se e quando queria continuar a conversa com ele.

"É o seguinte: eu realmente não quero, *mesmo*, que ele se sinta pior! Ele tem sido tão bom, me ouvindo quando preciso falar sobre meus pais doidos." Com os olhos abatidos, caiu em silêncio.

O interesse de Allie em proteger os sentimentos de Devin são, em parte, um impulso carinhoso. Ele/a não queria fazê-lo sofrer desnecessariamente. Entretanto, ele/a também não tinha muita experiência em lidar diretamente com sentimentos desconfortáveis, e queria evitar entrar nesse terreno de incertezas. Considerando as razões culturais e neurocientíficas discutidas no Capítulo 2, todos preferimos uma conclusão rápida e certa. Allie não era uma exceção à regra.

"Sabe, acho que seu relacionamento com Devin é forte o suficiente para que ele realmente *queira* ouvir sobre suas reações." Paramos um instante enquanto Allie absorvia a ideia. Continuei dizendo: "O que você acha que esse tipo de compartilhamento faria por vocês dois?"

De forma corajosa, Allie voltou ao assunto com ele. Aparentemente, Devin não sabia o que fazer em seguida, mas sentiu que seu pedido de desculpas não estava completo. Eles conversaram longamente. Allie fez algumas perguntas difíceis a ele e quis saber como ele conquistaria a confiança dele/a novamente. Após algumas conversas difíceis e emocionadas, se sentiram muito mais próximos um do outro.

Quando você é magoado por alguém, tem uma diversidade de escolhas, mas, na ocasião, isso pode não ser aparente. Até o presente momento, abordamos as razões pelas quais uma pessoa poderia evitar *fazer* um pedido de desculpas, mas não consideramos ainda por que alguém poderia evitar solicitar um pedido de desculpas ou poderia não aceitar um pedido oferecido. Para consertar realmente um relacionamento, quem está pedindo desculpas deve dar passos cruciais, mas a pessoa magoada tem papéis importantes a considerar nesse processo, também.

Como se Desculpar

PEÇA A DESCULPA QUE VOCÊ PRECISA — OU NÃO

A forma mais provável de receber um bom pedido de desculpas é pedir que ele seja feito. Como vimos, a maioria das pessoas negligencia os próprios erros e resiste a encará-los. A menos que você fale, elas podem não saber como o afetaram. No relacionamento, você pode precisar iniciar as coisas dizendo ao outro que está magoado, irritado ou contrariado e quer que ele lide com o problema. Talvez pareça direto e fácil, mas pode ser tão difícil quanto pedir as desculpas, por várias razões.

Você não gosta de conflitos. Ah, sim, o desejo supremo de evitar situações desconfortáveis pode impedi-lo de iniciar uma conversa sobre a mágoa que sofreu. As mesmas complicações, armadilhas e vantagens estão presentes aqui, assim como para quem potencialmente pedirá desculpas.

Você não confia no outro. Quem o magoou parece não ser capaz de fazer um bom pedido de desculpas. Você não tem fé na capacidade dele ou dela para lidar com os passos necessários ou no quanto eles se importam.

Você não confia em si mesmo. Você duvida de seus próprios sentimentos e/ou não está seguro de que sua visão do que ocorreu é precisa. Talvez não acredite que merece que alguém se esforce para corrigir algo que o magoou.

Você não confia no relacionamento. Seja porque é algo muito novo ou por evitar encarar os problemas, você possui pouca experiência em lidar com coisas difíceis com a outra pessoa. Ou talvez você esteja em um relacionamento no qual não possui o mesmo poder ou legitimidade para trazer para discussão algo que questione o outro.

Discutir problemas também vai na direção contrária do modelo de amor romântico que aprendemos nos filmes e nos contos de fada, em que duas pessoas apaixonadas imediatamente tornam-se almas gêmeas, sem erros ou confusões no "felizes para sempre".

Você não acredita que as coisas possam mudar. Papéis antigos, incluindo aqueles que você desempenhou em sua família original, às vezes o afetam fortemente, levando-o a acreditar que está condenado a repetir os padrões familiares. Tal como pode ser difícil mudar a postura habitual de uma pessoa que potencialmente pedirá desculpas, seus hábitos também são resistentes. Solicitar um pedido de desculpas pode seguir um roteiro muito diferente daquele que você vivenciou enquanto crescia, muito diferente de papéis que já desempenhou. Mudar requer de você não apenas que se "recondicione" para conseguir pedir aquilo que necessita, mas também que desenvolva a fé que o relacionamento pode mudar. As únicas razões para trabalhar tão duro assim é porque você quer que este relacionamento prospere e seja tão bom quanto possa ser.

ACEITE O PEDIDO DE DESCULPAS — OU NÃO

Lembre-se que a oferta para consertar as coisas é um convite, não uma imposição. Embora, em geral, você deseje fazê-lo, não há obrigação em aceitar um pedido de desculpas ou mesmo de conversar. Quem quer acertar as coisas entra no processo porque quer abordar a culpa emocional ou a dor moral, assim como quer ajudar você, que vai receber o pedido, a se livrar da mágoa. É a coisa certa para aquela pessoa, mas você, a quem é dirigido o pedido, pode não sentir o mesmo.

Não aceite um pedido de desculpas muito cedo. Obviamente, em certos casos você ainda não está pronto para o pedido de desculpas. Em um relacionamento em curso, se você está muito irritado ou com muita raiva para aceitar o pedido de desculpas de uma pessoa amada, vale a pena deixar as portas abertas, explicitamente, para futuras oportunidades de reparação. ("Não estou pronto para falar agora, mas em algum momento estarei. Você pode tentar novamente amanhã?")

O erro em perdoar muito cedo ou muito fácil, como Allie inicialmente fez depois que seu namorado confessou o beijo, pode levar a um padrão de comportamento infeliz em que a mágoa não é, de fato, reparada. Pode deixar uma pessoa, ou ambos, sentindo que há negócios inacabados e incertos sobre a necessidade de ajustes posteriores. Nestes casos, a mágoa fica latente, sob a

Como se Desculpar

superfície. Então, quando a próxima mágoa inevitavelmente surge, os dois são surpreendidos por uma reação desproporcional. É uma razão comum para os casais considerarem terapia: reações exacerbadas para erros aparentemente pequenos confundem a todos. Lembra-se como Lisa e Philip, cujo casamento foi prejudicado por dúvidas e por evitarem-se mutuamente, se encontravam sempre nos mesmos desentendimentos sem sentido? Além disso, uma reparação incompleta funciona como um tiro longe do alvo. Até que seja resolvido, o ambiente não melhora.

A questão de confiança. Uma forte razão para não aceitar um pedido de desculpas é você não acreditar na sinceridade da pessoa. Caso não confie na pessoa de forma alguma, você não deve entrar no processo de reparação revelando vulnerabilidades sentimentais. Por outro lado, se achar que a pessoa é digna de confiança, esse processo é uma boa maneira de medir a firmeza do terreno que está pisando. Assumir o risco, estabelecendo uma margem de confiança, pode revelar se isso vale ou não a pena. Dependendo de como for, sua confiança aumenta ou diminui.

Por muitas razões, você pode querer aceitar. Quando você recebe ou presencia um pedido de desculpas sincero de outra pessoa, pode se sentir receptivo e querer aceitá-lo com a atitude de compaixão pela responsabilização. Ou seja, você sabe que o erro é real, mas também acredita na possibilidade redentora de acertar as coisas. Em resposta aos reconhecimentos de erros dos médicos, por exemplo, os pacientes se sentem "ouvidos" e não continuam vingativos. Em resposta ao pedido de desculpas do Sr. Netanyahu à Turquia, a porta para o retorno às relações diplomáticas normais foi aberta entre dois Estados em conflito. Em muitos níveis diferentes, eventos assim são uma boa nova para todos os envolvidos.

MOLDE O PEDIDO DE DESCULPAS — OU NÃO

É crítico determinar suas necessidades particulares quanto ao timing: quando você está pronto para começar a conversar, quanto tempo levará para responder, o tempo que precisa para tomar consciência do que deseja da outra pessoa e o tempo que necessita para seguir adiante, se é que isso é possível.

E Quem Recebe as Desculpas?

Mesmo depois de um bom pedido de desculpas, recuperar-se da mágoa leva tempo. Em algumas circunstâncias, você vai encontrar novas informações. E pode precisar de tempo para absorvê-las, considerar o que significam para você e discutir ainda mais.

Caso perceba que a outra pessoa está assumindo um risco ao começar o pedido de desculpas, acolha esse esforço. Mas é importante que leve o tempo que você precisar. Peça paciência, talvez precise de algum tempo para maior discernimento sobre as questões envolvidas. Foi o que aconteceu com Sarah e Jonny, o casal que levou meses para superar a quebra de confiança. Ao longo da maior parte do processo, Jonny acreditava que a relação podia ser recuperada, e ele tinha fé que provavelmente em algum ponto estaria apto para superar e voltar a confiar nela. Ele não tinha como prever quanto tempo levaria. Enquanto Sarah aprendia sobre si própria, ele fez um esforço similar, dedicando-se a prestar atenção em como realmente se sentia e no que realmente precisava. Foi difícil para ele controlar-se e manter-se à espera em meio às mesmas preocupações e sentimentos enquanto, mentalmente, levantava tantas questões a tratar com ela. Agora, resolvidos, eles concordam que valeu a pena o tempo e o esforço dispendidos.

Para um pedido de desculpas em um relacionamento funcionar, ele deve em última análise ser um evento entre duas pessoas: quem recebe as desculpas, um participante ativo, tem o papel de acolher e moldar o pedido de desculpas. Por exemplo: "Agora vejo que você realmente entende como isso me magoou. Como posso ter certeza de que não fará de novo?"

Em programas de justiça restaurativa, a vítima, ou "parte afetada", está sempre envolvida desde o começo. De fato, este processo extrajudicial não acontece a não ser que a vítima esteja receptiva. A pessoa que foi magoada pode participar em qualquer grau desejado e, se não quiser estar em pessoa, pode enviar um substituto ou uma declaração para ser lida início do procedimento. A parte afetada tem o poder de moldar o processo, não apenas em termos de apresentar seu lado a respeito do ocorrido e o impacto que se deu, mas também em determinar quais requisitos o ofensor deve atender. As perguntas são: O que restauraria a vítima à "integralidade"? O que a parte responsável deve fazer para acertar esse erro?

Como se Desculpar

Estas são questões paralelas que você pode perguntar nos casos de mágoas pessoais: O que restauraria você à "integralidade"? Como a outra pessoa pode acertar os erros cometidos?

Às vezes, saber o que você precisa de alguém que o magoou é difícil. Deixe-me compartilhar um de meus exercícios favoritos. Ele começa com quem foi magoado. Se você não recebeu o pedido de desculpas que precisava, pode tentar isso, também. Escreva uma carta contendo a mensagem que gostaria que seu parceiro (ou outra pessoa importante) deveria lhe escrever. Imagine o que ajudaria a curar a mágoa que você sente. Tente pensar em tudo que acredita que deva ser dito e feito para encontrar uma resolução. Focando essa questão, em geral você descobre do que precisa.

Se quiser compartilhar, sua carta pode ser incrivelmente informativa para quem potencialmente pedirá desculpas. Escrever em detalhes o que você precisa pode ajudar a outra pessoa a sair de sua própria perspectiva e entender a sua. Você também pode lhe dar espaço para processar sua experiência quando não estiverem no calor do momento. Você está ensinando outra pessoa a fazer o que Katherine Schulz, nossa especialista em "erradologia" do Capítulo 2 recomenda: atentar-se às provas em contrário. Um novo livro, *The Apology*, da conhecida feminista Eve Ensler, está escrito na forma de uma carta do pai dela. Embora ele esteja morto há 30 anos, trata-se do pedido de desculpas que ela precisava que ele fizesse por abusar física e sexualmente dela durante sua infância. Ela acredita que pode ser um modelo para homens que queiram pedir desculpas por maltratar mulheres e que pode ser benéfico para outras mulheres que foram vitimizadas de forma similar. De fato, acho que realmente pode ter esse efeito, e isso também demonstra o valor terapêutico potencial deste exercício.[1]

MUDE O FUTURO DE SEU RELACIONAMENTO — OU NÃO

A maioria de nós não possui a plataforma pública que a Srta. Ensler usou para ter um efeito tão formidável, nem temos uma mensagem pública como a que ela está trazendo para o mundo. O que você pode ter é um relacionamento que sofreu e, se tiver sorte, alguém que fez um esforço para curar o dano. Eis algumas regras de bolso que podem ajudar.

E Quem Recebe as Desculpas?

<u>Lembre-se que contos de fadas são enganosos</u>. Até a Branca de Neve e o Príncipe Encantado, se é que tiveram um relacionamento duradouro, tiveram possivelmente que lidar com sentimentos de ciúme com relação aos sete anões. Em certos momentos, todas as relações precisam ser trabalhadas.

Assim como fazemos em automóveis, pedidos de desculpas são reparos e às vezes você precisa de uma manutenção para manter as coisas bem. Você e seu parceiro podem querer mudar suas reações automáticas a sentimentos problemáticos que surgem de tempos em tempos. Em vez de impedimentos, pense neles como oportunidades para aprimorar a saúde do motor de sua relação. Talvez os melhores casais "felizes para sempre" sejam aqueles que continuam a ser honestos, vulneráveis e dispostos a reparar desentendimentos.

<u>Comece com a mesma intenção com que pretende seguir</u>. Como tantas pessoas, você pode dar o primeiro passo, com mais aceitação e amabilidade, no começo de um relacionamento. O risco aqui é que você pode confundir a outra pessoa com relação ao que funciona para você no relacionamento. O equívoco de deixar muitos pequenos atos errados avançarem sem questiona-mento cria um padrão ruim, difícil de se quebrar. Cabe a você se conhecer e saber o que se sente confortável em tolerar, contra o que o deixa irritado ou o faz sentir-se mal. Você está ensinando a seu parceiro ou amigo como deve ser tratado.

Infelizmente, esse padrão de começo de relacionamento às vezes recomeça após uma crise e sua resolução, quando as pessoas estão sensíveis e alivia-das. Pode parecer pouco natural estabelecer suas preferências quando você está grato por não estar mais brigando, mas é algo que deve fazer para não correr o risco de dar início ao próximo problema. No Capítulo 5, vimos que Desmond não parou de compartilhar suas preocupações com Monique, sua esposa, depois da declaração inicial de arrependimento. Muito embora eles tenham encontrado um momento de resolução, os esforços contínuos dele para abordar problemas foram necessários para chegar a um entendimento real e completo com ela.

<u>Ser claro é ser gentil</u>. Boas pessoas consomem muito tempo tentando não magoar ninguém. Evitar a verdade ou manter as coisas sem total clareza em geral fazem parte desse esforço. Às vezes você pode evitar comentar sobre

Como se Desculpar

uma realidade complicada e desconfortável para outra pessoa. Você acha que é descortês, e talvez seja, mas, quando o inevitável ocorre, ou seja, a pessoa se dá conta por si própria ou você *tem* que falar para ela, o dano é, em geral, maior. Ela pode perguntar "Por que você não me disse?" e você falará "Não queria machucar você".

Ser claro não necessariamente é ser indelicado. Obviamente, pode ser algo indelicado, mas é válido praticar para se aprimorar na apresentação da verdade de uma forma afetuosa. Isso é, também, um truísmo da justiça social: Seja corajoso o suficiente para ser claro e verdadeiro. A comunicação direta pode evitar mágoas posteriores ainda maiores, bem como diversas formas de desentendimentos.

PERDOE — OU NÃO

Assim como você não é obrigado a aceitar o pedido de desculpas, também não tem obrigação de desculpar alguém que o magoou. Uma pessoa pode lhe dever um pedido de perdão, mas perdoá-la não é uma obrigação sua.

O perdão é um tema extremamente amplo e popular, e muitos filósofos e psicólogos inspirados, e muito mais informados que eu, já escreveram sobre o assunto. Não estou tentando fazer uma análise completa do perdão neste livro. Mas a coisa mais importante que quero mencionar aqui é: perdoar quem o magoou pode ajudar essa pessoa ou a comunidade, mas o maior beneficiário de seu perdão é, com frequência, você.

Exercer o perdão reduz a pressão sanguínea, os batimentos cardíacos e o nível de cortisol, um hormônio ligado ao estresse, no sistema corporal. Um sistema imunológico que funcione bem leva à melhoria geral da saúde e a um risco reduzido de problemas cardiovasculares. Por outro lado, o excesso de cortisol, que ocorre quando guardamos ressentimentos, está associado com todos os tipos de problemas médicos, os mesmos que o estresse crônico parece causar.[2]

O Stanford Forgiveness Project descobriu que o "treinamento do perdão baseado em habilidades" pode reduzir o estresse e sintomas de saúde física, incluindo a melhoria do funcionamento do sistema imunológico. O Dr. Frederic

E Quem Recebe as Desculpas?

Luskin, fundador do projeto, diz que o perdão é uma habilidade que se pode aprender, consistindo de passos que incluem autocuidado, gerenciamento do estresse e mudança de perspectiva, e é preciso praticar para chegar lá.[3]

Para muitas pessoas, a fé religiosa exige que elas perdoem, ou tentem perdoar, quem as tenha feito mal. Por exemplo, Asma Jama foi atacada por outra cliente em um restaurante por estar falando suaíli com sua família. A mulher quebrou uma caneca de cerveja no rosto da Srta. Jama, causando danos substanciais e graves problemas de ansiedade posteriores. Quatorze meses depois, no tribunal, a Srta. Jama, muçulmana, portando as cicatrizes, disse o seguinte: "Minha religião me ensina a perdoar para que possa seguir com minha vida. Guardar ressentimentos e ódio contra você não terá qualquer serventia para mim." Ela expressou o desejo de que sua agressora pudesse aprender algo com a experiência. Apesar de não haver evidência de remorso ou mudança na postura da agressora, a Srta. Jama encontrou um novo propósito na vida: defender os direitos de outras pessoas.

De forma similar, depois de um homem branco assassinar nove pessoas negras religiosas em Charleston, Carolina do Sul, alguns dos sobreviventes disseram que o perdoaram. Uma mulher, Bethane Middleton-Brown, cuja irmã, chamada DePayne Middleton Doctor, foi morta no tiroteio, disse que sua irmã a ensinou que "somos a família que o amor construiu. Não há espaço para ódio, então temos que perdoar".[4] A enlutada Srta. Middleton-Brown nos deu um forte exemplo do que se tornou um raciocínio familiar: odiá-lo significaria ceder algo a uma pessoa que já tomou tanto dela e de sua família.

A fé levou ambas as mulheres a perdoar alguém com quem não tinham um relacionamento pessoal, alguém que lhes causou enorme sofrimento. Elas escolheram passar por suas experiências e buscar uma nova forma de viver em paz. Até o ponto que lhes foi possível, ambas escolheram viver sem ódio, o que atende ao melhor interesse da saúde espiritual, e, provavelmente, física.

Libertar-se de ressentimentos e mágoas do passado pode ser uma disciplina francamente espiritual. O poeta inglês Alexander Pope nos deu a icônica frase "Errar é humano, perdoar é divino". Em seu poema, sugeriu que a capacidade de perdoar é algo a se aspirar, que deveríamos tentar ser como Deus, que a todos perdoa e mostra misericórdia para os humanos que cometem erros.[5] Os cristãos tentam seguir o ditado de Jesus de dar a outra face em vez

Como se Desculpar

de contra-atacar quando são magoados. Durante o período de suas Grandes Festas, os judeus encontram maneiras de perdoar pessoas que os magoaram no último ano e deixar de lado qualquer rancor. Se, eventualmente, você não conseguir acertar as coisas com a outra pessoa, sua forma de lidar com mágoas e sentimentos feridos será entre você e seu eu superior ou entre você e Deus.

Anne Lamott escreveu uma analogia incisiva: "Não perdoar é como beber veneno de rato e esperar que o rato morra."[6] Depois de questionar sua própria resistência à ideia do perdão como algo positivo, a colunista Renée Graham disse que se trata de um ato de "força e graça", até de rebeldia, porque reivindica sua humanidade em uma circunstância desumana.[7] É quando uma pessoa encara uma perda ou mágoa terrível que conseguimos ver o poderoso impacto do perdão nelas e em outras pessoas a seu redor.

Na comovente série documental da CNN *Redemption Project*, criada pelo jornalista Van Jones, criminosos e vítimas de crimes sérios se reúnem para tentar ficar em paz. Quando um prisioneiro chorou pelo remorso de ter matado uma adolescente, o pai da vítima ficou tocado e apontou como era importante que o assassino tivesse evoluído e mudado nos 20 anos desde o dia do crime. Com grande carinho, ele disse: "A questão não é onde você começa, mas onde você termina."[8]

Tanto para fazer um bom pedido de desculpas como para perdoar alguém, esse aspecto do caráter humano é essencial. Não estamos congelados em nossos piores momentos, nem atolados em nossas situações mais dolorosas. Uma citação do empresário e escritor Paul Boese captura a possibilidade inerente a esta verdade: "O perdão não muda o passado, mas amplia o futuro."[9]

Não há resposta certa ou errada sobre dever ou não perdoar outra pessoa. Em minha opinião, não há uma moralidade superior de lidar com esta questão. Cabe a você fazer o que mais o ajudará a se recuperar da mágoa. Caso sua mágoa, em particular, seja um eco de um problema maior da sociedade, como danos sofridos em função de algum tipo de discriminação, você pode encarar uma escolha diferente de alguém que está lidando com uma mágoa puramente pessoal. Ao escrever este livro, a incidência de danos às pessoas por causa de identidades religiosas, raciais ou étnicas parece estar aumentando nos Estados Unidos. Declarações públicas de perdão para uma pessoa em particular podem dar a impressão que a mágoa foi desfeita, o que poderia fazer com que o público parasse de pensar no assunto. Por outro lado, você pode pensar que é valioso que a mágoa seja lembrada. Nesses casos, lidar com a perda de um ente querido se torna uma questão importante de justiça social, bem como uma ocasião de dor pessoal, o que complica o significado do perdão.

VINGUE-SE — OU NÃO

Depois que alguém o magoou, o impulso de buscar vingança é compreensível. É tão natural e perene quanto ter a graça e a força para perdoar e, especialmente no começo, vem com maior facilidade. Seu desejo é que a pessoa seja punida, que sofra porque você sofreu. Certamente, a maioria dos modelos de justiça criminal parece servir ao propósito primário de punição, em vez de visar dar uma satisfação à vítima ou proteger a população.

O resultado de uma pesquisa recente pode ajudar a esclarecer o significado da punição aos olhos de quem foi magoado. Quando uma empresa causa um dano, os clientes não querem apenas um pedido desculpas: querem uma ação que tenha algum custo para a empresa. O podcast *Freakonomics* apresentou os resultados de um grande estudo de clientes da Uber prejudicados por um atraso na chegada do veículo. Um pedido de desculpas por e-mail após a experiência negativa teve pouco efeito no gasto futuro das pessoas com a Uber. Quando a desculpa foi acompanhada de um cupom promocional para uma próxima corrida, os clientes acharam o pedido mais convincente, ou seja, a restituição teve algum peso. Os cupons promocionais em si, não vinculados a um pedido de desculpas, não foram eficazes em aumentar os gastos.[10]

Para mim, essa pesquisa fala sobre a questão de punição de forma geral. Se alguém o magoou, você quer que eles sejam *magoados* também, ou só que isso *custe* alguma coisa? Qual é a diferença?

Como vimos, ocorre frequentemente que vítimas de crimes não querem a sentença máxima para os criminosos. Elas esperam uma consequência séria, mas que faça sentido e restaure algum equilíbrio para a pessoa magoada e para a comunidade.

Em um exemplo formidável de apoio a uma punição mais branda para alguém que tenha causado dano, uma jovem mulher que foi agredida sexualmente apoiou um acordo de confissão que fez com que seu agressor não fosse

Como se Desculpar

para a cadeia. O juiz deste caso ficou "perplexo", porque as acusações eram sérias e as evidências, fortes. Mas a moça disse acreditar que todos merecem uma segunda chance. Para fazer o processo se ajustar ao que precisava a título de reparação, ela pediu uma consequência diferente e específica para ele: um pedido público de desculpas em uma audiência pública no tribunal. Além de outras penalidades, foi exigido que seu agressor "assumisse" e contasse exatamente o que fez com ela.[11] No tribunal, ela também disse a ele: "Peço que você construa para si um futuro imaculado. Peço que cause um impacto positivo em cada vida que esteja em seu caminho, porque o impacto que você fez na minha vida e na da minha família já foi o suficiente para uma vida inteira." Com evidente emoção, ele descreveu, em tons fortes e detalhes completos, a sordidez de seu "comportamento imperdoável naquela noite". Ele disse também ao tribunal: "Ela é incrivelmente corajosa e me sinto completamente arrasado em pensar que sou o responsável por isto. Sinto profunda vergonha por tê-la feito passar por isto."[12]

Em vez de impor punições, os pais mais sábios usam desde sempre consequências naturais (permitir resultados desfavoráveis resultantes de comportamentos inadequados) e abordagens restaurativas (ensinar a criança a fazer restituições ou reaver o que foi quebrado) para ajudar as crianças a diferenciarem o certo do errado. No tratamento de saúde mental comportamental projetado para valorizar um comportamento desejado, a técnica de reforço positivo tem muito mais chance de ser recomendada que a punição. A punição é menos eficaz na mudança do comportamento humano, especialmente no longo prazo.

VOCÊ PODE COMEÇAR — OU NÃO

O caminho para reconexão mais provável é que alguém dê um passo adiante e assuma a responsabilidade por aquilo que fez e magoou o outro. É exatamente o que os irmãos que se distanciaram um do outro dizem, em geral, querer um do outro. No caso de Rolland e seu irmão, no Capítulo 2, um pedido de desculpas sincero de um dos irmãos poderia ter levado à reciprocidade e à mesma expressão de arrependimento por parte do outro. Eles poderiam ter reparado a relação. Rolland poderia ter recebido o pedido de desculpas que tanto ansiava. Ele só tinha que falar primeiro.

E Quem Recebe as Desculpas?

Muitas vezes nos sentimos distanciados dos outros porque eles nos feriram. Para nos reconectarmos, precisamos de um pedido de desculpas. Mas, no relacionamento de qualquer duração e entre entidades de qualquer tamanho, todos os envolvidos normalmente têm algo para se queixar do outro. Claro, algumas mágoas são piores que outras, assegurando uma responsabilidade séria pela reparação, e algumas ocorreram antes, gerando uma cascata de mágoas e desavenças de ambos os lados. Às vezes, a única rota possível para restaurar a proximidade pode demandar que você, assim como Rolland, aborde o outro com curiosidade sobre a experiência de mágoa *dele ou dela* e só depois crie um espaço para lidar com a sua.

Podemos encontrar muita sabedoria nos princípios e práticas dos Alcoólicos Anônimos (AA). Um que chama minha atenção particularmente é o Passo 4, porque leva ao acerto de contas com as pessoas magoadas. O que é interessante sobre essa prática é que ela começa com uma lista de seus ressentimentos, o rancor que você carregou durante a sua vida. Você deve examinar esses ressentimentos, um a um, com um olhar específico: com a ajuda de seu patrocinador, você deve considerar como contribuiu para cada situação da qual se ressente. Em minha opinião, esse é um trabalho de terapia complicado e sofisticado que leva um longo tempo. Por fim, como eu vim a entender, a ideia é que os ressentimentos possam ser transformados em arrependimentos pelos quais você pode se responsabilizar. Faz pensar em como deve ser libertador abandonar, ou, mais precisamente, transformar rancores de uma vida inteira.

De todo modo, não estou recomendando que todo mundo se filie aos AA. Nem sugerindo que você abra mão de suas mágoas e ressentimentos. Estou, na verdade, lhe pedindo para considerar duas ideias: uma possível contribuição sua para o seu problema e para a possível dor que a outra pessoa carrega. Acho que isso pode abrir trilhas surpreendentes na direção da resolução.

ESCOLHAS PARA A PESSOA MAGOADA

- Pedir que o outro peça desculpas — ou não;
- Aceitar o pedido de desculpas — ou não;
- Moldar o pedido de desculpas — ou não;
- Mudar o futuro — ou não;
- Perdoar — ou não;
- Buscar vingança — ou não;
- Pedir desculpas primeiro — ou não.

CAPÍTULO 10

Quando *Não* Pedir Desculpas

Uma mensagem consistente ao longo de *Como se Desculpar* é que os pedidos de desculpas são poderosos e têm valor. Entretanto, há ocasiões em que pedir desculpas não é uma boa ideia.

Jeremy, 54 anos de idade, veio à terapia para abordar um padrão de explosões de raiva e questões de relacionamento associados à sua esposa, já há muitos anos. Durante o movimento #MeToo, ele também ficou incomodado com um evento de muito tempo atrás, enxergando essa situação à luz da agressão sexual masculina e da "cultura de privilégio". Ele ficou atormentado pela culpa de um terrível acidente que ocorreu quando tinha 15 anos. Depois que sua namorada Linda rompeu o namoro, ele a confrontou na escola. Quando ela lhe pediu para ir embora, perdeu a calma e a segurou fisicamente, por um momento, antes de "recobrar a consciência" e ir embora. Vários anos depois, ela fez contato, e por meio das mídias sociais eles desenvolveram um "relacionamento" de amizade consistindo de mensagens ocasionais.

Como se Desculpar

Ele me falou o que gostaria de poder dizer a Linda agora. Depois de muito pensar, fez diversos rascunhos de uma carta. Durante todo o tempo, não estava convencido de que a enviaria, porque estava preocupado que não seria o melhor para ela. O que ele escreveu foi um completo e ponderado pedido de desculpas. Na carta, ele declarava que sentia muito por havê-la maltratado e que a responsabilidade era totalmente dele. Disse que havia aprendido coisas importantes a partir de seu horrível erro e assegurava que nunca o repetiria. Ele enfatizou que não estava pedindo nada a ela, mas ficaria feliz de ouvi-la caso quisesse falar com ele. Finalmente, no final dessa notável carta, agradecia pelo carinho que ela teve com ele no tempo todo que se conheceram.

À medida que trabalhava na carta, semana após semana, Jeremy teve oportunidade de vislumbrar, por uma perspectiva nova e mais responsável, as muitas vezes que explodiu com sua esposa. Responsabilizar-se por seu comportamento lastimável muitos anos atrás pareceu habilitá-lo a se comportar melhor hoje em dia, também. Talvez de forma paradoxal, ele se encontrou mais calmo e menos reativo do que havia se sentido em anos.

Ao terminar a carta, discutimos as questões relativas a enviá-la ou não para Linda. Ele não queria lembrá-la de algo que foi desagradável naquela ocasião e que poderia não ser mais relevante. Percebeu que a carta não havia sido escrita pensando no bem-estar dela, mas sim para a resolução pessoal dele mesmo. Por fim, decidiu não enviar a carta.

Mesmo assim, esse pedido de desculpas frustrado ajudou Jeremy a ter maior autoconsciência e realizar mudanças para si mesmo e sua esposa. Sua decisão ilustra a forma pela qual praticar escrever cartas com pedidos de desculpas pode ser uma boa opção se o peso da expiação é apenas seu e não precisa envolver a outra pessoa.

Às vezes, você pode não saber exatamente como se sente sobre pedir perdão ao outro. Se, por exemplo, estiver preocupado com os sentimentos de dor que a pessoa possa estar sentindo em decorrência de seus atos, mas não se arrepende do que fez, você pode tentar escrever essa carta para praticar. Identifique todas as coisas das quais se arrepende — não é que você tenha feito a escolha "errada", mas que suas ações podem ter trazido dor aos outros. Praticar o pedido de desculpas pode ajudá-lo a entender como se sente e identificar por que razão deve pedir desculpas.

Dito isso, há ocasiões em que você definitivamente não deve pedir desculpas:

QUANDO VOCÊ NÃO TEM A INTENÇÃO

Se você não quer ouvir a reação de alguém a algo que você fez e está tentado a falar "sinto muito" para que ele deixe de tocar no assunto, é provável que o tiro saia pela culatra. Caso esteja disposto a dizer essas duas palavras, mas não quer passar pelos quatro passos do processo, provavelmente o resultado não vai satisfazer ninguém. Se alguém o está pressionando para pedir desculpas, mas você não quer, é melhor dizer outra coisa, ou não falar nada.

QUANDO MAGOARIA A OUTRA PESSOA

Em programas de 12 passos, como no AA, o acerto de contas é um aspecto de grande relevância do trabalho pessoal exigido. No entanto, o Passo 9 do AA fala de uma exceção: você deve fazer reparações diretas dos danos causados a tais pessoas "sempre que possível, *salvo quando fazê-lo significaria prejudicá-las ou a outrem*". (Grifo meu.)[1] Pode ser que a experiência que levou à mágoa tenha sido muito dolorosa, muito humilhante, ou ambos, para a outra pessoa querer reabrir as feridas. Em uma recente coluna "The Ethicist" na *New York Times Magazine*, Kwame Anthony Appiah concluiu que "quando um pedido de desculpas de um passado remoto simplesmente desenterra memórias angustiantes, a melhor escolha pode ser manter-se reticente".[2]

Eu honro esta máxima de não causar dano adicional, mas também sei que pode ser uma desculpa tentadora para evitar o processo. Como saber a diferença entre um pedido de desculpas que precisa ser feito mesmo que seja doloroso, e um pedido que você não deve nem começar a fazer?

Como se Desculpar

QUANDO A OUTRA PESSOA NÃO QUER OUVIR VOCÊ

Se a pessoa que você magoou cortou qualquer diálogo sobre o assunto, pode ser impossível se resolver com ela. Em um relacionamento existente, esses cortes são em geral temporários e você terá outra chance de se recuperar junto ao outro. É uma boa ideia deixar a conversa em aberto, dando à outra pessoa a liberdade de decidir se e quando vocês dois voltarão ao assunto.

No entanto, se a pessoa que você magoou pediu para você não entrar mais em contato, faça como ela pediu. Um homem perguntou em outra edição da coluna "The Ethicist" se poderia entrar em contato com uma antiga amiga e pedir desculpas. Ele reviu seus conceitos durante o movimento #MeToo e percebeu como a havia magoado muito tempo atrás, mas, naquele tempo, ele concordou em não entrar em contato novamente com ela. Na resposta, o Sr. Appiah lembrou que o mais importante é o que seria bom para ela agora. Embora ela possa dar valor a mensagem de que ele compreende a visão dela neste momento, "você não tem direito de aliviar o que ainda tem de culpa à custa dela".[3]

Recomendo fortemente não desrespeitar nem o pedido expresso da pessoa para não entrar em contato, nem sua concordância em fazê-lo porque está desconfortável. Você deve lidar com a culpa em outro fórum, como um ritual espiritual, uma confissão a outra pessoa ou delegando a reparação.

QUANDO A PESSOA NÃO PODE RECEBER O PEDIDO DE DESCULPAS

E se a pessoa a quem você deve desculpas é muito jovem, muito doente ou com algum comprometimento que não a deixe perceber suas palavras e participar do processo com você? Digamos, por exemplo, que você seja responsável por um trágico acidente de carro que deixou alguém terrivelmente ferido. Muito embora você não possa contatar a vítima ou os membros da família, para se desculpar ou buscar informações sobre os efeitos de seus atos, pode sentir que deve alguma espécie de reparação à vítima. Não ser capaz de expressar seu arrependimento diretamente não elimina seguir uma versão dos passos do pedido de desculpas: pesquise os efeitos do tipo de dano que você causou ou saiba o escopo causado por motoristas responsáveis pelo mesmo problema. Encontre uma forma de compartilhar o que aprendeu ou expresse seus arrependimentos na forma de aconselhamento. Seu senso de responsabilidade pode levá-lo a buscar oportunidades de restituição, como contribuir com organizações ligadas às necessidades de suas vítimas. Você deve à vítima, e a você mesmo, fazer o que for possível para prevenir a repetição do dano, e talvez possa fazer isso falando para outras pessoas sobre seus erros.

Quando a pessoa com quem você tem contas a acertar morre antes que você possa encontrar uma resolução conjunta, você poderá vir a carregar um peso adicional pelos sentimentos não resolvidos. Obviamente, já não é mais possível pedir desculpas a ela, mas ainda cabe a você se reconciliar consigo mesmo ou com o divino. De certa forma, pode ser mais urgente encarar seu arrependimento e responsabilidade. Caso não o faça, a sombra da culpa dessa ausência de resolução pode manchar outros relacionamentos ou a visão de si próprio. Um "pedido de desculpas espiritual" ou uma confissão pode envolver orações, rituais, exercícios como as cartas que discutimos, ou uma declaração privada de penitência. Também pode envolver a busca de um membro do clero ou outra pessoa que testemunhe sua fala sobre a verdade de seus erros. As oportunidades de restituição e prevenção mencionadas anteriormente também podem ser aplicadas.

QUANDO UMA PESSOA EXIGE MUITOS PEDIDOS DE DESCULPAS

Digamos que você esteja em um relacionamento com alguém que tem reações exageradas a muitas coisas pequenas que você considera que não merecem um pedido de desculpas. No início de um relacionamento, às vezes é difícil discernir se uma pessoa é muito sensível ou se o outro desdenha de seus sentimentos. Essa área cinzenta de dúvida pode ser um terreno fértil para aprender a compreender o outro, para que você possa ser mais amável com relação à sensibilidade e aos pontos cegos. E, em qualquer desentendimento, essa diferença de perspectivas pode aparecer. Uma única reação exagerada de alguém que você gosta sempre gera preocupação e curiosidade.

No entanto, Carolyn Hax, que assina uma coluna dedicada a aconselhar as pessoas, sugere olhar o somatório dessas situações. Ao longo do tempo, você pode perceber que não há problema em fazer ajustes em respeito ao nível de

Como se Desculpar

sensibilidade da pessoa, são mudanças que aproximam. Por outro lado, pode ficar aparente que seu parceiro ou amigo está pedindo coisas impossíveis, colocando em sua conta desentendimentos imprevisíveis ou falhas de "leitura do pensamento". Suas demandas por desculpas podem não ser razoáveis e você pode decidir que não está certo sofrer as consequências das reclamações.[4]

Em resposta à dor do outro, a empatia é sempre necessária, mas a compaixão por si próprio e a imposição de limites também são. Se você se sente à mercê do outro, pressionado a pedir desculpas por coisas que não entende ou se é colocado como estando constantemente em falta, pode ser melhor parar de tentar resolver as coisas com essa pessoa, ao menos por um certo tempo. Procure saber como surgiu esse padrão e o que ele significa para você. Há um envolvimento seu em alguma rotina habitual injusta ou na qual se sente controlado ou manipulado? Se for o caso, é viável mudar o padrão ou você deveria simplesmente deixá-lo de lado?

Novamente, aqui, devemos fazer a distinção crucial entre pressões irracionais feitas por outra pessoa e sua própria resistência em fazer a coisa certa. Só você pode decifrar esta diferença, ouvindo sua própria voz ou talvez uma pessoa de confiança que, geralmente, seja razoável.

Elaine, irmã mais nova de Teresa, a havia lembrado das muitas vezes durante a infância em que Teresa fez algo que a magoou. Ela não se recordava da maioria delas, ou porque ocorreram há muito tempo, ou porque eram questões pequenas. No entanto, como sua irmã se sentia mal com elas, Teresa se preocupava. Na maior parte do tempo, ela se manteve paciente e curiosa, com empatia e responsabilidade. Recentemente, porém, Elaine começou a exigir que Teresa fizesse um tipo de pedido de desculpas em que ela teria que descrever, às vezes para outros membros da família, detalhes de ações como se ela própria se lembrasse. Elaine sustentou que Teresa deveria confiar na memória dela, Elaine, sobre uma vez em que ela derramou alguma coisa no suéter da irmã, mentiu para os pais depois de um mau comportamento ou a ofuscou em um evento da família. Sempre que Teresa não dizia as coisas exatamente como Elaine queria, ela ficava furiosa, saía do recinto e se recusava a falar com Teresa por algum tempo.

Teresa veio se consultar comigo porque tinha uma pergunta sobre os pedidos de desculpas. Ela deveria continuar pedindo as desculpas que Elaine parecia precisar, mesmo que começasse a parecer errado para ela? Conversamos sobre as cenas que a irmã queria criar, dirigindo Teresa a dizer certas frases. Embora as demandas de Elaine por acertos de contas sempre parecessem idiossincráticas, Teresa estava disposta a dar o benefício da dúvida com relação a memórias esquecidas. Até o momento, elas não tinham chegado a esse nível de peculiaridade e insistência. O que ela estava pedindo para Teresa pôr em prática e por quê? Nenhuma de nós sabia.

A tarefa de Teresa era encontrar uma forma de se manter amável, sem consentir com o comportamento que lhe parecia preocupante. Em vez de fazer exatamente o que Elaine pedia, ela tinha que decidir o que poderia fazer de forma honesta e sincera. Deu-se conta de que isso significava parar de pedir desculpas pelo que não se lembrava. Ao mesmo tempo, queria ajudar a aliviar a dor de sua irmã. Ela pensou em formas de apoiar Elaine enquanto a mantinha dentro de certos limites.

Se você se encontra preso em uma relação que não funciona de formas saudáveis e recíprocas, o que fazer com relação a pedidos de desculpas? E se a outra pessoa não apenas deixa de fazer bom uso de seus pedidos desculpas, como também os deturpa? A experiência pode lhe ensinar que sua disposição em ser humilde e vulnerável em um pedido de desculpas de coração aberto não é algo psicologicamente seguro com essa pessoa. Caso isso aconteça, sua tarefa deve ser se proteger. Você precisa estabelecer limites e respeitá-los, não se permitindo entrar em interações danosas. Se a outra pessoa não honrar tais limites — por exemplo, ao não parar com uma conversa coercitiva que você precisa adiar ou interromper — talvez você precise deixar fisicamente o lugar onde está. Em tais relacionamentos, a questão começa a ser se vocês podem ou não trabalhar juntos para fazer as grandes mudanças necessárias, mudanças maiores que um pedido de desculpas vindo de você possa consertar.

Como se Desculpar

QUANDO SEU PEDIDO DE DESCULPAS NUNCA ACABA

Curar-se de uma mágoa em um relacionamento pode levar muito tempo. Mas como saber o que é tempo demais? Você pode ter observado um relacionamento que está calcado em papeis desequilibrados. Eles podem aparecer, por exemplo, quando uma pessoa parece estar sempre buscando perdão ou aceitação, como se fosse eternamente um cidadão de segunda classe tendo que provar seu direito de estar ali, enquanto o outro ficou acostumado a adotar uma vantagem moral preexistente em qualquer discussão, ou suas feridas se tornam uma repreensão habitual. Esses padrões indicam que um pedido de desculpas deu errado ou ficou paralisado em algum ponto do caminho. Não é a melhor situação para ninguém estar perpetuado como vítima, nem se sentir de castigo para sempre.

Você pode mudar esse padrão corrompido, esse pedido de desculpas incompleto, preso no meio do caminho. Considerar a possibilidade de redenção pode ajudar. Como seria isso no seu caso? Como identificar o que é necessário para acertar as coisas? No resultado final ideal, o que você quer que essa relação se torne? É possível que ambos se lembrem de se responsabilizar com compaixão pelos erros, até pelos maiores tropeços? É possível sair dos padrões familiares tempo suficiente para encontrar um "momento na montanha", como o que Jonny e Sarah tiveram quando conseguiram esclarecer seus valores? O que poderia mudar o rumo da história o suficiente para permitir um futuro diferente? O que poderia permitir que ambos os membros do casal tenham uma visão renovada de seu relacionamento? Se você não conseguir encontrar a forma de remover esse padrão corrompido por conta própria, pode tentar a terapia de casais. Em geral, a perspectiva de uma terceira parte em quem se confia pode ajudar a quebrar um padrão resistente.

O vigor de um relacionamento saudável que se recuperou de problemas que foram encarados em conjunto difere, e muito, desse tipo de estagnação. Os casais que conseguiram superar a infidelidade até podem ter que revisitar o assunto periodicamente, mas não permanecem nele.

QUANDO VOCÊ NUNCA FAZ NADA ERRADO

Está certo, este caso é quase uma piada, mas há pessoas que realmente acreditam que a culpa nunca é delas. Acham que se você andasse com cuidado e vivesse com convicção, como elas, também não cometeria erros.

Não acredito no pecado original (uma doutrina da Igreja Católica), mas que eu saiba é quase impossível não participar de alguma forma de exploração abusiva, mesmo que se trate de comprar um chocolate cuja produção está ligada a alguma prática de trabalho infantil, ou investir em fundos mútuos que de alguma forma dão suporte aos negócios de minas de diamantes ou levam empresas locais à falência. Embora possamos tentar minimizar tais conexões, em nossa complexa cultura atual, há "sangue" nas mãos de quase todos. Eu diria que a solução moral aqui não é necessariamente pedir mais desculpas, mas viver tão conscientemente quanto possível, deixando o menor rastro de dano possível e tentar reparar o mal que você possa causar.

QUANDO É MELHOR *NÃO* PEDIR DESCULPAS

- Quando for apenas para seu benefício;
- Quando você não tem a intenção;
- Quando magoaria a outra pessoa;
- Quando a outra pessoa não quer ouvir você;
- Quando a pessoa não vai aceitar o pedido;
- Quando a pessoa pede por muitas desculpas;
- Quando seu pedido de desculpas não acaba nunca;
- Quando você não fez nada de errado.

CONCLUSÃO

Você Pode Acertar as Coisas

Obrigada por passar este tempo comigo. Juntos, testemunhamos as histórias de pessoas lutando, tropeçando, e principalmente encontrando seu caminho na criação de maior integridade e vínculos mais amorosos. Espero que você tenha refletido sobre seus próprios relacionamentos e os pedidos de desculpas que podem reparar as eventuais fissuras. Espero que se lembre da mudança de mentalidade que lhe permite ouvir profundamente o outro, alguém cuja perspectiva é diferente da sua.

As lições deste livro são antigas e atemporais: ouça com a mente aberta, assuma a responsabilidade por suas ações, fale com empatia e acerte as coisas com os outros. Tais lições são alvos potenciais de desdém, particularmente na idade pós-moderna que desvaloriza a sinceridade e premia o desapego irônico. Não tenho defesa contra a alegação de falta de frieza. Estou buscando algo mais profundo, porque não há nada como um pedido de desculpas, nada tão vasto em seu impacto, e tão pessoal em sua execução, tão poderoso e tão pequeno.

Como outros antes de mim, provavelmente escrevi o livro que precisava ler.

Como se Desculpar

Enquanto trabalhava em *Como se Desculpar*, examinei centenas de recortes de jornais e artigos online que imprimi. Apenas alguns entraram no livro, mas li todos novamente. Aprecio as histórias de quem fez tentativas corajosas de pedir desculpas. Admiro aqueles que exigiram as desculpas que mereciam. Celebro os "finais felizes" que podemos todos viver, as resoluções satisfatórias, a cura.

Não sou particularmente uma pessoa que faz muito mal aos outros, nem levei uma vida afortunada, sem dor. No entanto, neste relativamente maduro estágio da vida, pareço ter mais arrependimentos do que rancores. Além disso, como venho trabalhando neste projeto, às vezes sou afligida por mágoas que eu nem sabia, porque, como você sabe, somos péssimos detectores de nossos próprios passos em falso.

Depois de passar anos neste assunto, o que me resta é uma calorosa chamada às armas, que não são realmente armas, mas tenacidade. Meu compromisso pessoal de viver da forma que descrevi neste livro é intimidador, mas me parece de uma importância crucial.

Imagino um mundo no qual todos buscamos pontos e propósitos em comum, mais do que dominar os outros e estarmos certos. Imagino tirar dos bolsos as pesadas pedras da vergonha e ressentimento, e caminhar mais leve na direção do outro. Imagino responsabilizar a mim e meus entes queridos com mais compaixão.

Escrever este livro me ajudou a abrir meu coração para as pessoas que me magoaram e a me tornar menos defensiva com as pessoas que me dão um feedback que não quero ouvir. Se você é alguém que magoei, por favor me diga e me deixe tentar acertar as coisas.

Aonde quer que as ideias deste livro o levem, querido leitor, que você esteja acompanhado de coragem e compaixão. Mantenha contato. Diga como tudo está funcionando para você.

E Se?

E se houver uma maneira de promover a cura para outra pessoa, melhorar sua saúde, aprimorar sua vida espiritual, enriquecer seus relacionamentos e contribuir para uma comunidade em que haja mais confiança? E se essa poderosa forma for gratuita e estiver disponível para todos, independentemente de recursos ou habilidades especiais? E se você soubesse fazer essa mágica? Há algum motivo que impediria que você a fizesse?

Notas

INTRODUÇÃO

1. Teddy Wayne, "Choose Your Own Public Apology", *The New York Times*, 24 de novembro de 2017.

2. Lynn Martire e Melissa Franks, eds., "The Role of Social Networks in Adult Health", edição especial, *Health Psychology* 53, no. 6 (2014).

3. Timothy Smith e Anne Kazak, eds., "Close Family Relationships and Health", edição especial, *American Psychologist* 72, no. 6 (2017).

4. Jason Daley, "The UK Now Has a 'Minister for Loneliness.' Here's Why It Matters", Smithsonian.com, 19 de janeiro de 2018.

5. Gretchen Anderson, *Loneliness Among Older Adults: A National Survey of Adults 45+* (Washington, DC: AARP, 2010).

6. Vivek Murthy, "Work and the Loneliness Epidemic: Reducing Isolation at Work Is Good for Business", *Harvard Business Review*, setembro de 2017.

7. Carol Gilligan, *Uma Voz Diferente* (Rio de Janeiro: Ed. Rosa dos Tempos, 1990).

Notas

8. Heinz Kohut, *The Restoration of the Self* (Nova York: International Universities Press, 1977).

9. Jean Baker Miller, *A Mulher à Procura de Si Mesma* (Rio de Janeiro: Ed. Rosa dos Tempos, 1991).

CAPÍTULO 1. POR QUE PEDIR DESCULPAS?

1. Kelsey Borresen, "11 Things the Happiest Couples Say to Each Other All the Time", *HuffPost*, 7 de fevereiro de 2019, Relationships.

2. Daphne de Marneffe, "The Secret to a Happy Marriage Is Knowing How to Fight", *The New York Times*, 12 de janeiro de 2018.

3. Geoffrey Bromiley, *Theological Dictionary of the New Testament*, resumido no 1 vol. (Grand Rapids, MI: William B. Eerdmans, 1985).

4. Gordon Marino, "What's the Use of Regret?", *The New York Times*, 12 de novembro de 2016.

5. Avi Klein, "A Psychotherapist's Plea to Louis C.K.", *The New York Times*, 6 de janeiro de 2019.

6. Anne Lamott, *Pedir, Agradecer e Admirar* (Editora Sextante, 2014).

7. Alicia Wittmeyer, "Eight Stories of Men's Regret", *The New York Times*, 18 de outubro de 2018.

8. Nick Ferraro, "30 Years Later, Minn. Hit-and-Run Driver Sends $1,000 to Police to Give to Victim", *St. Paul Pioneer Press*, 29 de novembro de 2017.

9. Julianne Holt-Lunstadt, Timothy Smith e J. Bradley Layton, "Social Relationships and Mortality Risk: A Meta-Analytical Review", *PLOS Medicine* 7 (2010), https://doi.org/10.1371/journalpmed.1000316 [conteúdo em inglês].

10. Lynn Martire e Melissa Franks, eds., "The Role of Social Networks in Adult Health", edição especial, *Health Psychology* 53, no. 6 (2014); Timothy Smith e Anne Kazak, eds., "Close Family Relationships and Health", edição especial, *American Psychologist* 72, no. 6 (2017).

11. Vivek Murthy, "Work and the Loneliness Epidemic: Reducing Isolation at Work Is Good for Business", *Harvard Business Review*, setembro de 2017.

212

Notas

12. Max Fisher, "Yes, Netanyahu's Apology to Turkey Is a Very Big Deal", *Washington Post*, 22 de março de 2013.

13. Senador Sam Brownback, "A Joint Resolution to Acknowledge a Long History of Official Depredations and Ill-Conceived Policies by the Federal Government Regarding Indian Tribes and Offer an Apology to All Native Peoples on Behalf of the United States", S.J. Res. 14, 111th Cong. (30 de abril de 2009), https://www.congress.gov/bill/111th-congress/senate-joint-resolution/14 [conteúdo em inglês].

14. Rob Capriccioso, "A Sorry Saga: Obama Signs Native American Apology Resolution, Fails to Draw Attention to It", *Indian Country Today*, 13 de janeiro de 2010.

15. Layli Long Soldier, *Whereas* (Mineápolis, MN: Greywolf, 2017).

16. John Kador, *Effective Apology: Mending Fences, Building Bridges, and Restoring Trust* (San Francisco: Berrett-Koehler, 2009), 7.

17. Kador, 15.

18. Kador, 3.

19. Leigh Anthony, "Why Do Businesses Need Customer Complaints?" *Small Business — Chron.com*, acessado em 13 de julho de 2019, https://smallbusiness.chron. com/businesses-need-customer-complaints-2042.html# [conteúdo em inglês].

20. Daniella Kupor, Taly Reich e Kristin Laurin, "The (Bounded) Benefits of Correction: The Unanticipated Interpersonal Advantages of Making and Correcting Mistakes", *Organizational Behavior and Human Decision Processes* 149 (novembro de 2018), https://doi.org/10.1016/j.obhdp.2018.08.002 [conteúdo em inglês].

21. Patrick Lencioni, *The Five Dysfunctions of a Team Summarized for Busy People* (Bloomington, IN: Partridge Publishers, 2017).

22. Lisa Earle McLeod, "Why Avoiding Conflict Keeps You Trapped in It Forever", *HuffPost*, 6 de julho de 2011.

23. Amy Edmondson, "Psychological Safety and Learning Behavior in Work Teams", *Administrative Science Quarterly* 44, no. 2 (1999).

24. Amy Edmondson, "Creating Psychological Safety in the Work place", *Harvard Business Review Ideacast*, 22 de janeiro de 2019.

Notas

25. James Baldwin, "As Much Truth as One Can Bear: To Speak Out About the World as It Is, Says James Baldwin, Is the Writer's Job", *New York Times Book Review*, 14 de janeiro de 1962.

26. Judith Glaser, "Your Brain Is Hooked on Being Right", *Harvard Business Review*, 2 de fevereiro de 2013.

27. Bert Uchino e Baldwin Way, "Integrative Pathways Linking Close Family Ties to Health: A Neurochemical Perspective", *American Psychologist* 72, no. 6 (setembro de 2017).

28. Tom Delbanco e Sigall Bell, "Guilty, Afraid and Alone — Struggling with Medical Error", *New England Journal of Medicine* 357 (2007).

29. Darshak Sanghavi, "Medical Malpractice".

30. Delbanco e Bell, "Guilty".

31. Allen Kachalia et al., "Liability Claims and Costs Before and After Implementation of a Medical Error Disclosure Program", *Annals of Internal Medicine* 153 (2010).

32. Sanghavi, "Medical Malpractice: Why Is It So Hard for Doctors to Apologize?" *Boston Globe*, 27 de janeiro de 2013.

33. Editorial Staff, "With Respectful Apology, Boston Police Defuse Tensions", *Boston Globe*, 6 de maio de 2015.

34. Yawu Miller, "Boston Sees Profound Political Changes in 2018", *Bay State Banner*, 28 de dezembro de 2018.

35. Steve Brown, "7 Key Provisions of the Criminal Justice Bill", *WBUR News*, 6 de abril de 2018, https://www.wbur.org/news/2018/04/06/criminal-justice-reform-bill-key-provisions [conteúdo em inglês].

36. Eric Pfeiffer, "SNL Star Pete Davidson's Apology to This War Veteran Turned into a Moving Call for Unity", Upworthy, 12 de novembro de 2018, https://www.upworthy.com/snl-star-pete-davidson-s-apology-to-this-war-veteran-turned-into-a-moving-call-for-unity [conteúdo em inglês].

Notas

CAPÍTULO 2. É MUITO DIFÍCIL PEDIR

1. Sara Eckel, "Why Siblings Sever Ties", *Psychology Today* (9 de março de 2015).

2. Lucy Blake, Becca Bland e Susan Golombok, "Hidden Voices — Family Estrangement in Adulthood", Universidade de Cambridge (10 de dezembro de 2015), http://standalone.org.uk/wp-content/uploads/2015/12/Hidden-Voices.-Press.pdf [conteúdo em inglês].

3. Kathryn Schulz, *Por que Erramos? O lado positivo de assumir o erro* (São Paulo: Editora LaFonte, 2013).

4. Schulz, 4.

5. Judith Glaser, "Your Brain Is Hooked on Being Right", *Harvard Business Review*, 2 de fevereiro de 2013.

6. Evan Andrews, "Seven Bizarre Witch Trial Tests", History.com, 18 de março de 2013, https://www.history.com/news/7-bizarre-witch-trial-tests [conteúdo em inglês].

7. Christopher Chabris e Daniel Simons, *O Gorila Invisível e Outros Equívocos da Intuição* (Rio de Janeiro: Rocco, 2010).

8. Daniel Simons, "The Monkey Business Illusion", theinvisiblegorilla.com, 28 de abril de 2010, https://www.youtube.com/watch?v=IGQmdoK_ZfY [conteúdo em inglês].

9. Trafton Drew, Melissa Vo e Jeremy Wolfe, "The Invisible Gorilla Strikes Again: Sustained Inattentional Blindness in Expert Observers", *Psychological Science* 24, no. 9 (2013).

10. Leon Festinger, Henry Riecken e Stanley Schachter, *When Prophecy Fails: A Social and Psychological Study of a Modern Group That Predicted the Destruction of the World* (Mineápolis: University of Minnesota Press, 1956).

11. D. Westen et al., "The Neural Basis of Motivated Reasoning: An fMRI Study of Emotional Constraints on Political Judgment During the US Presidential Election of 2004", *Journal of Cognitive Neuroscience* 18 (2006).

12. Carol Tavris e Elliot Aronson, *Mistakes Were Made (But Not by Me): Why We Justify Foolish Beliefs, Bad Decisions, and Hurtful Acts* (San Diego, CA: Harcourt, 2007).

Notas

13. Stephanie Pappas, "APA Issues First-Ever Guidelines for Practice with Men and Boys", *American Psychological Association Monitor* 50 (2019).

14. Nile Gardiner e Morgan Roach, "Barack Obama's Top 10 Apologies: How the President Has Humiliated a Superpower", Heritage Foundation, 2 de junho de 2009, https://www.heritage.org/europe/report/barack-obamas-top-10-apologies-how-the-president-has-humiliated-superpower [conteúdo em inglês].

15. Mitt Romney, *No Apology: The Case for American Greatness* (Nova York: St. Martin's Press, 2010).

16. Blake, Bland, e Golombok, "Hidden Voices".

17. Rosalind Wiseman, *Masterminds and Wingmen: Helping Our Boys Cope with Schoolyard Power, Locker-Room Tests, Girlfriends, and the New Rules of Boy World* (Nova York: Harmony Books, 2013).

18. Patrick Lencioni, *The Five Dysfunctions of a Team Summarized for Busy People* (Bloomington, IN: Partridge Publishers, 2017).

19. David Larcker et al., "2013 Executive Coaching Survey", Stanford University Graduate School of Business e The Miles Group, agosto de 2013, https://www.gsb.stanford.edu/faculty-research/publications/2013-executive-coaching-survey [conteúdo em inglês].

20. Nicolette Amarillas, "It's Time for Women to Stop Apologizing So Much", *WOMEN/Entrepreneur*, 12 de julho de 2018, https://www.entrepreneur.com/article/314199 [conteúdo em inglês].

21. Kristin Wong, "Negotiating While Female: How to Talk About Your Salary", *The New York Times*, 16 de Junho de2019, Working Woman's Handbook Issue.

22. Ian Ferguson e Will Ferguson, *How to Be a Canadian (Even If You Already Are One)* (Vancouver: Douglas & McIntyre, 2007).

23. Jacey Fortin, "After an 'Ambiguous' Apology for Ryan Adams, What's the Right Way to Say Sorry?" *The New York Times*, 15 de fevereiro de 2019.

Notas

CAPÍTULO 3. NÃO É FÁCIL, MAS NÃO É NENHUM MISTÉRIO

1. "The Ash Wednesday Liturgy", *Book of Common Prayer* (Nova York: Church Publishing, 1979).

2. Peter Beaulieu, *Beyond Secularism and Jihad? A Triangular Inquiry into the Mosque, the Manger, and Modernity* (Lanham, MD: University Press of America, 2012).

3. K. C. Lee et al., "Repentance in Chinese Buddhism: Implications for Mental Health Professionals", *Journal of Spirituality in Mental Health* 19, no. 3 (2017); publicado online em 13 de julho de 2016.

4. Hsing Yun, "Repentance," *Being Good*, acessado no site Fo Guang Shan International Translation Center em 28 de Maio de 2018, https://www.fgsitc.org [conteúdo em inglês].

5. Patrick Lencioni, *The Five Dysfunctions of a Team Summarized for Busy People* (Bloomington, IN: Partridge Publishers, 2017).

6. Kim Scott, *Empatia Assertiva: Como Ser um Líder Incisivo sem Perder a Humanidade* (Rio de Janeiro: Alta Books, 2019).

7. *Alcoholics Anonymous* (*The Big Book*), 4ª ed. (Nova York: Alcoholics Anonymous World Service, 2001).

8. Martine Powers, "On Yom Kippur, Atonement via Twitter", *Boston Globe*, 22 de setembro de 2012.

9. Site Postsecret.com; "PostSecret: Private Secrets Shared Anonymously with the World," *CBS News*, 28 de abril de 2019, https:// www.cbsnews.com/news/postsecret-private-secrets-anonymously-shared-with-the-world/ [conteúdo em inglês].

10. Papa Bento XVI, "Pope Benedict's Final Homily", Salt and Light Media, 8 de fevereiro de 2018, https://saltandlighttv.org/blog feed/getpost.php?id=44496.

11. Stephen Mitchell, "Attachment Theory and the Psychoanalytic Tradition: Reflections of Human Relationality", *Psychoanalytic Dialogues* 9, no. 1 (1999).

12. Juana Bordas, *Salsa, Soul, and Spirit: Leadership for a Multicultural Age*, 2nd ed. (São Francisco: Berrett-Koehler, 2012).

Notas

13. Michael Meade, "The Wise and the Crosswise", Living Myth, podcast 105, https://www.livingmyth.org/living-myth-podcast-105-the-wise-and-the-crosswise [conteúdo em inglês].

14. Robert E. Maydole, "Aquinas' Third Way Modalized", in *Proceedings of the Twentieth World Congress of Philosophy*, ed. Jaakko Hintikka et al. (Boston: agosto de 1998), https://www.bu.edu/wcp/Papers/Reli/ReliMayd.htm [conteúdo em inglês].

15. Niall Dickson, "UK Politics: What Is the Third Way?" *BBC News*, 27 de setembro de 1999.

16. Henry Kamm, "For Peres, Pullout Has Moral Value", *The New York Times*, 1º de maio de 1985.

17. Emily Sweeney, "US Attorney Says Loughlin Could Face a 'Higher Sentence'", *Boston Globe*, 9 de outubro de 2019.

18. Centre for Justice and Reconciliation: A Program of Prison Fellowship International website, http://restorativejustice.org/#sthash.Yajhs0hY.dpbs [conteúdo em inglês].

19. Howard Zehr, *The Little Book of Restorative Justice*, revisto e atualizado (Nova York: Skyhorse Publishing, 2015).

20. Sandra Pavelka, "Restorative Justice in the States: An Analysis of Statutory Legislation and Policy", *Justice Policy Journal* 2 (Outono de 2016).

21. Michelle Alexander, "Reckoning with Violence", *The New York Times*, 3 de março de 2019, citando *Until We Reckon* de Danielle Sered.

22. Richard Boothman, "Fifteen + One: What (I Think) I've Learned", address at MACRMI (Massachusetts Alliance for Communication and Resolution Following Medical Injury) CARe Forum, Waltham, MA, 7 de maio de 2019.

23. Thomas Gallagher e Amy Waterman, "Patients' and Physicians' Attitudes Regarding the Disclosure of Medical Errors", *Journal of the American Medical Association* 289, no. 8 (2003).

24. Jennifer Moore, Kathleen Bismark e Michelle Mello, "Patients' Experiences with Communication-and-Resolution Programs after Medical Injury," *JAMA Internal Medicine* 177, no. 11 (2017).

25. John Kador, *Effective Apology: Mending Fences, Building Bridges, and Restoring Trust* (São Francisco: Berrett-Koehler Publishers, 2009).

Notas

26. Kim LaCapria, "Jason Alexander's Apology for Gay Joke Is Like Basically a Primer on Both Apologies and Being Nice to Gay People", *Inquisitr*, 5 de junho de 2012, https://www.inquisitr.com/247977/jason-alexanders-apology-for-gay-joke-is-like-basically-a-primer-on-both-apologies-and-being-nice-to-gay-people/ [conteúdo em inglês].

27. Greg Rienzi, "Other Nations Could Learn from Germany's Efforts to Reconcile After WWII", *Johns Hopkins Magazine*, verão de 2015.

28. Lily Gardner Feldman, "Reconciliation Means Having to Say You're Sorry", *Foreign Policy*, 2 de abril de 2014.

29. Bilal Qureshi, "From Wrong to Right: A US Apology for Japanese Internment", National Public Radio, 9 de agosto de 2013.

30. Civil Liberties Act of 1988, Densho Encyclopedia website: http:// encyclopedia.densho.org/Civil_Liberties_Public_Education_Fund/ [conteúdo em inglês].

31. Bob Egelko, "California Expands Japanese Internment Education to Current Rights Threats", *San Francisco Chronicle*, 30 de setembro de 2017.

32. Claire Zillman, "'I Am Sorry. We Are Sorry.' Read Justin Trudeau's Formal Apology to Canada's LGBTQ Community", *Fortune*, 29 denovembro de 2017, https://fortune.com/2017/11/29/justin-trudeau-lgbt-apology-full-transcript/ [conteúdo em inglês].

33. Joanna Smith, "'I Am Sorry. We Are Sorry': Trudeau Apologizes on Behalf of Canada for Past Discrimination", *Toronto Sun*, 28 de novembro de 2018.

34. Gary Nguyen, "Canada Apologizes for Denying Asylum to Jewish Refugees of the MS St. Louis in 1939", *World Religion News*, 12 de novembro de 2018.

35. Catherine Porter, "Trudeau Apologizes for Canada's Turning Away Ship of Jews Fleeing Nazis", *The New York Times*, 7 de novembro de 2018.

36. June Tangney, "Two Faces of Shame: The Roles of Shame and Guilt in Predicting Recidivism", *Psychological Science* (março de 2014).

37. Joseph Goldstein, "An Afternoon with Joseph Goldstein", Dharma Seed website, 25 de abril de 2005, https://dharmaseed.org/teacher/96/talk/42970/ [conteúdo em inglês].

38. Brené Brown, "Listening to Shame", TED2012, Long Beach, CA, março de 2012, https://www.ted.com/talks/brene_brown_listening_to_shame?language=en [conteúdo em inglês].

Notas

CAPÍTULO 4. PASSO UM: NÃO FAÇA NADA AINDA: APENAS OUÇA COM ATENÇÃO

1. Tal Eyal, Mary Steffel e Nicholas Epley, "Perspective Mistaking: Accurately Understanding the Mind of Another Requires Getting Perspective, Not Taking Perspective", *Journal of Personality and Social Psychology* 111, no. 4 (2018).

2. Leslie Jamison, *The Empathy Exams* (Mineápolis, MN: Greywolf Press, 2014).

3. Peter Wehner, "Seeing Trump Through a Glass, Darkly", *The New York Times*, 7 de outubro de 2017.

4. Tom Coens e Mary Jenkins, "Why People Don't Get Feedback at Work", in *Abolishing Performance Appraisals: Why They Backfire and What to Do Instead* (São Francisco: Berrett-Koehler, 2000).

5. Gideon Nave et al., "Single Dose Testosterone Administration Impairs Cognitive Reflection in Men", *Psychological Science* 28, no. 10 (3 de agosto de 2017).

6. "What Is Self Psychology? — An Introduction", Self Psychology Psychoanalysis website, http://www.selfpsychologypsychoanalysis.org/whatis.shtml [conteúdo em inglês].

7. Harville Hendrix, *Mais Amor Em Sua Vida — Um Guia Moderno e Eficiente para o Melhor Relacionamento dos Casais* (São Paulo: Círculo do Livro, 1998).

8. Martha Minow, *Between Vengeance and Forgiveness: Facing History After Genocide and Mass Violence* (Boston: Beacon Press, 1998).

9. Minow, 71.

10. Janice Love, *Southern Africa in World Politics: Local Aspirations and Global Entanglements* (Boulder, CO: Westview Press, 2005).

11. Richard Boothman, "Fifteen + One: What (I Think) I've Learned", address at MACRMI (Massachusetts Alliance for Communication and Resolution Following Medical Injury) CARe Forum, Waltham, MA, 7 de maio de 2019.

12. Cris Beam, "I Did a Terrible Thing. How Can I Apologize?" *The New York Times*, 30 de junho de 2018.

13. Brené Brown, *A Coragem para Liderar: Trabalho Duro, Conversas Difíceis, Corações Plenos.* (Rio de Janeiro: Editora Best Seller, 2019).

14. Brené Brown, *A Coragem de Ser Imperfeito: Como aceitar a própria vulnerabilidade, vencer a vergonha e ousar ser quem você é* (Rio de Janeiro: Editora Best Seller, 2016).

15. Thomas Curran e Andrew Hill, "Perfectionism Is Increasing over Time: A Meta-Analysis of Birth Cohort Differences from 1989 to 2016", *Psychological Bulletin* 145, no. 4 (2019).

16. Kenneth Jones e Tema Okun, "The Characteristics of White Supremacy Culture", *Dismantling Racism: A Workbook for Social Change Groups*, ChangeWork, 2001, http://www.dismantling racism.org [conteúdo em inglês].

17. Winston Churchill, "Monday Motivation: Words of Wisdom to Get Your Week Started", *Telegraph*, 10 de outubro de 2016.

18. Kim Scott, *Empatia Assertiva: Como ser um líder incisivo sem perder a humanidade* (Rio de Janeiro: Alta Books, 2019).

19. Janelle Nanos, "The Negative Feedback Trap", *Boston Globe Magazine*, 28 de outubro de 2018.

20. Adrienne Maree Brown, "What Is/Isn't Transformative Justice?" blog de *Adrienne Maree Brown*, 9 de julho de 2015, http://adriennemareebrown. net/2015/07/09/what-isisnt-transformative-justice/ [conteúdo em inglês].

21. Galway Kinnell, "Crying", *Mortal Acts and Mortal Words* (Boston: Houghton Mifflin, 1980).

22. Lisa Earle McLeod, "Why Avoiding Conflict Prolongs It", site McLeod and More, 22 de janeiro de 2019, https://www.mcleodandmore.com/2019/01/22/ why-avoiding-conflict-prolongs-it/ [conteúdo em inglês].

23. "Victim Offender Panels", Centre for Justice and Reconciliation. http:// restorativejustice.org/restorative-justice/about-restorative-justice/tutorial-intro-to-restorative-justice/lesson-3-programs/victim-offender-panels/#sthash. aynryHl2.dpbs [conteúdo em inglês].

Notas

CAPÍTULO 5. PASSO DOIS: DIGA COM SINCERIDADE

1. Avi Klein, "A Psychotherapist's Plea to Louis C.K.", *The New York Times*, 6 de janeiro de 2019.

2. Marcia Ingall, "Zuckerberg and the Terrible, Horrible, No Good, Very Bad Apologies", blog *SorryWatch*, 11 de abril de 2018, http://www.sorrywatch. com/?s=zuckerberg [conteúdo em inglês].

3. Daniel Ames e Susan Fiske, "Intent to Harm: Willful Acts Seem More Damaging", *Psychological Science* (2013).

4. Pema Chodron, "The Answer to Anger and Aggression Is Patience", Lion's Roar: Buddhist Wisdom for Our Time website, 1º de março de 2005, https:// www.lionsroar.com [conteúdo em inglês].

5. Kathryn Schulz, *Por que Erramos? O lado positivo de assumir o erro* (São Paulo: Editora LaFonte, 2013).

6. Judith Glaser, "Your Brain Is Hooked on Being Right", *Harvard Business Review*, 2 de fevereiro de 2013.

7. Patricia Love e Steven Stosny, *Não Discuta a Relação: Como Melhorar Seu Relaciona-mento Sem Ter Que Falar Sobre Isso* (Rio de Janeiro: Editora Nova Fronteira, 2007).

8. Darshak Sanghavi, "Medical Malpractice: Why Is It So Hard for Doctors to Apologize?" *Boston Globe*, 27 de janeiro de 2013.

9. *Guardian* staff and agencies, "Biden Condemns 'White Man's Culture' as He Laments Role in Anita Hill Hearings", *Guardian*, 26 de março de 2019.

10. Matt Stevens, "Biden Declines to Apologize for Role in Thomas Hearing", *Boston Globe*, 27 de abril de 2019.

11. Moira Donegan, "Anita Hill Deserves a Real Apology. Why Couldn't Joe Biden Offer One?" *Guardian*, 26 de abril de 2019.

12. Robert Truog et al., *Talking with Patients and Families About Medical Error: A Guide for Education and Practice* (Baltimore, MD: Johns Hopkins University Press, 2011).

13. Carol Tavris e Elliot Aronson, *Mistakes Were Made (But Not by Me): Why We Justify Foolish Beliefs, Bad Decisions, and Hurtful Acts* (San Diego, CA: Harcourt, 2007).

Notas

14. Jack Bauer e Heidi Wayment, "The Psychology of the Quiet Ego," em *Decade of Behavior. Transcending Self-Interest: Psychological Explorations of the Quiet Ego*, ed. Heidi Wayment e Jack Bauer (Washington, DC: American Psychological Association, 2008).

15. Ruth Whippman, "Why 'Lean In'? It's Time for Men to 'Lean Out'", *The New York Times*, 13 de outubro de 2019.

16. Jim Collins, "Level 5 Leadership: The Triumph of Humility and Fierce Resolve", *Harvard Business Review*, julho – agosto de 2005.

17. Truog et al., *Talking with Patients*.

18. Ex-CEO do BIDMC Paul Levy, comunicação pessoal, 23 de abril de 2019.

19. Michael Barbaro, anfitrião, "A High School Assault", *The Daily* podcast, 20 de setembro, 2018, https://www.nytimes.com/2018/09/20/podcasts/the-daily/kavanaugh-christine-blasey-ford-caitlin-flanagan-sexual-assault.html [conteúdo em inglês].

20. Lindsey Weber, "Celebrities Tap Their Apologies", *The New York Times*, 13 de janeiro de 2019.

21. Meghan Irons, "At Panel on Racial Terms, a Line Is Crossed", *Boston Globe*, 8 de fevereiro de 2019.

22. *Globe* Editorial Staff, "After UN Apology, Real Work in Haiti Begins", *Boston Globe*, 5 de dezembro de 2016.

23. Adrian Walker, "UN Apology Hard-Earned", *Boston Globe*, 5 de dezembro de 2016.

24. Donna Moriarty, "Stop Apologizing and Say These Things Instead", *Fast Company*, 14 de abril de 2019.

25. Amy Dickinson, "Woman Regrets Inaction over Campus Abuse Allegation", *Boston Globe*, 8 de outubro de 2018.

26. Molly Howes, "The Power of a Good Apology", WBUR *Cognoscenti* blog, 11 de outubro de 2018, https://www.wbur.org/cognoscenti/2018 /10/11/me-too-how-to-apologize-molly-howes [conteúdo em inglês].

27. Alicia Wittmeyer, "Eight Stories of Men's Regret", *The New York Times*, 18 de outubro de 2018.

28. Nancy Updike, "Get a Spine", *This American Life*, 10 de maio de 2019, https://www.thisamericanlife.org/674/transcript [conteúdo em inglês].

Notas

29. Peter DeMarco, "Losing Laura", *Boston Globe Magazine*, 3 de novembro de 2018.

30. Priyanka Dayal McClusky, "Hospital Leaders Apologize, Acknowledge Mistakes That Cost Laura Levis Her Life", *Boston Globe*, 13 de novembro de 2018.

CAPÍTULO 6. PASSO TRÊS: DÍVIDAS, PROMISSÓRIAS E TORNANDO AS COISAS INTEIRAS NOVAMENTE

1. Brandi Miller, "White People Owe Us an Apology, but We Don't Owe Them Forgiveness", *HuffPost* (21 de outubro de 2018).

2. Alice Liu, "Every Moment a Touchpoint for Building Trust", Wharton Work/Life Integration Project, 14 de maio de 2014, http:// worklife.wharton. upenn.edu/2014/05/every-moment-touchpoint-building-trust-doug-conant/ [conteúdo em inglês].

3. Carolyn Hax, "Readers Discuss Recoupling Special Days", *Washington Post*, julho de 2018.

4. Jared Marcelle, "Meatball and Chain", *This American Life*, 15 de fevereiro de 2019, https://www.thisamericanlife.org/668/the-long-fuse/act-three-5 [conteúdo em inglês].

5. Frank Scheck, "'A Better Man': Film Review", *Hollywood Reporter*, 8 de maio de 2017.

6. Arwa Mahdai, "Attiya Khan: Why I Confronted the Boyfriend Who Beat Me—and Made a Film About It", *Guardian*, 15 de novembro de 2017.

7. Doreen St. Felix, "After Abuse, the Possibility of 'A Better Man'", *New Yorker*, 19 de novembro de 2017.

8. Gary Chapman e Jennifer Thomas, *When Sorry Isn't Enough* (Chicago: Northfield Publishing, 2013).

9. James McAuley, "France Admits to Torture During Algerian War", *Boston Globe*, 13 de setembro de 2018.

10. Rachel Swarms, "Georgetown University Plans Steps to Atone for Slave Past", *The New York Times*, 1º de setembro de 2016.

11. Susan Svrluga, "'Make It Right': Descendants of Slaves Demand Restitution from Georgetown", *Washington Post*, 17 de janeiro de 2018.

Notas

12. Tressie McMillan Cottom, "Georgetown's Slavery Announcement Is Remarkable. But It's Not Reparations", *Vox*, 2 de setembro de 2016, https://www.vox.com/2016/9/2/12773110/georgetown-slavery-admission-reparations [conteúdo em inglês].

13. Martin Pengelly, "Georgetown Students Vote to Pay Reparations for Slaves Sold by University", *Guardian*, 15 de abril de 2019.

14. Juliet Isselbacher e Molly McCafferty, "Agassiz's Descendants Urge Harvard to Turn Over Slave Photos", *Harvard Crimson*, 21 de junho de 2019.

15. Jill Filipovic, "Let Us Now Punish Famous Men", *Time*, 21 de maio de 2018.

16. Jonathan Shay, *Achilles in Vietnam: Combat Trauma and the Undoing of Character* (Nova York: Scribner, 1995).

17. Aaron Pratt Shepherd, "For Veterans, a Path to Healing 'Moral Injury'", *The New York Times*, 9 de dezembro de 2017.

18. Robert Meagher e Douglas Pryer, eds., *War and Moral Injury: A Reader* (Eugene, OR: Cascade Books, 2018).

19. David Brooks, "The Case for Reparations: A Slow Convert to the Cause," *The New York Times*, 7 de março de 2019.

20. Katrina Browne, *Traces of the Trade: A Story from the Deep North*, https://vimeo.com/ondemand/tracesofthetradea [conteúdo em inglês].

21. Ta-Nehisi Coates, "The Case for Reparations", *Atlantic*, junho de 2014.

22. Brooks, "The Case".

23. Patricia Cohen, "What Reparations for Slavery Might Look Like in 2019", *The New York Times*, 23 de maio de 2019.

24. Michael Eric Dyson, *Tears We Cannot Stop: A Sermon to White America* (Nova York: St. Martin's Press, 2017).

CAPÍTULO 7. PASSO QUATRO: NUNCA MAIS!

1. Michael Miller, "'I Hated This Man More Than My Rapists': Woman Confronts Football Coach 18 Years After Alleged Gang Rape", *Washington Post*, 23 de junho de 2016.

Notas

2. Karen Given, "Brenda Tracy Fights Sexual Violence, One Locker Room at a Time", *Only a Game*, WBUR, 23 de janeiro de 2016.

3. Richard Boothman, "Fifteen + One: What (I Think) I've Learned", address at MACRMI (Massachusetts Alliance for Communication and Resolution Following Medical Injury) CARe Forum, Waltham, MA, 7 de maio de 2019.

4. Paul Levy, comunicação pessoal, 23 de abril de 2019.

5. Communities for Restorative Justice website, https://www.c4rj.org [conteúdo em inglês].

6. Denise Pena and Lorie Brisbane, "Victims and Justice Reinvestment in Oregon", *National Survey on Victims' Views of Safety and Justice*, 2016.

7. Paul Guzzo, "Hulk Hogan Returns to the WWE After a ThreeYear Suspension", *Tampa Bay Times*, 16 de julho de 2018.

8. Molly Howes, "The Power of a Good Apology", WBUR *Cognoscenti* blog, 11 de outubro de 2018, https://www.wbur.org/cognoscenti/2018/10/11/me-too-how-to-apologize-molly-howes [conteúdo em inglês].

9. Kathryn Schulz, *Por que Erramos? O lado positivo de assumir o erro* (São Paulo: Editora LaFonte, 2013), 14.

10. Elisabetta Povoledo, "Pope to Host Abuse Victims Individually, Seek Forgiveness", *Boston Globe*, 26 de abril de 2018.

11. *Globe* Editors, "Pope Makes Good First Step on Clergy Abuse", *Boston Globe*, 11 de maio de 2019.

CAPÍTULO 8. O MOMENTO SEGUINTE

1. Esther Perel, *Casos e Casos: Repensando a Fidelidade* (Rio de Janeiro: Editora Objetiva, 2017).

2. D. W. Winnicott, *O Brincar e a Realidade* (São Paulo: Ubu Editora, 2019).

3. Rachel Howard, "Lent: Letter of Recommendation", *The New York Times Magazine*, 17 de março de 2019.

4. Stephen Covey, *Os 7 Hábitos das Pessoas Altamente Eficazes* (Rio de Janeiro: Editora Best Seller, 2004).

Notas

5. Belinda Luscombe, "World's Most Shocking Apology: Oprah to James Frey," *Time*, 13 de maio de 2009.

6. Cris Beam, "I Did a Terrible Thing. How Can I Apologize?" *The New York Times*, 30 de junho de 2018.

7. Aaron Pratt Shepherd, "For Veterans, a Path to Healing 'Moral Injury'", *The New York Times*, 9 de dezembro de 2017.

8. Arthur Brooks, "Our Culture of Contempt", *The New York Times*, 3 de março de 2018.

9. "Michael Gulker: Conflict and Christian Leadership", entrevista pela Faith and Leadership, Leadership Education at Duke University, 22 de janeiro de 2019, https://faithandleadership.com/michael-gulker-conflict-and-christian-discipleship [conteúdo em inglês].

10. Kathryn Schulz, *Por que Erramos? O lado positivo de assumir o erro* (São Paulo: Editora LaFonte, 2013).

11. Susan Fairchild, comunicação pessoal, 12 de fevereiro de 2019.

12. "Michael Gulker", entrevista.

13. Greg Taylor, "Fail Fast, Fail Often", Mídia, 17 de outubro de 2018, www.medium.com/datadriveninvestor/in-silicon-valley-one-of-the-maxims-is-fail-fast-fail-often-4cacc447f30b [conteúdo em inglês].

14. Center for Teaching and Learning, Stanford University, "The Resilience Project", Student Learning Connection, acessado em 27 de setembro de 2019, https://learningconnection.stanford.edu/resilience-project [conteúdo em inglês].

15. Harold Stevenson e James Stigler, *The Learning Gap* (Nova York: Summit, 1992).

CAPÍTULO 9. E QUEM RECEBE AS DESCULPAS?

1. Eve Ensler, *The Apology* (Nova York: Bloomsbury Publishing, 2019).

2. Farah Stockman, "The Crucial Act of Forgiveness", *Boston Globe*, 25 de dezembro de 2012.

Notas

3. Tim Herrera, "Let Go of Your Grudges. They're Doing You No Good", *The New York Times*, 19 de maio de 2019.

4. Renée Graham, "Forgiveness Is Strength", *Boston Globe*, 1º de janeiro de 2017.

5. Alexander Pope, "An Essay on Criticism, Part II" (1711).

6. Anne Lamott, *Traveling Mercies: Some Thoughts on Faith* (Nova York: Penguin Random House, 2000).

7. Graham, "Forgiveness".

8. Van Jones, *The Redemption Project*, CNN, 2019, www.cnn.com/shows/redemption-project-van-jones [conteúdo em inglês].

9. Paul Boese, "The Weekly Digest", *Droke House, Inc* 53, no. 8 (19 de Fevereiro de 1967).

10. Stephen Dubner, "How to Optimize Your Apology", *Freakonomics*, episódio 353, 11 de outubro de 2018, http://freakonomics.com/podcast/apologies/.

11. Travis Anderson, "Hearing to Resume on BU Rape Case Plea Deal Left Judge 'Baffled'", *Boston Globe*, 10 de abril de 2018.

12. Fred Thys, "Former MIT Student Apologizes to Assault Victim for 'Inexcusable Behavior'", WBUR *Edify*, 10 de abril de 2018, https://wbur.org/edify/2018/04/10/samson-donick-plead-guilty-rape-case [conteúdo em inglês].

CAPÍTULO 10. QUANDO *NÃO* PEDIR DESCULPAS

1. *Alcohóoics Anonymous* (The Big Book), 4a ed. (Nova York: Alcoholics Anonymous World Service, 2001).

2. Kwame Anthony Appiah, "The Ethicist", *New York Times Magazine*, 20 de janeiro de 2019.

3. Kwame Anthony Appiah, "The Ethicist", *New York Times Magazine*, 16 de dezembro de 2018.

4. Carolyn Hax, "Tell Me About It: Knowing How to Respond to Overreactions", *Tampa Bay Times*, 11 de julho de 2018.

Índice

A

Abordagem sensível, 59
Abraçar a vulnerabilidade, 79
Ações reparadoras, 139
Adrenalina, 18
Agressividade, 34
Alcoólicos Anônimos, 197
Amargor mútuo, 49
Antiperfeccionismo, 80
Apartheid, 76
Aprendizado compartilhado, 167
Argumento cosmológico, 57
Arrependimento genuíno, 83
Assumir a responsabilidade, 28, 97, 138
Atenção seletiva, 29
Autoavaliação, 174
Autoconceito, 31, 76
Autocondenação, 65
Autoconhecimento, 156, 158
Autoconsciência, 109, 200
Autocuidado, 193
Autoestima, 90
  da relação, 9, 22
Autojustificação, 32, 109
Autopercepção, 12
Autorrevelação, 174
Autossuficiência estoica, 55

B

Boa culpa, 139

C

Caminho da cura, 61
Cegueira por desatenção, 29
Ciclo positivo, 49
Círculo de escuta, 58
Colaboração criativa, 135
Coletivismo, 56
Compaixão, 98, 109, 175, 204
Comportamentos
  compulsivos, 149
  de restituição, 129
Conexões sociais, 14
Conflitos, 37
  ausência de, 37
  em grupos de trabalho, 52
Contrato de caráter, 152
Coragem de ser imperfeito, 79
Corrigindo adequadamente o erro, 127–130
Cortisol, 192
Cosmologia, 57

Índice

Culpa, xv, 89, 98, 171, 203
boa, 64
emocional, 187
moral, 61
o fardo da, 12
patológica, 171
remanescente, 11
vs. vergonha, 64
Custos de reparação, 137

D

Dano
moral, 136, 175
que se repete, 149
Declaração
de arrependimento, 106
declarações absolutas, 128
de responsabilidade, 106
Defensividade, 156
Demandas exageradas de
desculpas, 204
Desculpas, xiii
falta de técnica para
pedir, xiv
modelo de, xviii
públicas, tendência
recente, 111
Despertar espiritual, 144
Dilemas morais, 12
Dissonância cognitiva, 30
Distorções sensoriais, 27
Dor moral, 187

E

Efeitos da testosterona, 74
Ego silencioso, 109
Emoções em ebulição, 32
Empatia, 73, 80, 97, 171, 204
assertiva, 52, 85
falha de, 75
profunda, 83
Encarar seus erros, 12
Epidemia de solidão, 14
Erradologia, 156
Erros médicos, 60
Esforços
de reparação, 132
de restauração, 125
Estresse, 27
Ética do cuidado, xvi, 27
Expectativas sociais, 33
Expiação, 136

F

Fale diretamente, 108
fatores culturais, 33
Feedback negativo, 76, 81
favorável, 85
Frustração, 5, 24, 93, 97, 150
crônica, 158
ótima, 168

H

Hábitos
de pensamentos, 11
reflexivos, 39
teimosos, 149

Índice

Harville Hendrix, 75–76
Humildade, 109

I

Incerteza, 32
Individuação, xvii
  individualismo
    competitivo, 80
Inflação do perdão, 11
Injustiças, 138
Insatisfação crônica, 14
Isolamento, 14

J

Justiça restaurativa, 109, 152,
  175, 189
Justificação, 156

M

Mãe suficientemente boa, 169
Mágoa, xv, 58, 121, 131, 187
  expressões genuínas de, 59
  infecciosa, 10
  não reparada, 8
  resolução de, 10
Masculinidade tradicional, 34
  austeridade emocional, 34
  competitividade, 34
Maturidade responsável, 55
Memória muscular, 9
Mercadora de esperança, xv
Meu Modelo de Desculpas, 67
Mito da não necessidade de
  desculpas, 8

Mitologia, 57
Mitos culturais, 11
Modelo
  cultural, 34, 55
    de conflito, 37
    de relacionamento, 36
    de sucesso, 35
    masculino, 34
  da medicina, 59
  de comunidade, 53
  de desculpas, xviii
  de desculpas públicas, 60
  de justiça, 58
  de negócios, 52
  digital, 53
  religioso, 50
Modéstia epistemológica, 73
Momento de transformação, 107
Moral injury, 136
Movimento #MeToo, xiii, 40, 113,
  135, 199

N

Negócios inacabados, 172, 187
Neurociência, 31
Normas culturais, 25, 33
Novo padrão de
  comportamento, 149

O

Obtenção de perspectiva, 73
Ouvir, 72
Oxitocina, 18, 22

Índice

P

Paciência, 178, 184
Padrão
  cognitivo, 28
  comportamental, 156
    agressivo, 156
    derrotista, 156
  de comportamento, 8, 11
  derrotistas, 166
  de teimosia, 49
  interpessoais, 143
Palavras mágicas, 71
Passo
  Dois, 81, 83, 94, 97–120, 102, 123, 140, 150, 178
  Quatro, 143–162, 145–162, 149, 153, 166, 178
  Três, 121–142, 127–142, 131, 139–142, 178
  Um, 69–96, 72, 84, 102, 122, 128, 151, 166, 174, 177, 178
Penitência, 51
Perdão, 192
Perfeccionismo, 80
Permanência de objetos, 27
Plano
  compartilhado, 159
  de responsabilização, 59
Postura
  defensiva, 85
  receptiva, 94
Prática de escuta cuidadosa, 75
Predisposição, 28

Pressões
  culturais, 38
  pressões e resistências, 204
  sociais, 38
Princípios éticos universais, xvi
Processo
  de cura, 172
  de humildade, 21
  de reparação, 92
Propriedade compartilhada, 56
Pseudodesculpa, 113
Pseudo-intimidade, 111
Psicanálise relacional, 55
Psicologia do self, 55, 75, 168
Psicoterapia, xv, 75, 149
Punição, 195

Q

Quando não pedir desculpas, 201
Questões não resolvidas, xv

R

Raiva, 85
  eliminação da, 104
Receptividade, 78
Reconexão, 196
Recorrência do dano, 145
Redenção, 154
Regras da sociedade, 25
Relacionamentos, 36
  de transferência, 75
Relações humanas, 18
Religião, 50
Remorso sábio, 64

Índice

Reparação, 51, 121, 131, 133, 166, 169
  Reparar danos, 40
Resiliência, 90
Responsabilidade com compaixão, 65
Ressentimento, 5
Restabelecer a credibilidade, 125
Restauração
  da confiança, 107
  de justiça, 58
Restituição, 121
Rituais de arrependimento, 50
Rompimento da ilusão, 169

S

Segunda chance, 126, 154
Segurança psicológica, 17, 49, 74, 86, 160
Seja humilde, 109
Senso
  de conexão humana, 36
  de identidade, 11
  de justiça humana, 136
  de oportunidade, 89
  de propósito, 12
  de responsabilidade, 203
Solidão, 9
  emocional, 14
Soluções, 146
  criativas, 121
Surfar o impulso, 104

T

Teoria
  da autopsicologia, xvi
  psicanalítica, 55
Terapia, 4
Terceira via, 57
Trabalho de reparação, 64
Transtorno de estresse pós-traumático, 136

V

Valor das desculpas, xiii
Valores opostos, 136
Vantagem moral, 206
Viés, 26
  cognitivo, xiv, 26, 105, 143
  comportamentais, 105
  de confirmação, 28
  de percepção, xiv, 26
Violação de confiança, xiii
Vivek Murthy, 14

Projetos corporativos e edições personalizadas
dentro da sua estratégia de negócio. Já pensou nisso?

Coordenação de Eventos
Viviane Paiva
viviane@altabooks.com.br

Assistente Comercial
Fillipe Amorim
vendas.corporativas@altabooks.com.br

A Alta Books tem criado experiências incríveis no meio corporativo. Com a crescente implementação da educação corporativa nas empresas, o livro entra como uma importante fonte de conhecimento. Com atendimento personalizado, conseguimos identificar as principais necessidades, e criar uma seleção de livros que podem ser utilizados de diversas maneiras, como por exemplo, para fortalecer relacionamento com suas equipes/ seus clientes. Você já utilizou o livro para alguma ação estratégica na sua empresa?

Entre em contato com nosso time para entender melhor as possibilidades de personalização e incentivo ao desenvolvimento pessoal e profissional.

PUBLIQUE SEU LIVRO

Publique seu livro com a Alta Books. Para mais informações envie um e-mail para: autoria@altabooks.com.br

 /altabooks   /alta-books   /altabooks    /altabooks

CONHEÇA OUTROS LIVROS DA **ALTA LIFE**

Todas as imagens são meramente ilustrativas.